版权声明

The Intentional Teacher: Choosing the Best Strategies for Young Children's Learning, Revised Edition. Copyright © 2014 by the National Association for the Education of Young Children. All rights reserved.

保留所有权利。非经中国轻工业出版社"万千教育"书面授权，任何人不得以任何方式（包括但不限于电子、机械、手工或其他尚未被发明或应用的技术手段）复印、拍照、扫描、录音、朗读、存储、发表本书中任何部分或本书全部内容。中国轻工业出版社"万千教育"未授权任何机构提供源自本书内容的电子文件阅览、收听或下载服务。如有此类非法行为，查实必究。

The Intentional Teacher
Choosing the Best Strategies for Young Children's Learning
(Revised Edition)

教师主导还是儿童主导？

为幼儿学习选择适宜策略

[美] Ann S. Epstein 著

王连江 译

中国轻工业出版社

图书在版编目(CIP)数据

教师主导还是儿童主导？：为幼儿学习选择适宜策略/（美）安·S.爱泼斯坦（Ann S. Epstein）著；王连江译. —北京：中国轻工业出版社，2021.7（2023.10重印）
ISBN 978-7-5184-3428-2

Ⅰ.①教… Ⅱ.①安… ②王… Ⅲ.①学前教育－教学研究 Ⅳ.①G612

中国版本图书馆CIP数据核字（2021）第051692号

责任编辑：张天怡
策划编辑：高　君　　　　责任终审：腾炎福
责任校对：刘志颖　　　　责任监印：吴维斌

出版发行：中国轻工业出版社（北京东长安街6号，邮编：100740）
印　　刷：三河市鑫金马印装有限公司
经　　销：各地新华书店
版　　次：2023年10月第1版第3次印刷
开　　本：710×1000　1/16　印张：20.25
字　　数：220千字
书　　号：ISBN 978-7-5184-3428-2　定价：72.00元

读者热线：010-65181109，65262933
发行电话：010-85119832　传真：010-85113293
网　　址：http://www.chlip.com.cn　http://www.wqedu.com
电子信箱：1012305542@qq.com

如发现图书残缺请拨打读者热线联系调换
231608Y1C103ZYW

译 者 序

自从高宽课程（High/Scope）等国外学前教育模式传入我国以来，幼儿教育工作者在了解了先进的幼儿教育理念与教学方式的同时，也在儿童观、教育观、课程观以及教育实践方面产生了诸多困惑，比如，如何认识"教"与"不教"？如何相对平衡"儿童主导"与"教师主导"的学习经验？本书对此做出了全面、详尽的回应。

由教育科学出版社出版的《有准备的教师——为幼儿学习选择最佳策略》（*The Intentional Teacher: Choosing the Best Strategies for Young Children's Learning*）是本书第一版的中文译作，自发行以来受到幼儿教育工作者广泛好评。其内容包括关于有准备的教学的概述、语言和读写、数学和科学探究、社交能力和理解力、身体运动、视觉艺术等，涵盖了儿童发展的主要领域。但随着幼儿教育的发展，适合学前儿童学习的内容领域逐渐增加，而且发展心理学家和儿童早期教育家对于幼儿学习也有了更多新的研究和发现，因此，作者在美国幼儿教育协会的建议下，对第一版进行了修订。

第二版新增三章内容：学习方式、科学（从数学中独立出来）和社会学习（从社交能力和理解力中独立出来），并把第一版中的"视觉艺术"一章拓展为"创造性艺术"，以便把音乐、运动和戏剧游戏等包括进去。这样，第二版就基本囊括了儿童发展的所有内容领域。

本书以第二版为蓝本，围绕"有准备的教师"展开，"有准备的"是指行动有目的，脑中有目标，并且有实现目标的计划。有准备的教师就是指教师运用自己的知识、判断和专长为幼儿组织学习经验，开展有准备的教学，并在计划之外的情况出现时，能够从中找到契机来实施教学。同时，本书提供了大量的实用教学策略和丰富的案例，而且每章的结尾处都附有"思考题"，供幼儿教育工作者进一步讨论。

本书作者安·S. 爱泼斯坦（Ann S. Epstein），是一位发展心理学家和教育学家，其研究范围涵盖了儿童发展的所有领域，著述颇丰。在本书中，她对"如何教""教什么"这两个问题进行了细致分析，提出了自己的见解——将"教师主导"与"儿童主导"的学习经验进行综合。在每个内容领域中，作者都指出儿童的哪些知识和技能主要从儿童主导的学习经验中获得，哪些主要从教师主导的学习经验中获得。但是这两种学习经验并不互相排斥，教师总在其中发挥重要的教育作用，他们会创设支持性的环境，运用教学策略，推进儿童的思维发展。丰富的内容、深入浅出的阐述以及条理清晰的呈现方式，为幼儿教育专业人士和一线教师提供了有力的指导。

本书的第一版由李敏谊、张晨晖、郑艳、李雅静等合译，他们对原文专业上的理解，给了我很大帮助，使我得以顺利完成第二版的翻译。我在此向他们表示诚挚的感谢！

最后，我还要感谢中国轻工业出版社万千教育编辑部的高君编辑，她善于与译者沟通，解决译者遇到的问题，为译者提供一切可能的帮助，这些都是本书得以完成的有力支撑。

王连江

2021 年 1 月 12 日

前言　为什么修订

时任出版总监的卡罗尔·科普尔（Carol Copple）鼓励我为美国幼儿教育协会（Nation Association for the Education of Young Children，NAEYC）写一本书，我借此机会探索了一个困难但适时的问题，即如何有目的且有效地把学习内容教授给儿童，尤其是学前儿童。这个年龄阶段是早期教育领域争论的焦点，也是我的工作重点所在。本书的第一版就是这种情况下的产物。

本书自 2007 年首次出版以来，成千上万名教育工作者使用了这本书，也更多地了解了幼儿如何发展以及支持早期学习的最佳方法。因此，美国幼儿教育协会和我探讨是否有可能再写一本时，似乎给我提供了一个修订第一版的绝佳机会。修订版将以第一版所促成的思维转变为基础。美国幼儿教育协会的新任图书及相关资源主编凯西·查尔纳（Kathy Charner）对我的这个想法很感兴趣，她和同事都支持我对第一版的主题进行更新和拓展。

第一版发行后的几年里，对幼儿进行有准备的教学，在幼儿教育领域赢得了更大的认可。然而，如何有意义且恰当地做到有准备的教学，仍是个问题。适合学前儿童的学习领域，其数量已经增加。比如，科学以前常常与数学归为一类，但现在已成为令幼儿着迷的一个独立学科。教育者们过去认为，社会学习对儿童来说太抽象了。但现在，他们将幼儿教育环境视为一个小型的社会群体，幼儿在其中体验多样性并了解如何做决策，这些都是他们以后在学校进行社会学习的基础。早期学习标准反映了适用于学前教育的主题在不断发展的理念。因此，这次修订版中有一章是"科学"（从数学中独立出来），有一章是"社会学习"（从社交能力和理解力中独立出来）。

在其他领域，新的研究证实了早期教育者们一直坚持的观点，即入学准备不仅限于学前科目（如读写和数学），还高度依赖幼儿的社会性－情感发展。因此，除了对学业的普遍重视之外，人们对创造性艺术也有了全新的兴趣。艺术让所有背景的儿童，不论是双语学习者还是发展和能力水平不同的儿童，都能够表达自己，与别人交流。学习方式，即儿童如何学习，现在也被认为是一个重要的课程领域，因为这些方式影响儿童对所有领域的知识和技能的获得。有鉴于此，这次修订版增加了"学习方式"一章，并拓展了"创造性艺术"那一章，不仅涵盖了视觉艺术，还包括音乐、运动和戏剧（假装）游戏。

最后，比起第一版发行时，发展心理学家和儿童早期教育家现在更了解了幼儿是如何学习的。例如，我们在大脑的早期发育、执行功能和情绪自我调节方面的知识进展，有助于我们通过支持儿童当前的发展水平，稳步拓展他们的探索和理解力，深入地了解如何有效地支持儿童的早期学习。因此，新版呈现了当前儿童发展所有领域的研究，以及促进早期学习的有效教学实践。

一、"有准备的教学"的起源

什么是最佳的幼儿教学方式，这个话题并不新鲜，一直在公众的兴趣中时起时落。但自2001年以来，尤其是美国《不让一个儿童掉队法案》（No Child Left Behind Act, US Department of Education, 2002）的通过，它在大众媒体和专业期刊中再次受到关注。这场争论将儿童主导的学习（教师是被动的）与教师主导的教学（照本宣科的课程）极端对立起来。双方各执一词，幼儿常常被夹在中间，所以我们需要找到一个平衡点，以平衡每个人的最佳利益。这种平衡也得到了研究结果的支持，正如儿童早期教学委员会（the Committee on Early Childhood Pedagogy）在其研究报告《渴望学习：教育我们的幼儿》（*Eager to Learn: Educating Our Preschoolers*）中所总结的那样：

儿童需要机会来发起活动和追随自己的兴趣，但是在这些由儿童发起和主导的活动中，教师并不是被动的。同样，在教师发起和主导的活动中，儿童也应该积极参与和响应。优秀的教师在这两种活动中都会帮助和支持儿童的学习。（National Research Council, 2000a, pp. 8–9）

在本书的两版中，我都提倡中庸的立场，即儿童和教师在学习过程中都扮演着积极的角色。

除了提出如前所述的如何教育幼儿的问题，教育工作者也在不断反思应该教给儿童什么技能和内容。现在，大多数人深信，某些过去在儿童早期教育中并不突出的学习领域，特别是读写和数学，已经成为学前课程必不可少的部分。但他们也仍然在全力满足幼儿对有意义的社交、身体和艺术经验的需求。最重要的是，教师希望以尊重儿童的不同个性、发展水平、文化和语言背景，以及个性化的探究和学习模式的方式与儿童互动。

因此，本书的读者对象为教师培训者和反思性实践者（包括拥有不同教育经验水平的新老教师）。对于幼儿"如何教"和"教什么"这些问题，他们正在两个极端之间努力寻求平衡。

结合最新的理论和研究，本书提出了整合的基本原理，即整合我所称的"儿童主导"和"教师主导"的学习经验。我所说的"儿童主导的学习经验"，是指主要根据儿童的兴趣和行为推进的经验（尽管教师经常提供材料和其他支持），而"教师主导的学习经验"是指主要按照教师的目标推进的经验（尽管这种经验也可能是由儿童的积极参与形成的）。例如，儿童通过直接探索和调查（儿童主导），发展关于沉、浮或可用黏土做什么的经验，但是学习字母的名称需要成人提供这方面的信息（教师主导）。然而，不管是儿童主导还是教师主导的经验，教师总是通过创设支持性环境和鹰架（scaffold）儿童的学习，发挥重要的教育作用。

此外，本书的一个核心前提是，根据我们目前对幼儿学习方式的了解，在每个内容领域中，某些目标或技能似乎在儿童主导的学习经验中最容易获得，而有些目标和技能似乎需要从教师主导的学习经验中获得。但是这两种学习并不互相排斥。

二、本书的目标

写这本书的修订版，我的第一个目标是缜密、合理地审视早期教育中的教学分歧，并试图从中找到共同点。我提出的方案不可能满足每一个人。有些人关注的是各种方法和策略什么时候以及如何使用才最有效，而本书内容应该有助于他们在这方面向前迈进。因此，本书旨在鼓励我们对教育原则和实践进行反思。

第二个相关目标是拓展我们对早期教育适宜性课程内容和相关教学策略的思考。关注早期的读写、数学和科学是有益且必要的，但我们仍然必须在课程中保留社会性-情感、身体和创造性等领域。儿童需要从这些内容领域中获得重要的信息和技能，教学策略也要帮助他们最好地理解和应用所学内容。幼儿如何学习（学习方式）和他们所学的内容一样重要。在我们多元化的社会中，幼儿需要培养灵活性，能够与拥有各种背景的人打交道。理解他人和与他人相处，不是从抽象的社会学习讲座中学来的，而是在一个温暖、友好的班集体中通过活动体验和思想分享亲自获得的。

美国幼儿教育协会最近和过去的出版物，包括经典的《发挥儿童的潜能：针对幼儿的适宜性课程与评价》（*Reaching Potentials: Appropriate Curriculum and Assessment for Young Children*，Bredekamp & Rosegrant，1992），都强调儿童主导的学习从来不意味着教师不教：

> 优秀的早期教育，必然是高度组织化和结构化的环境，这种环境是教师精心准备的，且尽在教师的控制之中。不同的是，儿童也积极参与，并为自己的学习承担某些责任。（p.5）

美国幼儿教育协会在拒绝狭隘刻板的重复性训练这一教学方法的同时，也在发展适宜性实践和认证标准方面表明自己的课程设置立场，强调了设定学习目标和提供经验的重要性。这些目标和经验不仅基于儿童的兴趣，还基于教师所了解的儿童需要发展的其他知识和技能。为了让儿童达到预期目标，教师必须始终牢记这些目标，并在此基础上进行课程设计。正如美国幼儿教育协会所阐述的，发展适宜性实践，不仅要重视游戏的重要性，还要认识到教师需要为儿童设计具体的经验，以便他们能够在三年级时具有读写能力。游戏以及儿童探索和建构思想的其他活动，对他们的发展和学习至关重要。

但对于儿童主导的学习经验，教师必须知道如何提高其质量。同样重要的是，教师必须知道儿童还需要什么样的经验和指导，才能学会读写，并获得其他学习领域的知识和技能。

我的第三个也是最主要的目标，是为教师与儿童在关键学科领域的互动提供具体的理念和策略。我尝试解决这样一个问题：儿童在自己的活动中会学到什么内容？哪些内容通常需要明确的教师指导？如前所述，这些并不相互排斥。例如，儿童的独自游戏和同伴游戏为教师提供了许多推动学习的机会，教师可以观察儿童的自发游戏，从中找到儿童的兴趣点，进而依此计划明确的教学活动。不过，教师如果意识到幼儿更有可能通过某种或几种方式习得什么样的内容，就能在教学活动中做到有计划、有准备、有目的。

三、本书的理论基础

在本书的第一版中，关于儿童的学习方式、学习内容以及成人如何支持儿童的学习，有三个知识来源为其奠定了基础。第一个来源是我以往阅读的出版物中相关关键主题领域的大量文献，包括儿童发展理论、当时的最新研究以及推荐的学前教育实践。

第二个重要来源是我的 40 名"项目顾问"。这些顾问包括研究人员、课程专家、教师培训者以及在一个或多个内容领域拥有专长的一线教师。通过非正式的书面调查、访谈，我要求他们确定儿童在自己主导的学习环境中最有可能习得哪些内容，而在教师主导的环境中，他们又最有可能习得哪些内容。我还从受访者自己的研究、培训和教学经历中收集了具体案例。然后，每个领域至少有两名顾问审阅了相应章节的写作初稿。

进行调查研究时，我把每个领域的内容分为儿童主导的学习经验和教师主导的学习经验，坦率地说，我预料会有人反对这种分类。然而，所有顾问都认为这是合理的，并对这种分类方法带来的挑战感兴趣。同样令人惊讶的是，他们的反馈中有如此多的共识。尽管在程度上偶尔会有差异，但我从未面对过要解决截然相反答案的困境。因此，尽管通过调查获得的材料需要进一步的系统分析，但这些顾问的答案为本书的基本前提提供了表面效度。

第三个资料来源，是我自己几十年来在课程开发、教师培训和教育研究领域的专业经验。我虽然接受了成为一名发展心理学家的训练，但是从未声称自己是本书每一个内容领域的专家。除了有文献和同事的帮助外，由于我与高瞻教育研究基金会（HighScope Educational Research Foundation）的关系，我还能接触到大量的观察数据、轶事笔记、视听录像以及来自国内外的不同研究、培训和项目网站的评论。这些资源提供了丰富的信息，我可以从中提取真实案例。

本修订版还有另外的资料来源。我自己写了一本关于社会性－情感学习的书（Epstein，2009a），并开发了学前数学课程（Epstein，2009b）。此外，我与一个幼儿教育专家团队合作，根据本书两个版本涉及的每个领域的最新研究，改进了一套婴幼儿课程（Post，Hohmann，& Epstein，2011）和一套幼儿园课程（Epstein & Hohmann，2012）。在那几年里，美国越来越多的州将早期学习标准纳入教育政策，反映了早期教育领域在大部分科目上的集体智慧。不同内容领域的专业组织已经开始发布早期学习标准。最后，针对幼儿园读写和数学的"各州共同核心标准"（Common Core State Standards，2012）也促使人们思考，如何使学前教育为儿童在这些科目上的学习做好入学准备。

鉴于有诸多数据来源，我相信本书提供的知识准确地反映了各领域当前的思想和共识，至少我们目前还没有发现需要对哪个内容领域进行修正。也许在需要修改时，新一代的幼儿教育工作者就可以撰写本书的第三版（或后续版）。

四、本书的内容范围和结构

如前所述，本书的修订版涵盖了所有的学习领域。我们不仅更新了第一版中涉及的各个领域，还添加或扩展了其他领域。原先，在一个领域仅部分涉及的有些主题，现在在该领域得到了详细阐述。值得注意的是，"科学"以前是在"数学"一章中讨论的，现在被单独列为一章。同样，社交能力和理解力在本书中被扩展并分成独立的三章：学习方式、社会性-情感以及社会学习。"视觉艺术"一章也被扩展为涵盖范围更广的"创造性艺术"。"身体运动"一章的某些材料被移到了"创造性艺术"一章。而被重新命名的"身体发展与健康"一章，认可了国民对幼儿期恰当饮食和适宜锻炼的日益增长的关注。

  本书包括两个主要部分。第一部分阐述了有准备的教学的含义。第一章介绍了有准备的教学的概念，以及整合儿童主导和教师主导的学习经验来促进儿童学习知识和技能的理论基础。随后，定义和讨论了上述术语以及本书使用的其他术语，特别是"有准备的""教学"和"内容"等。第二章简要回顾了教师引导儿童参与早期学习的各内容领域，发展适宜性的最佳实践。虽然有些参考资料已经被更新，但这一部分讨论的基本原则和实践仍然适用于本书的第一版。

  接下来，有关课程设置的章节讨论了有准备的教学的内容。这部分是本书的主体，分八个领域探讨了幼儿学习和教师在其学习中的作用：学习方式（第三章）；社会性-情感（第四章）；身体发展与健康（第五章）；语言与读写（第六章）；数学（第七章）；科学（第八章）；社会学习（第九章）；创造性艺术（第十章）。每章首先总体介绍了该领域，然后指出儿童的哪些知识和技能主要从儿童主导的学习经验中获得，哪些主要从教师主导的学习经验中获得。

  本书提供了许多实用的教学策略，并通过案例加以阐释。我在这些章节中列出的教学策略肯定不够完备，因此鼓励你根据自己的观察和教学经验添加自己的策略，并了解更多由其他研究者和专家型教师推荐的策略。因为本书旨在探索新的领域，所以每一章结尾都列有一组"思考题"。我希望这些问题能够激发进一步的讨论，激励读者继续更新自己的理念和实践。

  本书第十一章是对有准备的教学的反思。首先，我对有准备的教学提供了普遍性的指导原则，以帮助一线教师把这些理念运用到各种学习领域和情境中。之后，我和大家分享了在写作这两个版本时，我头脑中形成的一系列想法和信念。在你向幼儿传授知识和技能时，请考虑一下有准备的教学的价值。

希望本书能够开阔大家的思路，激发进一步的研究，促进思想交流。如果你对教学内容有了新的理解，并以新的想法引导儿童学习每个领域的知识和技能，我就完成了写作本书的目标。如果你能终身学习，在学前教育这片迷人的世界中不断探寻未知的领域，那么我就达到了修订本书的目标。

目 录

第一章　关于有准备的教学的概述 ……………………………………… 001
　一、"有准备的教学"的相关术语 ………………………………………… 005
　　（一）"有准备的"的含义 ………………………………………………… 007
　　（二）"教学"的含义 ……………………………………………………… 008
　　（三）"内容"的含义 ……………………………………………………… 010
　二、思考题 …………………………………………………………………… 012

第二章　有准备的教学的最佳实践 ……………………………………… 015
　一、关于最佳实践的概述 …………………………………………………… 017
　　（一）创设学习的物理环境 ……………………………………………… 018
　　（二）安排一日活动流程 ………………………………………………… 021
　　（三）与儿童互动 ………………………………………………………… 024
　　（四）与家长建立联系 …………………………………………………… 030
　　（五）评估儿童的发展 …………………………………………………… 032
　二、用最佳实践支持有准备的教学 ………………………………………… 034
　三、思考题 …………………………………………………………………… 035

第三章　学习方式 ………………………………………………………… 037
　一、幼儿学习方式的发展 …………………………………………………… 039
　二、利用学习方式进行教与学 ……………………………………………… 040
　三、使学习经验符合学习目标 ……………………………………………… 041
　　（一）开放性经验 ………………………………………………………… 042
　　（二）加工经验 …………………………………………………………… 048
　四、思考题 …………………………………………………………………… 053

第四章 社会性-情感 ... 055
一、幼儿在社会性-情感领域的发展 ... 056
二、社会性-情感发展的教与学 ... 058
三、使学习经验符合学习目标 ... 060
（一）情感学习 ... 061
（二）社会性学习 ... 070
四、思考题 ... 081

第五章 身体发展与健康 ... 083
一、幼儿在身体运动与健康领域的发展 ... 086
（一）大肌肉动作发展 ... 088
（二）精细动作发展 ... 089
（三）培养个人照护习惯和健康行为 ... 089
二、身体发展与健康的教与学 ... 090
（一）体育学习环境 ... 091
（二）体育互动策略 ... 093
（三）增强个人照护习惯与健康行为 ... 095
三、使学习经验符合学习目标 ... 095
（一）运动技能 ... 096
（二）运动概念 ... 106
（三）个人照护与健康行为 ... 115
四、思考题 ... 122

第六章 语言与读写 ... 123
一、幼儿在语言与读写领域的发展 ... 125
二、语言与读写的教与学 ... 126
三、使学习经验符合学习目标 ... 128
（一）语言 ... 128
（二）阅读 ... 142

（三）书写 152
　　四、思考题 157

第七章　数学 159
　　一、幼儿在数学领域的发展 162
　　二、数学的教与学 163
　　三、使学习经验符合学习目标 168
　　　（一）数字与运算 169
　　　（二）几何和空间感 178
　　　（三）测量 184
　　　（四）规律、关系和代数 189
　　　（五）数据分析 193
　　四、思考题 197

第八章　科学 199
　　一、幼儿在科学领域的发展 202
　　二、科学的教与学 203
　　三、使学习经验符合学习目标 205
　　　（一）科学程序 205
　　　（二）学习和分享科学思想 212
　　四、思考题 223

第九章　社会学习 225
　　一、幼儿在社会学习领域的发展 226
　　二、社会学习的教与学 228
　　　（一）从具体经验到基本原则的构建 228
　　　（二）从自我意识到他者意识的转换 229
　　三、使学习经验符合学习目标 230
　　　（一）社会系统 231

　　　　（二）社会概念 ………………………………………… 240
　　　四、思考题 ……………………………………………………… 248

第十章　创造性艺术 …………………………………………………… 251
　　　一、幼儿在创造性艺术领域的发展 …………………………… 255
　　　二、创造性艺术的教与学 ……………………………………… 258
　　　三、使学习经验符合学习目标 ………………………………… 260
　　　　（一）视觉艺术 …………………………………………… 261
　　　　（二）音乐 ………………………………………………… 271
　　　　（三）运动 ………………………………………………… 275
　　　　（四）戏剧（假装）游戏 ………………………………… 280
　　　　（五）艺术欣赏 …………………………………………… 285
　　　四、思考题 ……………………………………………………… 296

第十一章　对有准备的教学的反思 …………………………………… 297
　　　一、有准备的教学的指导原则 ………………………………… 299
　　　　（一）教师怎样做才是有准备的教学 …………………… 300
　　　　（二）有准备的教师在下列情境中将采用儿童主导的学习
　　　　　　　经验 ………………………………………………… 301
　　　　（三）有准备的教师在下列情境中将采用教师主导的学习
　　　　　　　经验 ………………………………………………… 301
　　　二、终篇思考 …………………………………………………… 302
　　　　（一）尊重教师 …………………………………………… 302
　　　　（二）尊重内容 …………………………………………… 303
　　　　（三）尊重儿童 …………………………………………… 303

参考文献 ………………………………………………………………… 305

第一章

关于有准备的教学的概述

在活动选择时间，5岁的布兰登站在水槽边，将一块海绵浸泡在水中，然后把水挤出来。教师萨姆蹲在布兰登身边，模仿他的动作。

"真的很重！"布兰登再次把海绵浸入水中后说道。

萨姆沉思着自言自语："是什么使它这么重呢？"

布兰登回答："我想是水吧。"

"你怎么知道的？"萨姆问。

布兰登想了一会儿，然后把水挤出海绵。"嘿！现在轻了！"他说。"水！是水使它变重的！"布兰登再次把海绵浸水、挤水，似乎是为了证明这一点。"现在把你的海绵变轻。"他对萨姆说。

"怎么做呢？"

"把水挤出来。"

萨姆照做了，然后把海绵递给布兰登。布兰登一只手拿一块海绵，掂量着。"给你，"他对萨姆说，"现在你的海绵和我的一样轻了。"

然后，萨姆举着两块海绵，转向4岁的朱恩。朱恩拿走了其中一块，萨姆把水倒在上面。萨姆把更轻、更干的那块海绵放在朱恩的另一只手里，并做手势表示那块湿海绵更重。朱恩刚才一直在观察朋友布兰登，所以他现在也挤出了湿海绵里的水，用手掂了掂两块海绵，感受着其中的不同，脸上露出有了新发现的笑容。

本书讨论的是有准备的教师，就像开头以及后面的那些案例一样，他们要结合学科知识和教学目标进行有准备的教学，确保幼儿获得在学校和生活中取得成功所需的知识和技能（内容）。有准备的教学不是偶然发生的，它是

教师主导还是儿童主导？

有计划、有目的、经过精心考虑的。有准备的教师用自己的知识、判断和专长为幼儿组织学习经验。当计划外的情况出现时（常常发生），他们也能从中找到契机来实施教学。

有准备的教学意味着，教师在儿童发展和学习的所有领域中都要考虑具体的结果或目标。"学业"领域（读写、数学、科学和社会学习），以及传统的早期学习领域（社会性-情感、认知、身体和创造性发展），都包含着幼儿想要和需要掌握的重要知识和技能。因此，有准备的教师要整合并促进所有领域中有意义的学习。下面是有准备的教学的另外一些案例。

凯蒂快5岁了，她画了一个花园，里面有许多不同的植物。她请教师萨拉把她要讲的故事写下来。凯蒂递给萨拉一张小卡片和一支铅笔，然后口述道："这幅画是我妈妈的花园。"萨拉准确地记下了凯蒂的话。

"现在，"凯蒂说，"我要告诉你这幅画中所有的花和蔬菜的名字。"

萨拉指着卡片问凯蒂，"你认为，这张卡片能全部写完吗？"

"能。"凯蒂说。她开始一一列举，教师也认真地把每一个都记下来。当写到卡片底部时，萨拉再次问凯蒂，她是否认为所有的名字都能写到这张卡片上。凯蒂重新考虑了一下。

"我想我需要更多的空间。"

她拿起卡片，把它翻过来。

"我应该继续在背面写吗？"萨拉问。

凯蒂担心道："但是那样我妈妈就看不到了。"

"嗯，我想知道，你怎么做才能让妈妈看到整个故事。"

凯蒂又想了想，然后拿起另一张卡片，把它粘到第一张卡片的底部。"够了吗？"萨拉问。"你的画中还有许多植物要写名字。"

凯蒂在底部又粘贴了一张卡片，并在桌子上多放了两张"以防万一"。凯蒂继续说花和蔬菜的名字，萨拉一一记录下来。

* * *

在小组活动时间，4岁左右的孩子们在教室里用彩色方形美术纸制作图案。哈金制作了红—蓝—黄—黄、红—蓝—黄—黄、红—蓝—黄—黄的复杂图案。"做一个像我一样的。"他对教师玛丽亚说。这时，所有的孩子都停下来观看。玛丽亚照着哈金的图案做，但在模仿第三个时，她故意将红、蓝、黄、蓝的纸片放在一起，然后等着孩子们看出不同。当没有人评论时，玛丽亚说："这看起来不对，你们能帮我吗？"孩子们提出了不同的解决方案，直到哈金用黄色的方形纸替换了最后一张蓝色的方形纸。"这次对了！"孩子们齐声说道。哈金说："现在你们也可以做一个，然后我来照做。"

有准备的教学需要教师对儿童发展和学习的普遍规律有广泛的了解。教师必须有一套完整的教学策略，知道什么时候运用什么策略来适应儿童的不同学习方式和特定的学习内容。在某些时候或对于某些内容，儿童似乎从自己主导的学习经验中会学得最好，也就是说，他们主要通过自己的探索和经验（包括与同龄人的互动）来获得知识和技能。而在其他时间或对于其他内容，儿童从教师主导的学习经验中学得最好，也就是说，这种经验是有计划的，教师会介绍信息、示范技能等。

儿童主导的学习经验和教师主导的学习经验之间并没有严格的界限。完全通过儿童的努力或仅仅通过成人的教导来学习，是很少见的。此外，在任何特定的科目中，儿童的学习方式会随着时间的推移而变化。例如，幼儿开始是通过自然、自发的对话（即儿童主导的学习经验）习得听、说技能的。然而，他们也从周围的成人那里学习句法和词汇，而且教师也经常特意介绍新单词和更复杂的句子结构（即教师主导的学习经验）。儿童喜欢的学习方式各不相同。有些儿童喜欢自己对问题进行大量的探索和思考，有些则很乐意向成人获取信息或寻求帮助。但每个儿童都会使用这两种方法进行学习。

同样，将儿童的知识和技能划分为主要通过儿童主导的学习经验获得的知识和技能，以及主要通过教师主导的学习经验获得的知识和技能，也不是很确切。例如，对大多数儿童来说，其基本的语言能力主要通过儿童主导的学习经验获得（尽管语言输入是来自身边的成人）。他们生来就具备听和模仿说话的能力。作为存在于社会上的人，他们天生就有意愿与人交流。相反，对于字母表中的字母，儿童靠直觉是识别不了的。字母的形状和名称是文化

儿童主导的学习经验 + 教师主导的学习经验 = 最佳学习

有效的幼儿教育融合了儿童主导和教师主导的教育经验,但这两种经验并没走极端,也就是说,儿童主导的学习经验不是儿童高度控制的,教师主导的学习经验也不是成人高度控制的。相反,在儿童主导的学习经验中,教师是有准备的,而在教师主导的学习经验中,儿童是积极参与的重要角色。两种学习经验都会利用有计划的、自发的、计划之外的学习机会。

	儿童主导的学习经验	
不是完全由儿童控制(教师处于被动状态)	主要根据儿童的兴趣和活动展开,但有教师的策略支持	不是完全由教师控制(儿童处于被动状态)
	案例:两个儿童平分一碗玻璃球	
儿童控制下:即使儿童变得沮丧或因分配不均而生气,教师也不干预。	儿童主导下:一开始,儿童试图通过目测把玻璃球平均分成两堆,但他们最终对结果不满意。教师建议他们把玻璃球数一下。他们数了数,然后把玻璃球在两堆之间匀了一下,再点数一遍,经过调整后两堆的数量终于相同了。	教师控制下:教师点数后,平均分成两份,然后告诉儿童每人分几颗玻璃球。
	教师主导的学习经验	
不是完全由儿童控制(教师处于被动状态)	主要根据教师的目标展开,但也让儿童积极参与	不是完全由教师控制(儿童处于被动状态)
	案例:教师让儿童了解影子及其属性	
儿童控制下:教师允许儿童把注意力从影子转移到讨论喜欢沙箱中的哪种玩具。	儿童主导下:教师设计课程,引导小组儿童用手电筒和木板探索影子。教师鼓励儿童提出想法并付诸实践。例如,儿童要做出"动物的影子"这个想法。	教师控制下:教师控制教学的所有方面,把相关知识传授给儿童。

的产物，显然需要通过成人的引导进行学习。但在其他内容领域，这种划分并不十分明显。在有的情况下，我们很难决定应该将其归入"主要由儿童主导"，还是"主要由教师主导"。这时，聪明的教育者们将做出大多数人会同意的方案。我在咨询本书的专家顾问时，发现了这个共识。

尽管这些划分并不精确，但当教师考虑何时以及如何支持儿童探索和建构知识、何时以及如何在教师主导的活动和教学中传授内容时，这些划分仍然是有用的。教师的这种考虑是本书的重点。本书探索了哪种类型的学习经验可能对哪些内容领域最有效，以及教师可以做些什么来优化该模式下的学习。本书还强调，无论是儿童主导还是教师主导的学习经验，教师都会发挥重要的教育作用，他们会创设支持性的环境和运用教学策略，把儿童的思维推进一个层次。

换句话说，儿童主导和教师主导的学习经验在幼儿教育环境中都有一席之地。两种学习经验不是一种好而另一种不好，或者一种适合儿童发展而另一种不适合。有准备的教师要理解这一点，并为特定的科目、情境或儿童选择其中最有效的一种或两种结合使用。

一、"有准备的教学"的相关术语

在班级每日信息板的上方，幼儿园教师都会写下这样一句话："今天谁来了？"在这句话下面画一列人形简笔画，每个画旁边都写上班里相应儿童或成人的名字。每天，教师们也在某些名字前面写一个可擦除的"×"，表示谁没来。哪天如果有客人到访课堂，教师就添加一个人形画，写上客人的名字。如果客人有空和儿童一起游戏，教师就在其人形画的手中画个玩具，比如球或积木。如果客人只是观看，教师就在其手中画个写字板。

每天早上大家一到教室，就先讨论谁来了，谁没来。然后，儿童和教师一起点数有"×"标记的人形画数量（缺勤）和没有"×"标记的人形画数量（出勤）。他们还讨论要来的客人，是"游戏者"还是"观看者"。有时，教师会让儿童预测，今天没来的儿童明天是否会来。例如，一位教师告诉全

教师主导还是儿童主导？

班幼儿，汤米昨天请假三天，然后问："你们认为，他明天会来吗？"

之后，随着儿童的读写能力开始显现，教师用他们的名字代替了人形简笔画。有些儿童自己写名字或写名字的首字母。到园的儿童在自己的名字旁边做一个标记（如点、钩或加号）。他们和教师一起数多少名字有标记，多少名字没有标记，以确定多少人来了，多少人没来。有一天，乔斯的妈妈要来给全班同学演示如何做玉米粉蒸肉，乔·斯用西班牙语告诉教师，"给我妈妈画个人形简笔画。""你想让我写上你妈妈要来？"教师说，同时画了一个手拿勺子的妇女。乔斯点了点头，笑着用西班牙语重复地说"妈妈"。

双语学习者：是指家庭语言非英语的儿童。

在这种日常活动中，教师的行为都是有准备、有目的的。他们既利用了儿童主导的学习经验，又利用了教师主导的学习经验。儿童很自然地对班级成员感到好奇，使用每日信息板有助于增强他们的社会意识。儿童知道每个人的名字，进而会注意到哪个同伴没来。儿童是自己意识到这一点的，也就是说，他们是通过自己主导的学习经验意识到的。在教师主导的学习经验中，教师利用儿童的知识和兴趣引入读写的概念和过程，比如在信息板上写下每个人的名字、鼓励儿童自己写名字、帮助双语学习者将他们的母语和英语联系起来。

他们还将数学概念和步骤融入活动中。儿童使用分类（出勤和缺勤；游戏者和观看者）、计数（名字和人形简笔画一一对应；理清有标记和无标记的人形图），以及相关的时间概念（昨天、今天、明天）。教师让儿童做出预测，这是在科学中使用的一个步骤。之后，儿童会看到自己的预测是否得到验证。

在整个活动中，教师和儿童都进行对话，这促进了儿童语言的发展。通过使用教师主导的策略，教师有意识地引入了新的词汇，如"出勤"和"缺勤"。教师利用儿童主导的交流渴望，与他们进行自然且流畅的交谈，从而提高儿童的语言流利性。

本章前文介绍了"有准备的教师"这一概念，并在谈论儿童主导和教师主导的学习经验时使用了三个术语：有准备的、教学和内容。这三个术语将在全书反复出现，因此要理解接下来的章节，这三个术语至关重要。以下内容阐释了它们的定义，以及如何将它们结合在一起。

（一）"有准备的"的含义

"有准备的"即行动有目的，脑中有目标，并且有实现目标的计划。有准备的行为需要缜密思考，并考虑其潜在的效果。因此，有准备的教师要为儿童明确定义学习目标，采用有助于实现该目标的教学策略，对进展进行不断的评估，并根据评估结果调整策略。教师如果能够解释自己为什么这么做，那么他们所做的就是有准备的行为，不管这个行为是第一次尝试使用，还是长期实践后惯性地使用，也不管这个行为是深思熟虑的计划中的一部分，还是在教学情境中自发运用的。

有效的教师就是有准备的教师，他们从创设情感氛围开始准备学习环境的方方面面。他们认为，要特意选择能反映儿童的兴趣、技能、需求、文化和家庭语言且具有吸引力的设备和材料，将其放在儿童能够注意到和可以使用的地方。

在计划一天或一周的活动安排时，有准备的教师会选择具体的学习活动、环境、道具布置和使用时间。他们会决定什么时候学习什么内容领域，需要花多少时间，以及如何整合这些领域的内容。教师的所有决策和行为奠定了班级教学的基础。

"有准备的"主要是指教师如何与儿童互动。皮安塔（Pianta，2003，p.5）将"有准备的"定义为"儿童和教师之间有针对性的、经过设计的互动，在这种互动中，教师有目的地挑战、支持和

> **教师针对双语学习者要思考的问题**：为了帮助双语学习者表达自己的理解，教师要使用探询性的表情和身体语言，以及儿童母语里的几个关键词（比如"为什么会这样？"）。教师如果不能理解儿童的回答，那么可以将其录制下来，之后请同事或儿童的父母翻译。

拓展儿童的技能"。伯林纳（Berliner，1987，1992）强调，有效的教学需要教师有意识地与儿童互动，了解教学的预期结果。伯林纳总结了关于班级环境和学习结果之间关系的研究，列出了优秀的、有准备的教学所具备的典型要素。

- **高期望**——教师对儿童的学习抱有高期望，儿童就会真的按照该期望学习。
- **计划和管理**——教师在引导班级朝着既定、有序的学习目标前进的同时，仍然要顾及儿童的相关兴趣。
- **以学习为导向的课堂**——儿童和教师一样，将课堂看作学习场所。
- **参与活动**——教师设计的活动要与儿童的经历和发展水平相符。
- **审慎提问**——教师的提问要能够洞察儿童的思考过程，激发儿童的思维。
- **反馈**——有效的评价性反馈要聚焦于儿童的学习，而不仅仅是表扬或批评。

（二）"教学"的含义

"教学"是指教师在工作中向学生传递知识、信念、态度，尤其是行为和技能。有效的教师具有以下三方面的能力。

- **课程**，即儿童被期望学习的知识和技能，以及学习计划。有效的教师熟悉课程所涵盖的领域，知道儿童在每个领域的通常发展状况。美国各州和一些专业组织在其儿童早期学习标准中都尽量明确学前儿童需要知道什么和能够做什么。这些专业组织包括国际阅读协会（International Reading Association，IRA，2005；IRA & NAEYC，1998）、美国国家运动与体育协会（National Association for Sport and Physical Education，NASPE，2009a）、开端计划（Head Start，US Department of Health and Human Services，2013）、世界级教学设计和测评（World-Class Instructional Design and Assessment，WIDA，2014）、美国数学教师协会（National Council of Teachers of Mathematics，NCTM；2000；NAEYC & NCTM，2010）等。幼儿园标准，包括各州共同核心标准（现已被大多数州采纳）和"下一代科学教育标准"（Next Generation Science Standards），也可能影响未来为学前教育项目制定或修改的标准（National Governors Association Center for Best Practices & Council of

Chief State School Officers，2010；Next Generation Science Standards，2013）。

- **教学法**，即教师促进儿童发展和学习的方式。有效的教师会为儿童提供能促进他们在各个课程领域得到发展的学习环境。首先，教师要创设一个培育性环境，保证儿童健康并有安全感。除了这一基本责任之外，教师还要尊重儿童在偏好、文化、家庭语言等方面存在的差异；对儿童的特殊需求具有包容性；与家长合作；运用有效的教学方法和策略支持儿童的学习和思维。教学法的基本要素，在美国幼儿教育协会的《早期教育方案标准和认证标准：幼儿教育质量指标》（*Early Childhood Program Standards and Accreditation Criteria: The Mark of Quality in Early Childhood Education*，NAEYC，2007），以及针对3—6岁儿童教师和幼儿园教师的《发展适宜性教育的要义》（*Basics of Developmentally Appropriate Practice*）等教学标准和教师标准中都得到了强调。《渴望学习：教育我们的幼儿》总结了25年来的研究，发现成人如何与儿童互动在很大程度上决定着儿童的发展结果。教学互动比任何其他变量更能决定教育的质量及其对儿童智力和社交发展的影响（Dombro，Jablon，& Stetson，2011；Pianta，2003）。

- **评估**，即利用多种信息确定儿童如何朝着学习和发展的预期结果推进的过程。评估可以采取多种形式，从观察性测量、对儿童的学习进行建档到标准化测试等。有效的教师知道如何收集、管理、阐释评估结果，并根据结果为儿童个体和整个班级规划学习经验，监控个人和小组的进展。教师与家长分享评估结果，保证家庭和学校共同支持儿童的早期发展（评估也越来越多地被用于教育方案的设计和教师问责方面）。有些评估是由管理者或决策者制定的，然后由教师或外请专家收集信息，而有些评估是教师根据自己的教学需要而进行的。美国幼儿教育协会和各州教育处早教专家协会的联合声明（NAEYC & NAECS/SDE，2003），以及美国幼儿教育协会的《早期教育方案标准和认证标准：幼儿教育质量指标》（2007），都规定了早期学习的适宜性评估指南。

教师主导还是儿童主导？

（三）"内容"的含义

"内容"就是教师所教的知识或主题，也是儿童学习的对象。就本书而言，内容更具体地指某个学习领域的知识（某些词汇和概念）和技能。

- **词汇**，即某一内容领域使用的语言。例如，语言与读写领域的词汇包括字母表中各字母的名称，以及"字母表""书""作者""押韵"等词汇。社会性－情感发展词汇包括情绪词汇（"生气""高兴"），以及"邀请某人游戏""要求某人不要乱扔积木"等语言。视觉艺术词汇包括对颜色、形状、质地的描述性词汇，以及艺术家、流派、艺术技巧等名称。

- **概念**，即某一内容领域内的重要思想或原则，即"大的概念"。例如，语言与读写的基本概念包括口语和书面语之间的关系，书是从头到尾阅读，每页是从上到下和从左到右阅读等。在社会性－情感发展中，解决冲突的基本概念包括"动口不动手"，解决方案应该对每个人都公平等。视觉艺术概念包括现实主义、抽象主义等，以及文化信仰和价值观在艺术中的呈现方式等。

- **技能**，即某一学习和发展领域所需的特定能力。在语言与读写方面，阅读技能包括识别单词的音节，从字母形状认识字母。在社会性－情感发展领域，解决冲突的技能包括表达情感、倾听他人和协商妥协。视觉艺术技能包括操作画笔创造艺术作品，观察和比较两位艺术家的作品等。

内容与双语学习者： 教师尽可能使用双语学习者的母语，把内容变得更简单、有意义，再辅以暗示、手势、视觉提示等，帮助儿童理解教师的英语讲解。

当然，有一些知识（词汇和概念）和技能跨越了一个或多个内容领域，早期教育要力求使这种广泛且普遍的学习最大化。但是，本书是按照具体内容领域展开论述的，所以对有准备的教师来说，他们所面临的挑战是确定在每个内容领域中"教什么"和"如何教"。尽管本书着眼于每个领域的内容，但教师在班级中要通过全面整合，不断积累学习成果，扩大儿童的词汇量，增强他们对世界的整体性理解，拓展他们的所有技能。

早期教育领域有时被指责是反学科知识的（anti-content）。如果指责有一定的道理，那么部分原因就是，为了帮助幼儿从家庭环境过渡到集体环境，早期教育曾过分重视分享、合作和友好游戏。另一部分原因是人们对适宜性发展的误解，这方面典型的例子是有些教师出于好心，觉得不能给幼儿看字母表，否则会强迫幼儿记住字母。

如果说早期教育因忽视内容而受到批评，那么小学教育则被指责走向了另一个极端，忽视了儿童的社会性-情感发展（而且，为了应对当前的学业压力，小学教育减少了对体育和艺术等领域的支持）。在这种批评压力下，美国幼儿教育协会和各州教育处早教专家协会发表了一项关于8岁以下幼儿课程的联合立场声明（NAEYC & NAECS-SDE，1991，2003）。其中，1991年的声明旨在解决当时的两个基本问题："早期教育的错误（对课程内容关注不够）和小学阶段的错误（对课程目标过分关注，对儿童个体关注不够）"（Bredekamp & Rosegrant，1992，p.3）。

满足幼儿需求的课程是综合性的课程（NAEYC & NAECS/SDE，2003）：

它包括发展的关键领域：儿童的身体健康和运动发展、社会性-情感发展、学习方式、语言发展、认知和常识，以及科学、数学、语言、读写、社会学习、艺术（对年龄大一些的儿童来说，这些领域的内容要更丰富、更明确）等学科领域。（p.2）

每个内容领域都有自己的词汇、概念和技能，需要儿童掌握。由于幼儿通常是第一次面对这些内容领域，所以他们需要教师"为他们以后的理解和成功奠定基础"（NAEYC，2001，p.19）。

* * *

"要使所有的儿童都能获得成功，教师需要在儿童自发的学习和教师主导的学习之间建立有效的平衡"（Hyson，2000，p.60）。本书提倡一种平衡的方法，认可儿童通过自己主导和教师主导的学习经验来学习，并且认为当教师选择和运用任何一种教学方法但不走极端时，教学是最有效的。正如前面所陈述的，平衡的方法既不是自由放任，即所有的学习都由儿童自己进行，也不是完全的自上而下，即把儿童视为空的容器，等待教师灌输知识。师生互动既不是过度的教师主导和说教，也不是过度的以儿童为中心和放任不管。相反，有准备的教学意味着从儿童的发展出发，尊重儿童的学习模式，系统地介绍各个领域的内容。

当然，对于如何学习才最有效这一问题，儿童个体之间会有差异。有些儿童凭借自己或与同伴的互动学到知识，有些儿童却只能通过教师的直接干预获得知识。因此，本书提供的建议不能取代教师的观察和对儿童个体的经历和学习风格的了解。

目前，对于儿童主导和教师主导这两种方法之间的平衡，早期教育领域还没有专门的说法。"折中"显得过于随意，"联合"或"中间路线"又太模糊。在本书中，我提议使用一个并不新颖的术语，但我相信该术语在本书是有用的。这个术语就是"有准备的教学"，因为它表明，不论在儿童主导还是教师主导的学习经验中，教师都要考虑周全。不管我们采用哪种说法，最重要的是这种说法能够表达我们对儿童发展原则和教学内容的责任。

界定和遵循这样一种平衡的方法，可能有助于我们避免两极分化的争论，推行更有效的教育实践。此外，这种方法将激励我们不断更新知识，反思实践，也就是说，激励我们成为有准备的教师，采用多种方法确保幼儿获得成功。

二、思考题

1. 除了"有准备的教学"，还有什么术语可以描述本书所提倡的经过缜密思考的多层面的教学？
2. 在什么情境下，儿童主导的学习经验看起来占主导地位？在什么情境下，教师主导的学习经验看起来占主导地位？在什么情况下，教师主要通过自己的努力来学习？在什么情况下，教师主要通过他人的指导来学习？理解教师的学习模式，对于有准备地教育儿童有什么启示？

3. 早期教育领域如何才能扭转人们对它的一种普遍看法，即它是"反学科知识的"？
4. 早期教育领域如何向公众展示早期教育内容应该涵盖所有学习领域，而不仅仅是读写、数学、科学和社会学习？
5. 有准备的教学如何支持所有儿童的学习，包括双语学习者和有特殊需求的儿童？
6. 除了写书之外，还可以采用什么方法来鼓励大家采用有准备的教学？
7. 作为一名新任教师或有经验的教师，你能做些什么来保证"有准备的"在师幼的日常互动中占有一席之地？

第二章
有准备的教学的最佳实践

西蒙对幼儿园的助理教师说:"现在已经过了多雨的冬天,儿童真的很喜欢课外时间在阳光下跑步。""我想知道,是否有办法让他们了解光线和影子。现在白天光线更亮了,树木也长出了叶子。"第二天,儿童围着一棵大橡树追逐玩耍时,西蒙对儿童说,有时能看到他们的影子,有时却看不到。"你们认为,怎么会这样呢?"西蒙问道。

维诺德建议说:"你要走动。""如果站着不动,就不会有影子。"

"嗯?"纳塔莉站在原地说,"我没有动,我看到了自己的影子。"

"我知道,"米哈伊尔说,"你要远离那棵树。"

西蒙离开那棵树,面向阳光站着。儿童说他没有影子。但面对西蒙的森尼尔(太阳在他身后)兴奋地说:"看!我有影子。"

一些儿童站在西蒙的旁边,另一些站在森尼尔的旁边。他们观察哪一组有影子,哪一组没有影子,但不能解释为什么。西蒙眯着眼睛向天空看了看,若有所思地说:"也许这与太阳有关。"

纳塔莉兴奋地说:"看到太阳时,就看不到自己的影子。"

米哈伊尔躲在树后。他观察着,说:"我看不到太阳,也看不到我的影子。"

孩子们试着站在相对于太阳的不同位置,每次都注意是否会形成影子。只有维诺德在继续尝试着不断地走动、停止。在接下来的几天里,孩子们关注着树干和树枝是否会产生影子,以及随着更多树叶的生长,影子是如何变化的。接下来的一周有个阴天,他们说根本没有影子!他们对光和影子越来越感兴趣,西蒙和同事也计划用手电筒和挂毯开展一个小组活动。

在这个案例中,西蒙就是一位有准备的教师。他对内容领域(自然界,属于科学的一个方面)进行了思考,利用阳光明媚的日子里儿童在室外玩耍时自然流露出的乐趣,将儿童的注意力集中到环境中的光和影子上。他在儿童玩耍时,不时地进行观察,把他们的注意力引向这个主题。他要求儿童解释影子为什么有时出现、有时不出现,并让儿童评价(有时是反驳)彼此的想法。儿童困惑时,他没有给出答案,而是逐步引导他们考虑另一条推理路径(太阳的位置),以此帮助儿童继续理解。西蒙利用了户外学习环境提供的诸多机会来帮助儿童学习光线和影子(树木、太阳、云和运动)。他还基于儿童对科学现象的好奇心,设计了一个小组实验,让儿童探索其他材料(手电筒和挂毯)。

西蒙的教学展现了幼儿教育的最佳实践。也就是说,他脑海中有一个儿童学习的目标,然后提供有趣、开放性的材料(室外和室内)支持儿童学习,鼓励儿童探索与他们发展水平相符的材料和概念,并与儿童互动,支持和拓展他们的探索,鼓励他们之间进行互动和相互学习,同时为他们提供机会,让他们根据不同的材料和情景归纳自己的想法。这些实践是基于儿童发展理论、教育研究和几代教师的反思的。我们运用这些实践,是因为我们知道它们是有效的。我们重视这些实践,是因为它们反映了人类发展的共同理想和信念。不管是哪种课程,我们都提倡把这些实践运用到每一间教室中。

近年来,随着社会对早期教育的日益重视,专业人士和公众对教师素质的关注也越来越多。有些决策者呼吁采用"防教师"(teacher-proof)的教学方法,有些课程开发人员则给出课程包或课程脚本,教师几乎不用接受培训就可以实施这些课程,进而达到近似机器般的一致性。优秀的教学竟然如此机械或肤浅?可以理解的是,对于这种思想,许多教育者进行了抵制:"教师必须深刻理解儿童如何学习,以及学习什么最重要。"(Espinosa,1992,p. 163)

然而,如果课程是在理解儿童学习方式的基础上设计的,并且儿童和教师也有机会参与编制,那么现成可用的资源就不应该被抛弃。它们可以为新任教师,甚至是有经验的教师提供一个轻松、有益的起点,帮助他们进入不熟悉的学科领域。但有了这些资源,并不意味着教师不需要成为有准备的教师。教师仍然必须决定如何针对儿童个体和群体实施课程。随着时间和经验的积累，大多数教师将能够在教学中发挥更多的创造力。

一、关于最佳实践的概述

最佳实践要求我们思考：我们要在班级里做什么，我们所做的将如何促进儿童的发展并产生真正持久的学习。这也是有准备的教学的定义。关于早期教育最佳实践的内容、背后的原则，以及如何衡量它的实施，已经有很多论述（尤其是 Copple & Bredekamp，2009；Hyson，2003；NAEYC，2007）。这些讨论形成的文献太多，我无法在这里一一谈及。本章只概述有准备的教师如何在班级中运用这些最佳实践。

有准备的教师会把最佳实践原则运用到六个关键的工作领域。其中，本书第三章至第十章全面论述了设计课程（学习内容）。另外三个领域，即创设学习的物理环境、安排一日流程和与儿童互动，关注的是教师如何在班级中实施课程。在接下来的章节中，我们将通过有准备的教学这个视角，全面地评述这三个领域。

剩下的两个领域，即与家长建立联系和评估儿童的发展，我们也有评述，但涉及的范围不大，仅限于与有准备的教学相关的方面。关于家长的这一部分，涉及的是我们与家长讨论在儿童主导和教师主导的学习经验之间取得平衡的问题，并鼓励家长在班级之外有准备地为儿童提供这两种学习经验。关于评估，本章的焦点是利用评估结果有意识地规划儿童的学习，并确定教师专业发展的领域。

学习环境如何影响儿童游戏的复杂性

教师布置教室时，通常担心的是健康和安全问题。还有一点虽不太明显但同样现实存在，即创设安全、可靠的学习环境，也能影响儿童的游戏方式。正如特加诺（Tegano，1996）和他的同事所指出的，儿童对空间的安全感和信任感会影响游戏的复杂性和持续时间。

> 处在一个很大的空间时，儿童会觉得与周围环境相比自己很小，时间对他们来说似乎过得更慢。儿童在游戏室、游戏场的帐篷里，或者桌子下面时，会觉得自己比周围的环境大，注意力似乎就能够持续集中。儿童对游戏空间大小的感知，会影响游戏的质量，进而影响学习的潜在可能性。改变空间，使儿童在其中感觉自己更大，他们就能更快地进入复杂的游戏，持续更长时间。（p. 136，p. 138）

（一）创设学习的物理环境

有准备的教师做的第一件事就是布置教室，他们甚至在儿童到来之前就动手布置。创设这种环境时，应仔细考虑儿童的发展、课程目标、教学策略以及家庭和社区的特征，如家庭的文化和语言，所处社区是城市、郊区还是农村等。环境不仅要促进儿童的学习，还要带给他们学习的乐趣，增强他们追求学习的动力。教室是教师的主要工作场所，所以教室也应该氛围友好，对教师有激励作用。

1. 提供安全健康的室内外环境

幼儿园要获得当地授权机构的许可，就必须符合卫生、通风、照明和温度控制方面的相关标准。这是幼儿园及教师的基本责任（NAEYC，2001，2007）。尤其是儿童的安全要依靠教师，因此教师需要能够看到和听到教室任何角落发生的事情。

室内和室外游戏区应该有足够的空间进行自由活动。幼儿园通常会考虑儿童对空间和运动量的需求，但是教师也必须有空间和儿童一起活动，加入他们的游戏，充分利用随时出现的学习机会。

2. 组织兴趣区或兴趣角

有特色的区域会鼓励不同形式的活动，扩大儿童的兴趣范围。儿童在考察环境、选择哪个区、用什么材料、与谁一起时，这些兴趣区会促使他们审慎思考，做出决策。综合来看，教师在创设幼儿园的室内外区域时应该考虑到儿童发展的各个方面，允许不同规模的小组在每个区域活动。这些区域也应允许不同噪声程度和不同活动量的活动，包括给儿童提供可以安静独处的地方。另外，也要考虑相关地点，例如，将艺术区放在水槽附近，将安静区和嘈杂区分隔开。

典型的室内区域包括：

- 图书区，早期阅读和书写使用的书和其他材料要有英语版本和儿童母语版本
- 积木区，积木和相关建构材料
- 戏剧游戏区（房子、服装）
- 视觉艺术区
- 音乐和运动区
- 数学区
- 科学区
- 沙水区
- 拼图、棋牌等玩具区
- 计算机（也可能在书写区）

室外空间可能包括：

- 体育器械（攀爬架、滑梯、三轮车）
- 开放的综合运动区域
- 园艺区，可观察野生动植物，探索自然界中的艺术，进行沙水游戏

3. 提供丰富多样的设备和材料

不论在室内还是室外，有准备的教师都要提供结实的开放性材料，让儿童能够多方式地使用。这些材料要能反映儿童家庭和社区的多样性。虽然大部分材料应该每天都在，以鼓励儿童深入探索，但有些也要定期轮换，以便拓展儿童的经验，使其适应新技能和新兴趣。再次提供熟悉的材料也能启发儿童用新的方法使用这些材料。材料应该有不同的质地、气味、声音和味道。能被加工的材料（即"可操作性材料"，如积木、珠子、贝壳、拼图和橡皮

泥），有助于激发儿童运用所有的感官进行探索、变换和组装。给设备和材料贴上标签，分类存放，方便儿童看到和容易拿取。儿童能够自己找到、使用和归还材料时，他们的主动性和独立性就得到了发展。

　　一般情况下，不同类型的材料越少越好，相同或相似的材料越多越好。幼儿参与活动的心情迫切，排队等待对他们来说很困难。甚至对那些刚开始学会分享，或已经知道终究会轮到自己的学前儿童来说，也是如此。等待会导致无聊、兴趣丧失和沮丧，使游戏变得不愉快，效果不佳。只有让儿童将自己的想法立即付诸行动，他们的兴奋劲和主动性才会发挥作用。儿童如果一直使用相同或相似的材料（如木头、纸板、橡胶、泡沫等不同质地的积木），就更有可能比较和分享自己的经验。这种交流促进了社交互动，培养了洞察力，因为他们注意到同伴做了什么，看到了什么，说了什么。此外，拥有多套相同的装扮服装和道具，让多名儿童同时扮演一个角色，如两个消防员或两名厨师，则可以促进更高层次的游戏和交流。

教室材料要反映文化多样性

　　在教室中反映文化多样性，不单单是展示不同文化中的物品，或者庆祝不同文化的节日。多样性展现了我们是谁，我们是怎样的人。下面是建议的一些材料，这些材料承认和尊重儿童及其家庭的文化多样性。在每个区域，标签和其他书写材料都应该以英语和儿童的母语呈现。

　　艺术区——不同颜色的蜡笔；能够鼓励儿童制作在文化和社区中见到的艺术品和工艺品的材料（如陶瓷碗和陶瓷雕像、制作陶器的黏土、编织壁毯和垫布、纱线和织布机）。

　　积木区/建构区——常见和不常见的动物模型（如狗、猫、蛇、猪）；不同用途的玩具车模型（如建筑工程车、农用拖拉机、出租车）；当地使用的各种建筑材料（如木头、砖块、瓷砖、再生塑料板）。

　　图书区——用英语和儿童家庭语言写成的图书；描述各种家族、种族、民族、文化、年龄（包括老年人）的图书；展示男性和女性在家庭、工作和休闲时间从事各种活动的图书；描述残疾人（包括儿童和成人）的图书。

> **戏剧游戏区**——不同民族的男女玩具娃娃；儿童家中使用的厨房用具和食品容器；不同文化和不同职业的服饰；尺寸符合儿童的残疾辅助工具（如助行器、拐杖、不带镜片的眼镜）。
>
> **音乐区**——反映儿童文化的歌曲录音；来自不同文化的乐器。
>
> **科学区**——本地野生动植物的实物样本或照片；与当地天气状况相关的工具和其他物品（如用于除雪、防晒、应对雨季、飓风防护的物品）。

4. 展示儿童创作和感兴趣的作品

儿童看到自己的作品，能够回忆和反思自己和同伴做了什么。这也能引导他们拓展想法，在以后的日子里继续坚持这种兴趣或项目。墙壁、架子和底座都可以展示儿童的艺术作品、信手涂写、科学实验和探索的作品（如模型或简单图表）、儿童一起工作和游戏的照片、为自创游戏制定的规则、家庭照片、实地考察的纪念品、分发零食或选择歌曲的轮流表等。这些展示品应定期更换，以便让"儿童最近创作的作品占据主导地位"（NAEYC，2007，Criterion 3.A.06）。因为作品展示时间太长，就会失去吸引力。

展示应该关注儿童而不是成人的活动、作品和兴趣，也就是说，为家长和教师提供的信息应该张贴在教室以外的地方，如果可能，也可以张贴在教室内的一小块地方。儿童作品展示是教师、儿童与家长、管理者、访客和其他人分享儿童所学知识的绝佳方式。

（二）安排一日活动流程

有准备的教师的目标是，在日常活动框架内，为儿童提供丰富多样的学习机会。

1. 建立一致而灵活的日常流程

日常流程能让幼儿情绪稳定，有安全感。他们知道要发生什么，什么时候发生，以及成人对他们有什么期望。日常流程，比如早上入园时教师的问候有助于缓解儿童与家长分离时可能感到的焦虑："这看起来明显像一种仪式，但有意识的、真诚的问候会为儿童的一天定下积极的基调。"（Evans，

2005，pp. 50–51）儿童向家长道别时，教师的热情问候也让家长放心把儿童委托给家庭成员以外的人照顾。对双语学习者和家长来说，听到教师用他们的母语打招呼，他们会觉得自己在这里有安全感，受到尊重。

精心确定一日活动中各环节的数量和性质，就像区域和材料一样，应该尽量平衡，不要太多，也不要太少。将一天分成几个有意义的时间段，避免频繁转换对幼儿造成干扰。也要利用活动的顺序和持续时间为儿童提供与时间关系相关的重要经验，帮助儿童发展早期数学概念。活动还需要有合理的灵活性，让教师利用突发的教学机会，拓展儿童的兴趣。

此外，重复一日活动流程，能够让儿童再次使用原来的材料和重复原来的活动。我们在渴望拓展儿童经验的过程中，有时会忘记他们也需要通过重复来加深对熟悉的材料和主题的理解。

教师在思考如何把内容整合到每天的各个环节时，连贯一致的流程能给教师制订计划提供一个框架。例如，儿童可以在以下环节通过一对一搭配来探索数字的使用：问好时间（点数已到校儿童的数量）、选择时间（计算每个区域有多少儿童在游戏）、小组时间（画图说明每种颜料有多少儿童在使用）。一日活动的结构也促使教师广泛地思考教学内容，力求在一整天中充分纳入认知领域（如在活动中引入不同的主题）和社会领域（如改变小组规模和组成；创建具有共同兴趣和经历的儿童群体）的各个方面。

每天的活动流程中，某些环节应该让儿童选择，允许他们和教师一起安排活动。即使在教师主导的活动中，儿童也应该能够自己做出选择，比如如何使用材料或与谁搭档。

2. 允许多种类型的活动

有效的教师在安排一天的活动流程时会提供以下机会：

- 选择和自主游戏（如提供时间让儿童制订计划和预期要做什么）
- 整理物品和处理个人需求（如使用自我服务技能）
- 小组活动（如教师介绍关键概念和技能或大声朗读）
- 室内外游戏，包括运动
- 与成人和同伴交往

- 使用材料或与其他人一起解决问题
- 分享零食等食物
- 休息时间（取决于儿童的年龄和在园时间）
- 过渡活动
- 巩固和反思学习

通过诸如此类的一系列学习活动，儿童能够运用所有的感官、能力和兴趣来学习内容，并建立有意义的联系。

连贯一致的活动流程意味着各活动环节的顺序是可预测的，但各环节中发生的事情每天都不同，这要取决于儿童的兴趣和教师的目标。例如，小组活动时间在每天都是固定的，但是具体的活动内容每天都不同。这种多样性很重要，能够满足儿童的各种兴趣和学习方式，让所有的儿童在一天中都可以找到感兴趣的事情。此外，多样性也允许儿童与教师共同安排活动。

与此同时，有效的教师知道过分多样化会使幼儿应对不暇。多样化的一日流程并不意味着把每种可能的经验都塞进去。相反，在几周或几个月内重复执行的每日流程，创建的只是一个框架，里面的内容可以是变化的、有序的、重复的、支持性的或拓展性的。

3. 使用多种分组方式

儿童需要机会来单独工作、两人联合工作，也需要小组和大组合作。有些分组是自发的，而有些分组，特别是小组和大组，是教师为了鼓励不同的学习机会而决定的。最显而易见的是，在小组情境中，当儿童看、听、阅读、游戏、解决问题，以及与同伴分享观察结果和想法时，社会性学习就发生了。小组时间也为儿童的语言发展提供了丰富的机会。儿童听到教师介绍的或同伴使用的新单词，就会改进自己的说话方式，从而更有效地向别人表达自己的需求和意图。这些类型的社交互动，对双语学习者特别有价值，因为他们渴望融入集体，这将成为他们向同伴学习语言的重要动力。不同规模的分组也是幼儿学习数量的另一种方式，比如我一个、我们两个、小组中的一些、大组中的很多等。

有效的教师关注儿童个体和小组儿童的动态。通过观察儿童在不同小组中的舒适度和偏好，教师制定策略，确保每个儿童在尝试新的或不舒适的环境时会感到安全和受到支持。例如，教师可以把安静内向的儿童分在同一个小组，这样他们更可能大声表达，因为他们知道自己不会被声音更洪亮或词汇更丰富的儿童压制。或者，一个英语表达能力相对较好的双语学习者，可以帮助另一个英语水平还不够高的儿童。同样，将家庭文化相同的儿童分在一组，来幼儿园时间长的儿童就可以帮助新来的儿童适应新的环境和新的文化。这种策略让每个儿童在一天的每个环节都有机会获得积极、有益的经验。

4. 为每种活动留出充足的时间

分配给每种活动的时间太短，儿童可能会因无法实现目标（无论是探索还是创造）而感到沮丧；时间太长，他们会不耐烦或厌倦。儿童的个人喜好和发展水平肯定会有所不同。例如，在区域选择时间，学前儿童比学步儿坚持的时间更长。多样性的另一个方式是允许活动时间的重叠。例如，在选择时间，某个儿童可能需要多几分钟来完成一项艺术活动，而其他儿童已经洗手准备吃零食了。吃得快的儿童可以在整理完之后先和一位教师到室外活动，而吃得慢的儿童可以留在教室，和另一位教师聊天。

这种灵活性可以使过渡环节更加顺畅，避免匆忙和失控，从而导致儿童不安。当出现问题行为时，需要的通常不是管理儿童，而是调整活动的安排。有时候需要调整的是内容，而不是活动的时长。也有可能是因为要求儿童完成的任务太多，或者任务不能引起他们的兴趣。

（三）与儿童互动

儿童与教师、同伴的互动，比起任何其他活动，更能决定儿童学什么和对学习的感受（Dombro, Jablon, & Stetson, 2011; Driscoll et al., 2011; National Research Council, 2000a）。在童年早期，学习主要是一个社会化过程。与幼儿建立关系，意味着承认师幼关系是教和学的基础（NAEYC, 2001, p. 35）。甚至儿童与材料的接触，也常常是由他人引导的。因此，至关重要的一点是，教师要理解儿童是如何发展的，并向他们提供支持和鼓励，以促进他们的成长和进步。

有准备的教师可以运用以下核心策略,创设和维持互动环境,支持儿童的学习和发展。

1. 满足儿童的基本生理需求

所有儿童都有基本的生理需求,包括食物和营养、如厕、身体和心理舒适以及安全和健康。从婴儿期开始,儿童的基本需求就得以满足,可为其获得一生的成长和发展所需要的基本信任奠定基础。对儿童身体的保护,也有助于满足他们的心理需求,让他们感到安全和有保障。

在童年早期,儿童的需求会发生变化,成人在满足儿童的这些需求方面起着重要作用。婴儿需要喂养、换衣、拥抱和玩耍;学步儿会冒险探索,但经常会回头看看自己信任的保护者是否仍然在身旁。三四岁的儿童如果很早就建立了这种基本的信任,他们就可以独立活动或者和同伴一起长时间地活动。幼儿如果知道看护人会满足他们的基本需求,就会产生安全感,尝试去探索不熟悉的世界,从而为未来所有的学习经验奠定基础。

2. 营造温馨、关爱的氛围

教师与儿童积极互动时,这种互动不论是语言上的(倾听、充满兴趣和尊重的交谈、语调平和地解决问题),还是非语言上的(微笑、拥抱、点头、眼神交流、弯腰与儿童在同一高度),都会让儿童产生安全感和成就感,温和、敏感和培育性的互动,比严厉、挑剔或冷漠的成人行为,更有利于儿童的发展(例如,Kontos et al., 1994; Whitebook, Howes, & Phillips, 1989)。有效的教师"通过对儿童的想法、经验和作品表现出兴趣,营造一种相互尊重的氛围"(NAEYC, 2007, Criterion 3.B.03),以及"通过积极回应和提供细心的、连续的、宽慰的、支持性的和对多元文化敏感的照护,发展与儿童的个人关系"(NAEYC, 2007, Criterion 3.B.03)。这些行为促进了"所有儿童的积极发展和学习"(NAEYC, 2001, p. 35)。

> **教师与儿童互动的核心策略:**
> - 满足儿童的基本生理需求
> - 营造温馨、关爱的氛围
> - 鼓励和支持语言发展与交流
> - 激发主动性
> - 提供知识,示范技能
> - 认可儿童的活动和成就
> - 支持同伴互动
> - 鼓励儿童独立解决问题

3. 鼓励和支持语言发展与交流

教师可以运用多种不同策略来支持儿童的语言发展，包括与儿童轮流交谈，在儿童阐述和表达想法时观察和倾听，以及适当地提问（甚至是提出开放式问题），这样儿童就可以主动发起对话，积极回应。对双语学习者来说，教师可以同时用儿童的母语（取决于教师的熟练程度）和英语交谈，从日常词汇开始，帮助他们表达需求和意图。让幼儿接触丰富多样的词汇和话语规则，有助于他们发展语言能力，这种能力是以后获得读写技能、解决人际问题技能以及其他认知和社交能力的基础。

儿童有话要说时会主动交谈。因此，给他们提供感兴趣的材料和经验，是促进语言发展的好方法。积极的班级氛围为儿童提供了机会和鼓励，使他们可以自由交谈。有准备的教师会鼓励儿童与他人交谈（见本章"支持同伴互动"一节），教师自己也与所有的儿童交谈，包括那些安静内向的儿童和不善于与人交谈的儿童。这些策略将丰富和增强儿童的语言，并营造出一种班级氛围，让儿童手脑并用，主动交谈。

4. 激发主动性

"儿童有主动性意味着他们渴望学习。他们在了解关系、材料、行动和想法时，会表现出好奇心、独立性和自我指导。他们在探索环境时承担了合理的风险"（Epstein，2012a，p. 20）。从很小的时候起，儿童就按照自己的意图发出信号并采取行动。例如：婴儿会伸手去拿颜色亮丽的玩具；学步儿会举起杯子说"还要果汁"。学前儿童能够形成和表达更详细的意图，例如，计划在积木区玩耍和搭建房子。儿童能够自由选择，并成功实现目标，这样他们就有信心靠自己的能力和主动性继续学习。

教师要尊重儿童的兴趣和选择，创造各种学习机会鼓励他们的主动性。教师对儿童所做的事要充满热情，跟随他们的引导，以同伴的身份加入他们的游戏。在小组活动和个人选择时间，教师应该乐于接纳儿童的想法，给儿童提供机会去制订计划和反思所学内容。"儿童计划、实施和回顾自己的学习活动后，他们的行为就更有目的性，在语言和其他智力测试方面会表现得更好"（Epstein，2003，p. 30）。

5. 提供知识，示范技能

以前的早期教育课程没有内容（即在不同学科领域的实质性学习），这种说法肯定是不准确的。最近的趋势是在早期学习的所有领域中，既扩大教学内容，又明确地提出教学目标或教学成果。然而，关于教学内容的一些矛盾仍然存在，幼儿教师并不总能确定如何提供信息和示范技能才会符合适宜性发展。

教师通过明确地提供信息或示范具体技能来提供内容，不仅是合适的，而且是必要的。幼儿构建知识时，不仅通过自己的经验，还结合了更有能力的同伴和教师提供的指导和示范。本书旨在帮助教师认识到，即使那些只能通过讲解和示范（直接指导）向儿童教授的内容，也可以使用适合幼儿发展水平和学习风格的教师主导的策略。有准备的教学并不会扼杀儿童的主动性和探究精神，而是给了他们一种工具，促使他们进一步发现和掌握知识。

6. 认可儿童的活动和成就

教师最好通过表现出兴趣和给予鼓励，表达对儿童工作的重视，而不要一味表扬，因为表扬会产生负面影响。表扬会招致儿童的互相比较和竞争，增加他们的焦虑而不敢大胆尝试，也限制了他们评价自己作品的能力。相比之下，鼓励能增强儿童的主动性和自信心，促使儿童能够客观地看待自己的作品，而不仅仅是为了取悦成人。

有效的教师使用多种方式来认可和鼓励儿童的想法和成果，包括：

- 对儿童做的事给予具体评价
- 向儿童提问，更多地了解他们的计划和想法（不是成人已经知道答案的常见问题，而是能够引出更多信息的真正问题）
- 重复儿童的想法并模仿其行动
- 写下或录下儿童的想法，给他们创作的作品拍照
- 将儿童当前的言行与他们在其他时间或地点做的事或相关信息建立起联系
- 让儿童向其他儿童寻求信息或帮助
- 展示儿童的作品或作品照片

- 与同伴、同事和家长分享儿童的想法、成就和作品

7. 支持同伴互动

学前儿童通常有很强的动力与同伴、成人建立和保持关系。这些关系带来了多种益处。同伴可以成为游戏中的伙伴和合作者,让儿童尝试领导者和跟随者的角色,并从中获取信息和乐趣。随着对异同的认识越来越强,同伴还可以帮助儿童建立身份感,了解新的语言或不熟悉的文化,提供情感支持(尤其在成人不在场时)。

教师帮助儿童建立同伴关系的主要方式,就是自己与他们建立真实的、支持性的、互惠的关系。教师通过善待、尊重儿童并与他们进行对话,为他们之间的相互交流奠定了基础。教师带着尊重之心,与来自不同文化或说不同语言的儿童交流,就会为其他儿童树立榜样。教师使用每个儿童母语中的一些单词,平等对待所有儿童的母语和文化,在交谈中表现出耐心和尊重,有助于儿童学会与人相处这项重要技能。

教师创设的物理环境也能促进积极的同伴关系。提供的材料应能激发合作性游戏(如摇摇船、大的四轮马车、长跳绳、需要两个或多个儿童搬运或操作的设备、棋盘、戏剧表演道具等)。每个兴趣区也应该有足够的空间,让一些儿童一起活动。

教师可以用来支持同伴关系的另一个策略,是保持分组的稳定,也就是说,同一组的成员在很长一段时间,至少几个月内,都保持不变。与同一组伙伴经常互动的儿童,比经常更换小组的儿童的社交能力发展得更强(Corsaro & Molinari,2005;Howes,1988)。对于在一日流程其他时间(如选择时间、户外时间)发展的同伴关系,教师也应该留意,并为那些互相喜欢的儿童提供机会,让他们在日常活动中进行互动。

最后,教师要引导有问题或需要帮助解决问题的儿童向同伴寻求帮助。例如,某个儿童在使用设备(如油漆罐上的泵、新的计算机程序或应用程序)时遇到困难,教师可以引导他向熟悉这方面的同伴寻求帮助,或者两人合作解决这个问题。教师要帮助儿童学会感激同伴的帮忙,例如,给他们布置任

务，让他们编个故事、押韵诗或赞美歌来表达感激。所有这些策略都能鼓励儿童倾听和借鉴彼此的想法。

8. 鼓励儿童独立解决问题

鼓励儿童自己找出问题并尝试解决问题，这有助于他们发展认知、社会性–情感和身体技能。教师如果根本不让儿童探索或者过早干预，儿童就没有机会将自己视为有能力且独立的人。另一方面，如果教师迟迟不介入或从不提供帮助，儿童就会变得焦虑或气馁。

有效的教师可以使用以下几种技巧在这两者之间找到平衡。第一，无论儿童在材料使用、同伴互动、日常活动还是达到期望方面遇到挑战时，教师都要鼓励儿童面对问题并将问题描述出来。教师等待儿童说出问题，从而促进他们的认知和语言发展。

第二，有效的教师会耐心地让儿童找到和尝试解决方案。通过自己解决问题，儿童可以获得更多的满足感，学到更多东西。儿童的解决方案只要能让自己满意且不会给别人带来问题，就是可以接受的。

第三，有效的教师要有敏感性，对儿童几次尝试都失败的情况，要能够及时发现。适时的建议会有所帮助（"你在积木区找到其他车了吗？"），但有时也需要教师提供直接的帮助来防止挫折或伤害（比如帮忙解开一个复杂的绳结，或者收起儿童正在争抢的玩具，直到他们找到解决方法）。但教师即使干预，也要给儿童提供选择，或者让他们继续自己探索，以维护他们独立解决问题的自我形象。

相信儿童能自己解决问题

儿童面临问题时，成人的第一反应往往是替他们解决问题。摒弃这种方法更有效，因为我们帮助儿童明确问题、集思广益、共同找到解决方案时，他们会从中学到更多。在以下这个例子中，儿童自己想出了一个新颖的方法。

教师：（蹲在两个男孩中间，一只胳膊搂着一个男孩）莱尔和汉克，你们看起来生气了？好像真的很伤心呢（两个孩子点点头）。发生什么事了？

莱尔：我想当爸爸，我先说的。

> 汉克：你总是当爸爸，我也想当大人！
>
> 莱尔：我年龄最大，就当爸爸！你不能当爸爸，你太小了。
>
> 教师：所以问题是，莱尔，你想当爸爸？汉克，你也想当爸爸？（两个孩子都点了点头）我们怎么解决这个问题呢？
>
> 莱尔：今天我当，明天你当。
>
> 汉克：不，我今天想当爸爸。
>
> 教师：听起来，你们俩今天都想当爸爸。
>
> 莱尔：可是我们不需要两个爸爸。汉克，你可以系上工具带，当梯子工！
>
> 汉克：还有手套呢？
>
> 莱尔：好吧，手套也给你（两个孩子都笑了）。
>
> 教师：所以，莱尔，现在你是爸爸，汉克，你是系工具带、戴手套的梯子工。
>
> 两个孩子点点头，去做游戏了。教师稍后去检查的时候，"爸爸"和"梯子工"已经建造了一艘"沼泽船"，并且提供给其他儿童玩呢。

（四）与家长建立联系

在建立和维持与家长的互惠关系时，某些方面尽管教师也可以参与，但这主要是幼儿园的职责，而不是教师个人的职责（例如，让家长加入顾问委员会、参与社区服务或帮助家长转换到其他教育情境、用儿童的家庭语言发布或张贴幼儿园信息等）。教师也可以通过做很多事情与家长建立互惠关系，鼓励家长积极参与孩子的学习，包括以非正式和正式的方式与家长互动（如在接送时间聊聊天，在家长会上分享信息，发送电子邮件或推文）；提供各种机会让家长参与幼儿园活动；鼓励家长和儿童一起参加幼儿园活动，比如周六志愿去维修操场。

这一部分着重于另外两个与家长互动的策略，它们与"有准备的"具有最直接的关系。一个策略是让家长明白，平衡了儿童主导和教师主导的学习经验的课程是如何推动儿童在童年早期全面、深入地发展的。另一个策略是让家长在家里为儿童提供一系列学习机会时，要有准备性。

1. 交流课程及其如何促进儿童的发展

有效的教师以各种方式与家长分享课程信息，包括家长会、班级简讯、信件和电子邮件、博客，或者把图书馆的书籍、文章和录像借给家长。教师向家长解释课程以及儿童所学的东西，例如，在每个区域张贴标签，标明该区域进行哪种学习。教师也可以了解家长对孩子学习的想法和目标，回答家长关注的问题，包括对儿童入学准备情况的担心等。教师与家长一起设定目标后，就可以一起记录和检查儿童如何朝着这些目标发展。

家长根据自己当年的上学经历，可能会希望教师采用高度指导性的教学策略，证明他们的孩子在幼儿园学到了入学所需的知识和技能。家长在寻找这种教学法的明显标志（如作业单）却没有找到时，教师向他们解释如何通过平衡儿童主导和教师主导的学习经验来帮助儿童学习，就更为重要了。家长的担忧不应被忽视，家长也不应被视为适宜性教学实践的"敌人"。即使家长们来自不同的文化背景，在家中有不同的育儿方法（如饮食或睡眠模式），但所有的家长都与教师一样，希望孩子在学校和生活中取得成功。教师和家长可以利用这个共同点来相互沟通、支持和尊重。向家长展示和解释儿童的作品（如书法作品、绘制的图表、做过的实验、搭建的积木等），进一步帮助家长认识到他们所关注的那种学习一直在进行。

2. 提供在家中如何拓展儿童学习的建议

许多家长提供了丰富多样的家庭环境，以不同的方式支持儿童的学习。也有许多家长想知道他们还能做些什么。对于儿童在家里的行为和活动，教师可以向家长提供具体可行的建议，进而帮助儿童巩固和拓展在班级中的学习。有效的教师能够为家长提供一些简单的策略，供家长与儿童在日常互动中使用。大多数家长更愿意采纳与家庭日常生活安排相一致的建议（如购物、用餐、睡觉时间）。教师如果发现家长没有采纳自己的建议，就需要"评估和调整这些方法，而不是认为家长'只是不感兴趣'"（NAEYC，2001，p.32）。

例如，语言是读写的基础。教师可以建议家长多与孩子对话，比如在开车送孩子上学的路上，或者在推着孩子逛超市的时候。如果双语儿童的家长担心自己的英语水平不够，教师就要帮助家长认识到，发展孩子的语言技能将同时有助于他们自己的英语学习。教师也要帮助家长认识到，通过故事、歌曲和对话，把自己母语中丰富的词汇教给孩子，是很有价值的。要提醒家长，孩子在母语中学习到的任何新思想或新概念，实际上会培养孩子以后学习英语的能力，而在家里过于关注英语，似乎对幼儿学习英语没有任何帮助（Espinosa，2013）。

同样，每日阅读也是必不可少的。如果睡前阅读不可行（比如父母上晚班），教师和家长可以协商，利用父母或其他家庭成员的空闲时间给儿童阅读（用家庭语言和英语）。

早期的数学学习机会在家里也比比皆是，如摆放桌椅（一一对应）、整理要洗的衣物（分类和排序）、散步（寻找街道标志牌和建筑物上的数字）。儿童可以学习多种语言的数字或形状名称。基本的数学概念（如测量规则、如何创造模式）是通用的，不隶属于哪种语言。

帮助家长找到这些自然发生的学习情境，表明教师认为家长是儿童学习中积极、有意义的一部分，家长也会由此这样看待自己。如果家长认为自己是不错的教师，那么当他们的孩子进入小学时，他们就更有可能继续扮演这一角色。

除了向家长提供建议，教师还可以为家长们提供机会交流思想，搭建他们相互联系的网络。不同的家庭背景和经历提供了可以分享的丰富知识，而能够从中发现相似之处，对来自不同文化的人来说是令人振奋的。这种方法认可家长的专业知识，有助于极大地拓展家长可以利用的策略和资源，每个人都会在这个过程中有所收获。

（五）评估儿童的发展

适当地实施评估并解释评估结果，能够为教师、决策者、研究人员和家庭提供关于儿童发展的有价值的信息。"持续的评估使教师能够欣赏儿童的独特品质，制定合适的目标，设计、实施和评估有效的课程"（NAEYC，2001，p. 33）。最佳教学实践要求教师展示一系列与评估相关的能力，其中包括定期、持续地客观记录儿童的进步，维护儿童的发展档案，使用适合发展和经过验证的评估工具来测量儿童的发展，与家长分享评估结果等。由于双语学习者知道并且能够用英语和母语各做一些事情，所以对他们真正准确的评估，必须涉及在两种语言下的观察和测量。

这一部分重点介绍评估的另外两个方面。一方面是教师如何有目的地利用评估结果增强对儿童发展的理解，并运用适当的方法促进个体和小组学习。另一方面是，教师如何利用评估结果促进自己的专业发展，更好地帮助儿童成长。

1. 利用评估结果为儿童个体和小组制订计划

除了收集客观的评估数据（即依据可靠、可验证的观察到的行为，而不是主观印象），教师还应该客观地解释和运用数据。

优秀的教师会利用观察结果和收集到的信息，并仔细考虑整个小组和每个儿童所需要的学习经验来制订计划和实施教学。教师通过观察儿童探索什么，对什么感兴趣，以及他们的所说所做，决定如何调整环境、材料或日常活动安排。教师可根据每个儿童的准备情况，开展简单或复杂的活动（Copple & Bredekamp，2009，p. 44）。

有准备的教师把这些信息汇集到一起，对儿童主导和教师主导的教学策略进行最佳组合，以支持儿童进一步的学习。

2. 利用评估结果确定专业发展领域

教师及其主管可以利用儿童的评估结果确定自己的专业发展领域，进而更好地满足儿童的教育需求。也就是说，教师通过增强自己的专业知识（如特定的内容领域或教学策略），从而更有效地计划和实施有助于增强儿童知识和理解的活动。例如，如果有效的读写技能评估表明，几名儿童在识别字母名称和发音方面取得了进步，但在理解方面没有进展，那么对教师进行指导或让教师参加一个工作坊，探讨在儿童阅读时如何鼓励他们进行回忆和预测，教师就能够知道如何培养儿童的这些技能。同样，如果客观观察表明，儿童在圆圈时间经常缺乏兴趣，教师们就应该集思广益，查阅资料，细心设计和实施集体活动，以改善儿童的这种学习经验。

二、用最佳实践支持有准备的教学

最佳实践和有准备的教学是相得益彰的。有准备的教师的使命是确保幼儿获得在学校和生活中取得成功所需要的知识和技能。为了完成这一使命，有准备的教师要全面、深入地向儿童展示早期学习的各个领域：认知、社会性－情感、身体和创造性。教师可以运用本章所阐述的在平衡了儿童主导和教师主导的学习经验后总结出的最佳实践。此外，有准备的教师关注自己的专业发展。他们认为，自己终身都需要学习，研究所照顾的儿童、用最新的儿童发展理论和研究更新自己的知识，检验实践的意义。他们也是合作者，与同事和家长合作，运用自己的专业知识和资源促进儿童的最佳发展。

除了具有探究精神和对儿童幸福的奉献精神，有准备的教师还要进行反思和自我评价。他们往往会问自己想成为什么样的教师。为了回答这个问题，他们要思考，自己希望今天的儿童将来成为什么样的人。未来的社会是今天的儿童的天下，在这个愿景下，教师作为儿童早期教育的倡导者，要充分认识到自己在塑造儿童的思想、心灵和身体方面能够而且应该发挥的重要作用。

希望本书包含了这些问题的答案。教师在与幼儿互动时所教授的内容和教学方式，将决定下一届学生和下一代成人在认知、社会性－情感、身体和创造性方面的发展。教师要深入思考，用合情合理的方法解决这些问题，引导儿童成为有思想、全面发展的未来公民。

* * *

本章讨论的有准备的教学的基本原则和策略，能够而且应该适用于早期学习的所有内容领域。阅读后面各章时，可以参考这些总体策略。在学习方式、社会性－情感、身体发展与健康、语言与读写、数学、科学、社会学习和创造性艺术方面，这些策略都提供了促进早期教育的具体观点。思考和使用这些最佳实践，将有助于管理者和教师制订儿童早期教育计划，让教师和儿童成为学习过程中的伙伴。

三、思考题

1. 课程资源包如何才能帮助教师既为儿童提供必要的学习内容，又能进行有准备的教学？课程资源包有哪些风险和缺陷？教师和幼儿园怎样才能解决这些问题？
2. 在教授某些内容领域时，如数学、科学或者艺术欣赏（作为一门认知学科），教师如何克服自身可能出现的焦虑呢？
3. 面对如此多的内容领域，教师如何才能在每日活动安排中将一切都包含进去？在每日活动安排中，教师必须全天都提供综合性的早期教育吗？
4. 若要培训和支持有准备的教师实施最佳实践，那么需要什么样的职前和在职专业发展机会？
5. 有经验的教师需要抛却什么信念或实践，才能在教学中更有准备？新手教师需要改变什么态度或假设，才能在教学中更有准备？

第三章

学习方式

德怀特是个3岁的儿童,他站在画架前,一遍又一遍地在同一个角落画,直到在纸上戳出一个洞。他把手指伸进洞里,再把画笔在杯子里蘸了蘸,继续在同一个地方画。他满足地笑了。

* * *

4岁的洛德丝不愿意碰"黏糊糊"的手指画颜料,教师给了她一次性手套。几分钟后,洛德丝取下一只手套,把食指蘸到颜料中。她搓了搓手指,然后用毛巾擦干净,接下来继续蘸颜料和擦拭。

* * *

户外时间时,4岁的玛丽卡观看一只蚂蚁拖着有它两倍大的面包屑穿过一片泥土。"蚂蚁太小了!"她评论道。"我想知道它怎么能拖动比它大的东西。"在接下来的10分钟里,她蹲下来研究着蚂蚁。

* * *

3岁的卡利尔穿夹克时,教师耐心地等待着。他试了三次才把左臂套进袖子里,然后拉链几次滑出槽口。教师考虑到卡利尔可能会灰心,就问他是否需要帮助。但卡利尔一直在努力,试了六次,终于拉上了拉链。"我成功了!"他说。"你很努力,自己拉好了拉链。"教师表达了认可。

学前儿童的学习方式影响着他们幼儿期及以后在各个内容领域的受教育经验。研究者罗斯·汤普森(Ross Thompson,2002)说,幼儿对寻求问题的答案感到好奇、有趣和自信时,最能够从学习机会中受益。研究表明,对儿童入学时学习方式的评估,可以预测他们在整个小学阶段的阅读和数学成绩(Li-Grining et al.,2010)。

确定学习方式并不容易。美国国家教育目标委员会（National Education Goals Panel，NEGP；Kagan，Moore，& Bredekamp，1995）提出，学习方式包括好奇心、创造性、信心、独立性、主动性和持久性。心理学家也提到了相关术语"学习风格"（styles of learning）或"性情"（dispositions），即"持久的思维习惯和对经历做出反应的特有方式"（Katz & McClellan，1997，p. 6）。

学习方式还包括将一项任务分解成几个部分、制订工作计划、反思自己经过努力获得的成功。同样，儿童的学习方式会影响他们在其他内容领域的表现。例如，学习方式可以决定儿童是请教师帮助书写字母表中的一个字母，还是去找个字母来照着写（语言与读写）。

学习风格

心理学家和教育学家使用"学习风格"一词描述人们如何获得知识和技能、如何解决问题，以及通常如何处理信息和经验。学习方式的个体差异在童年早期就出现了，并持续到成年。这些差异在几个维度上有所不同。

感官模式。 对大脑发育（Medina，2008）的研究，以及技术对幼儿的影响（Guernsey，2012）的研究表明，视觉刺激（尤其是运动）往往胜过其他类型的输入。在选择活动或处理信息方面，某些儿童比其他儿童更注重视觉。这些儿童通过观察物体、人和图像（文字和图片），学习效果最好。而有些儿童靠听觉处理信息，对口头描述和口头指示反应良好。还有一些儿童需要操作物体，才能理解事物的运作方式和掌握概念。虽然使用后一种触觉模式是幼儿的普遍特征，但是通过触摸和动手做进行学习的这种偏好可以持续一生。

节奏或时机。 有些儿童在快节奏的学习环境中表现出色，能够快速地从一项活动转换到另一项活动。成年后，他们可能更容易或更乐意从一项任务转向另一项任务，或者对改变更具包容心（灵活性）。有些儿童处理信息要慢一些、谨慎一些，他们一次只关注一件事，在活动或想法之间是逐渐过渡的。

社会环境。 独自学习的效果最好还是与他人互动学习的效果最好？在这一点上，人与人是不同的。有些儿童安静而有条不紊地探索事情或练习技能，在独立探求中茁壮成长。而有些儿童在团队环境中学习的效果更好，因为社交中的意见交流有助于他们思考新想法，掌握新技能。我们大多数人都可以适应这两种情况，但要取决于活动的内容（例如，书写通常是独立完成的，而制定游戏规则需要团队协商），以及与我们一起工作的人（例如，目前的信任程度、角色分工、团队领导的出现和风格）。

每个人在某些时候几乎会使用所有的学习方式。然而，他们偏好的某些模式会在他们的学习方式中占主导地位。虽然其中一些差异是由内在的性情（即我们与生俱来的性格或倾向）差异所致，但学习环境在塑造我们的学习方式方面也起着重要作用。

一、幼儿学习方式的发展

婴儿天生就有性情上的差异，这种差异会持续到成年（Chess & Thomas，1996）。有些因素，如儿童的抑制程度和情绪反应性，即儿童对情绪触发的敏感性或表现出的情感强度会强烈地影响他们的学习方式。因为早期经验通常是发生在集体环境中的，所以儿童的社交倾向，即集体参与度，也会影响他们接触和获取新信息的意愿。然而，美国学业、社交与情感学习协同组织（Collaborative for Academic, Social, and Emotional Learning, CASEL；Elias et al., 1997）强调，环境在决定这些生物特征如何表现方面起着重要作用。例如，天生的锲而不舍特质使儿童能够解决问题，但是如果儿童的欲望持续受到阻挠，这种特质就会变成固执，干扰儿童应对挑战和建立良好人际关系的能力。

健康的学习方式是入学准备的一个重要组成部分。鼓励幼儿探索环境和材料、提出问题、运用想象力，这种学习方式就会得到强化（Kagan et al.，1995）。鼓励幼儿做出选择，可以培养他们的主动性和自信心。适当的早期经验使儿童敢于承担合理的风险，因为他们关注的是学习的乐趣，而不是对失败的恐惧（对于双语学习者，还包括用他们的母语提供支持和学习机会）。他们会认为，学习是一种积极的挑战，而不是不可逾越的障碍或威胁，从而带着对成功的期望参与学习，这使得他们能够从教育经历中受益。

> 已有的相关研究表明：
> - 儿童在很小的时候就开始发展这些特征和行为；
> - 即使在童年早期，儿童的学习方式也各不相同；
> - 这些差异影响着儿童的入学准备程度和之后的在校成就；
> - 儿童在家里和在幼儿园的经历能够增强或削弱他们的积极学习方式；
> - 早期教育能够实施具体的策略，促进儿童在某些领域的积极学习，比如加强儿童之间的关系、与家长合作、设计支持性的班级环境、选择有效的课程和教学方法等。

二、利用学习方式进行教与学

教师尊重儿童的个性，创设环境，承认他们认为自己是实干家和思想家的初始意识，帮助儿童发展积极的学习方式。一份可提供选择和支持主动性的方案，可使所有儿童利用他们与生俱来的特质，在面对不同的材料、人、活动和事件中表现得令人满意和获得成功。儿童个体，以及整个班级的儿童，都可以在这种环境中茁壮成长，并预期学习是有趣、有益的。语言和文化是每个儿童学习风格的重要组成部分。在创设环境鼓励每个儿童以自己的方式学习时，一定要提供反映所有儿童语言和文化的材料、活动和语言模式。

创设支持儿童积极的学习倾向，且认同每个儿童首选学习方式的环境，需要考虑以下几个方面。

- **感官模式**。提供一个材料丰富、能吸引所有感官的环境。材料的种类越多，儿童越有可能对一种或多种材料感兴趣。精心布置教室并配备各种材料（见第二章），儿童就可能使用他们喜欢的模式探索多种选择，并安全地尝试其他选择。
- **节奏**。幼儿需要时间尝试新事物、解决问题、练习技能或思考正在学习的东西。因此，对成人来说耐心是很重要的。成人介入得太快，就剥夺了儿童自己发现事物的机会。儿童可能会失去兴趣，变得焦躁，甚至怨恨这种干扰。这样他们也学会了依赖成人，而不是首先独立寻找资源和运用自己的技能。另一方面，有些儿童喜欢快速做事情，然后转向下一项活动。如果迫使他们放慢速度，如重复或"更小心地"做某事，可能会抑制他们的学习激情和兴奋感。

- **社交环境**。儿童应该一直能够选择单独玩耍或与别人一起玩耍。同时，在每日活动安排中，规划小组活动的次数也很重要，要让学前儿童可以安心地和同伴一起活动。这样，幼儿，尤其是那些仍在培养人际交往能力的幼儿，能够体验到他们自己可能不会选择的社交环境。

三、使学习经验符合学习目标

虽然学习方式有许多方面，但可以分为两大类。一类是我所说的开放性经验（openness to experiences），它呈现了儿童探索材料、想法、人和事件的初始意愿。有些儿童很容易加入活动，有些是自己慢慢加入，还有一些需要同伴或成人的诱导。大多数儿童急切地摆弄材料，但是需要经过提示，他们才会有想法。此外，许多幼儿容易冲动，而有些需要一步一步地试探。但抛开个人性情不谈，儿童最终会获得心理表征的能力，也就是说，他们可以想象一些没有见过或没有做过的东西。这种新兴的能力使得他们对自己的行动更有计划。

第二类是我所称的加工经验（processing experiences）。这个方面涉及的是，儿童在活动期间和活动之后是如何应对物理环境和人际环境的。例如，有些儿童利用一切可用的资源，急切地独自解决问题。他们会反复尝试，直到成功（成功是他们根据自己的目标，而不是成人的目标来定义的），或者在一两次尝试后放弃。而有些儿童一旦遇到问题，就会向别人寻求帮助。在活动之后，对于是继续做别的事情还是花时间加工他们所学的东西，儿童之间也有所不同。有的儿童可能会跟进已有的发现（如通过重复来查看是否会再次发生,或者通过改变一个动作来查看结果是否也有所改变),而有的儿童只是接受这个活动,没有太多思考。然而,不管个体的性情如何,认知和语言的发展使得幼儿能够更详细地回想所学的东西,并思考如何在适宜的水平上拓展有趣的、具有挑战性的活动。

(一)开放性经验

探索、发现和学习是人类固有的特性。儿童很可能主动独自探索,尤其是能够接触到有趣的材料时。这些接触往往是自发的,因为周围的景象、声音和其他感知物体对他们具有吸引力,能够引起他们的注意。然而,对他们来说,预先计划进行的学习,还需要成人的推动。同样,儿童与思想世界的接触,比起与行动和材料的接触,可能更需要成人通过语言和非语言的交流进行积极的干预。

1. 特别适合采用儿童主导的学习的方面

(1)发挥主动性

儿童是"渴望学习"的(National Research Council, 2000a)。马里奥·希森(Marilou Hyson, 2008)在她关于学习方式的一本书中说,幼儿天生就对世界充满热情,渴望融入世界。他们探索新材料、掌握和控制自己的行动、与他人互动、探索自己的行为对环境的影响等,并不需要靠外部奖励的吸引(Stipek, 2002)。儿童在选择参与各种活动时会表现出主动性,随着时间的推移,他们的所有感官都会参与进去。他们越来越习惯尝试新事物、冒险和产生自己的想法。

教学策略。在支持性的环境中,儿童自由地应对任务,因为他们相信自己的主动性会得到成人的热情支持。在这种情况下,他们能够展现出越来越多的创新性、灵活性和想象力。为了帮助儿童表现和拓展内在的主动性,教师可以尝试以下策略。

- 关注儿童的努力,而不是他们行动的结果。强调学习本身的满足感。期待儿童成功,要记住成功或失败是根据儿童心中的目标界定的,而不是根据成人对儿童的要求。不要表扬儿童,表扬意味着判断,而是通过弯腰或蹲下与他们达到同样高度、模仿他们的动作、评论他们正在做的事等鼓励他们。提出开放式问题，让儿童知道你对他们的想法感兴趣，而不是寻求正确的答案。

- 鼓励（但绝不强迫）儿童探索新材料（如剪刀或计算机），试验他们的知识和技能（如分拣珠子或骑三轮车），或者分享想法或观点（如冰融化的原因或绘画表达的情感）。发挥主动性需要信心和信任。要让儿童知道，你已经看到并重视他们的勇气和好奇心。
- 平衡环境中的自由和秩序。过于秩序化的教室，对于害怕扰乱教师制定的秩序的儿童具有遏制作用。另一方面，材料过多导致环境杂乱无章，会让一些儿童不知所措。平衡这些极端情况，可以让儿童在不感到焦虑的情况下发挥好奇心。让儿童能够独立使用材料，自主采取行动追求自己设定的目标，这样也支持了他们的主动性。但是，高度秩序化的教室可能会剥夺儿童的这些选择（见第二章）。
- 在每天的教师计划环节中，让儿童决定如何使用材料或实施他们的想法。例如，教师与儿童一起进行小组活动时，先用简短的故事或演示来介绍材料，然后让儿童根据自己的兴趣和好奇心进行探索（"这是我们昨天收集的鹅卵石、树叶和树枝，我想知道你们能用它们做什么？"）。在圆圈时间，先以运动或歌曲的方式让儿童加入，然后鼓励他们说出自己的想法，让别人模仿或补充。

（2）对材料的投入

投入是"以行动为导向的学习方式"（Hyson，2008，p. 17）。儿童年龄越大，展示主动性的经历越多，就越能长时间地保持对材料的投入，也就越能成功地完成一项任务。他们在工作和游戏时更加专注和坚持，不容易分心。投入是入学准备的重要组成部分（Fantuzzo，Perry，& McDermott，2004）。投入需要自我约束，研究者埃琳娜·博德罗瓦和德博拉·梁（Elena Bodrova & Deborah Leong，2007，p. 127）将其描述为儿童"有意识、有计划地控制自己行为的能力"。当一些教育者提到"注意力"时，他们指的是观看或倾听别人说话。但是，对投入的最好描述是儿童使用现有的材料等资源实现自己的目标。

教学策略。对许多儿童来说，投入可以自我强化。他们接触的材料越多，脑海中浮现的想法就越多，他们就越能成功地实现这些想法。教师可以采用以下策略，鼓励儿童投入更多的活动。

- 提供各种各样的材料和活动，让每个儿童每天都能找到自己感兴趣的东西。新的或重新引入的材料也能吸引和保持儿童的注意力。在熟悉和新奇之间找到恰当的平衡。太多相同的东西会导致厌倦，而太多新奇的东西会加重负担。观察儿童，找出对每个儿童和整个小组儿童都有效的方法。例如，年龄小一些的儿童会在小组时间专注地探索某种颜色的颜料，比如红色。年龄大一些的儿童可能已经准备好对比或混合两种或多种颜色，或者探索各种绘画工具的效果。

- 给儿童足够的时间实现他们的意图。即使儿童一开始没有坚持一项活动，也可以安排一个长时间的游戏，让他们知道如果需要，就会有充足的时间。在儿童参与下一项活动时，时间要灵活，允许他们逐渐转换（例如，他们可以在整理时间和加入圆圈活动之前完成一幅画）。同样，当儿童对某项活动失去兴趣时，教师要敏锐地觉察到，要么调整活动（比如引入备用材料或让焦躁不安的儿童四处走走而不是继续唱歌），要么结束活动。如果儿童感到自己被强迫继续下去，这种活动就会产生不愉快的联系，他们以后可能拒绝参与。

- 尽量减少干扰和转换。教师可能会无意中干扰儿童的注意力，因为他们认为儿童的注意力持续时间短，需要不断地改变节奏或给予刺激。应该让儿童尽可能长时间地坚持他们选择的活动，并自主决定什么时候去做别的事情。不要在选择时间设立特殊项目，以免促使个别儿童离开他们正在进行的活动。尽可能减少一天中各个环节的转换，给予每项活动应有的时间，让儿童安心地做自己想做的事。

2. 特别适合采用教师主导的学习的方面

（1）计划

在研究成果的支持下，教育者越来越认识到儿童的计划对其早期发展的重要性。例如，爱泼斯坦（Epstein，1993）发现，"儿童计划、实施和回顾自己的选择，与他们社交、认知和运动发展的几乎所有方面都有积极的联系"（p.152）。"开端计划行为标准"（The Head Start Performance Standards, Administration for Children and Families, 2002）以及许多州级标准（Gronlund, 2006）都将计划作为教育质量和儿童学习的衡量标准。计划也是执行功能的一个重要组成部分。执行功能即命令和控制能力，促使个人管理和执行任务（Zelazo & Mueller，2002）。

随着儿童越来越有能力对事物和行为形成清晰的印象，计划就变得越来越复杂和详细。幼儿的计划很简单（"我想玩卡车"）。年龄大一些的儿童能够详细地叙述更多的材料、动作或人，并描述执行计划所需的顺序（"约兰达和我要用橡皮泥和纸做玉米饼，我们先把橡皮泥擀开，再把纸撕成生菜"）。儿童甚至可以预见会发生的问题和可能的解决方案。

教学策略。教师们经常混淆计划和选择。例如，他们在活动选择时间会问儿童，计划去娃娃家还是去艺术区？但不让儿童说出想在那里做什么的个人想法。爱泼斯坦（2003）强调了两者的区别："计划是有目的的选择，也就是说，选择者首先有个特定的目标或目的，然后再选择。"（p.29）为了给幼儿提供真正制订计划的机会，教师可以使用以下策略。

- 为儿童提供机会，让他们在一天中都有目的地做出选择。例如，在儿童到达幼儿园挂外套时，让他们考虑一下想看哪本书，或者想和谁一起吃早餐。在选择时间开始时，询问儿童计划使用什么材料，用这些材料做什么，和谁（如果有）一起玩。当儿童遇到问题时，和他们谈谈可以用什么材料或采取什么行动来解决，以及如何避免将来出现类似的问题。在小组时间，鼓励儿童提前描述如何使用这些材料，或者根据播放的音乐类型计划怎么运动。儿童准备到室外时，问他们计划做什么（"你要在哪里玩？你要快节奏运动还是慢节奏运动？你要去安静的地方还是吵闹的地方？"）。
- 尊重儿童的计划。对他们的选择和决定表现出兴趣。重复和拓展他们的想法，模仿他们的动作，接受他们的建议，让他们成为领导者。向家长解释，让儿童在家制订计划对认知和社交能力发展的益处。大多数时候，是成人为儿童制订计划（如每天的活动安排）。因此，尽可能让儿童自己来制订计划，这很重要。
- 小组中有初学英语的儿童时，学会用儿童的母语问一般性的问题，比如"你要去哪里玩""你在那里要玩什么"或者"接下来会发生什么"。也许你不能完全理解他们的回答，但这样能够让儿童了解要考虑哪些重要的事情。教师和儿童可以一起练习这类有关计划、审核、解决问题等方面的问题，以及引发好奇心的问题，从而使每个儿童都习惯于展示和讲述自己的答案。

（2）交流观点

儿童可能不会考虑事情是如何发生的，或者为什么会发生，除非是成人提醒他们。在很多时候，他们只是接受发现或观察到的东西，而不寻求解释。成人可以通过鹰架鼓励他们注意事物背后的原因。"鹰架（scaffolding）"一词是基于利维·维果茨基（Lev Vygotsky，1978）的研究，由心理学家杰罗姆·布鲁纳（Jerome Bruner，1986）引入。"鹰架"有两个部分，一个是在儿童目前的理解水平上提供支持；另一个是稳步地拓展他们的学习。要在两部分之间找到合适的平衡，就需要对每个儿童的学习方式和发展水平保持敏感。支持儿童但不拓展其学习，意味着儿童保持在一个安全（成功）的水平，却不接受新的挑战和进步。另一方面，前进压力太大可能会使儿童感到困惑或受挫，有些失败的情况也会使儿童完全失去兴趣。

教学策略。通过"鹰架"支持儿童交流观点，指的是让他们参与真实的交流和对话。教师和儿童在对话中应该是平等的伙伴，双方对正在发生的事情及其原因都表现出好奇。为了鼓励儿童接受多样的观点，教师可以使用以下策略：

- 描述儿童正在做的事情，同时鼓励儿童进行描述。对儿童使用的材料、采取的行动以及行动的效果进行评论。教师的评论有两个目的。首先，它表明教师知道儿童在做什么，并对其感兴趣，这样就传达了一个信息，即儿童的学习是很重要的。其次，它能够吸引儿童与教师交谈。儿童在描述自己活动的过程中，更可能思考自己的选择和观察自己行为的结果。换句话说，他们开始边想边做了。

- 审慎提问。向幼儿提问需要技巧。如果提问的是显而易见的事实（"那是什么颜色？"）或者与身边情况无关的东西（比如问一个正在画画的儿童，那天的点心时间是不是轮到他分发水杯了），就会削弱对话。另一方面，如果提问的问题少，问题表达了教师对儿童正在做的事情真正感兴趣，并能够让儿童决定是否回答以及如何回答，这样的问题就可以激发儿童的经过深思的对话。最好的方式是让儿童向成人提问，而不是反过来。

- 让儿童解释他们的想法。能够激发儿童进行交流观点的对话，关注的是思维过程而不是事实。儿童想什么，只有他自己知道，所以控制对话的是儿童，而不是教师。此外，在发表评论或回答问题的过程中，儿童可以巩固自己的已有经验，并认识到自己是如何知道的。能够让儿童交流观点的话语包括：

    我想知道为什么……

    你是怎么区分的？

    你是怎么知道的？

    告诉我你是怎么得到这个东西的……

    你认为这是什么引起的？

    假如你试了另一种方法……

    如果……你认为会发生什么？

- 利用机会解释你的想法和推理（"我想把这两部分粘到一起，我认为需要用比胶带更强的东西，那能用什么呢？"）。为你自己的发现而欢呼

("我靠近鸟窝时，鸟的叫喳声更大了！")。鼓励儿童帮助你解释事情发生的原因（"你认为，鸟妈妈的叫声为什么很烦躁？"）。

（二）加工经验

儿童心中有了一个目标，尤其是为自己设定的目标时，他们会非常坚持地去实现。他们如果遇到问题，就会在没有外部提示的情况下主动解决问题。随着学前儿童认知加工技能的发展，他们越来越能够分析问题，并且利用各种材料或别人的协助来解决问题。事实上，他们随时准备利用一切可用资源来实施他们的游戏想法。然而，在反思方面，儿童要依靠成人的支持思考从活动中学到的东西。他们也依靠成人的鼓励和建议来考虑如何拓展或跟进一个想法、行动或发现。

1. 特别适合采用儿童主导的学习的方面

（1）解决问题

儿童在实施游戏想法时经常会遇到问题（特指遇到材料方面的问题，见第四章）。儿童在解决问题方面存在差异，这种差异在他们很小的时候就出现了（Dweck，2002）。急于把事情做好的儿童，往往会避开可能导致失败的情况，并且在意别人（包括成人）对自己的看法。相比之下，以学习或掌握知识为目标的儿童，注重的是增加知识或提高能力，愿意接受新的挑战，不在意别人的反馈或过去的失败。后一类儿童在入学时往往表现更好（Schunk & Pajares，2005）。

除了个体差异，儿童处理问题的方式也随着发展阶段而变化（Flavell, Miller, & Miller，2001）。年龄小一些的儿童对待问题更热情，自信心更足，但不能持久。他们靠的是多次试验。年龄大一些的儿童更加灵活，坚持的时间长，解决问题时在一定程度上也更加系统。自我调节（执行功能的另一个因素）也发挥着作用。年龄大一些的儿童能够更好地应对挫折，集中注意力，运用一系列认知技能解决问题（Zelazo & Mueller，2002）。3—5岁是这些执行功能发展的关键时期，因为负责调节和表达情感的大脑额叶皮质同时在发生着变化（Shore，2003）。

教学策略。幼儿解决问题的方式,不仅影响他们以后上学时接受新挑战的意愿,还可能决定他们如何应对一生中出现的冒险机会和挫折。要使学前儿童为解决问题做好准备,教师可以使用以下策略。

- 鼓励儿童描述游戏中出现的问题。他们可能不会像成人那样看待问题,但是他们使用自己的话语进行观察和分析,就能学会相信自己的技能,也更有可能提出并尝试解决方案。对于还不会说话的儿童,只需要简单地告诉他们问题("这个按钮看来不起作用"),帮助儿童认识到出了什么问题,鼓励他们试着自己解决问题。

- 给儿童时间想出解决方案。虽然成人的解决方案可能效率更高或效果更好,但仅仅告诉儿童应该做什么,会剥夺他们的学习机会,削弱他们独立解决问题的信心。

- 让儿童注意哪些是有用的,哪些是无用的。谈论是什么解决了问题,什么没有解决问题,从而帮助儿童建立一种因果关系,并在未来解决类似的问题。这样,儿童在解决问题时就会更加系统化。

- 帮助受挫的儿童。儿童有时候确实需要成人的协助,尤其是遇到问题解决不了,阻碍计划进行的时候。教师只需提供必要的帮助,然后让他们继续自己解决问题,如下所示:

    4岁的科尔告诉教师,"电脑坏了"。教师问他怎么回事,他说:"总是回到我开始的地方。"教师问科尔想让电脑做什么,他回答说:"转到游戏的下一部分。"教师指着屏幕上的箭头图标说:"我想知道这些做什么用呢?"科尔点击了这些图标,当他按下前进箭头(→)时,游戏又开始了。他说:"现在我修好电脑了!"

(2)利用资源

儿童越来越熟练地发现和利用资源,包括操作物体、观察和模仿他人、确定需要什么样的帮助等。正如丽莲·凯兹(Lilian Katz,1993)所指出的,他们做这些尝试是出于性情,或"思维习惯",即他们有欲望去探究事物、理解经历、力求准确、获取经验(证明一些东西有用)。尽管性情的差异会影响儿童尝试新资源的意愿,但发展趋势是走向更大的实验,获得更强的好奇心(Kagan,2005)。学步儿会反射性地问"那是什么",而学前儿童疑惑的是"为什么"。向幼儿提供适龄的动手操作资源,这一点极其重要。例如,一项横跨10个国家的国际研究项目发现,在上小学前的几年里,对开放性材料的利用是预测儿童7岁时认知和语言表现的一个重要因素(Montie、Xiang,& Schweinhart,2006)。

教学策略。虽然我们希望儿童努力思考,但很重要的一点是要为他们提供原材料或资源,这是他们形成新思想的基础。幼儿是具象思维的,体验各种资源为他们逐步理解概念打下了基础。为了帮助他们完成这一过程,教师可以尝试以下策略。

- 提供对所有感官都具有吸引力的开放性材料。儿童以多种方式(看、听、闻、摸、尝)体验材料时,就能学到有意义的经验。多样的材料也迎合儿童的个人感官模式或学习风格。而封闭式材料只有一种正确的使用方式,限制了探索的可能性,儿童很快就会对它们失去兴趣。相比之下,开放性材料用途多样,能够引起儿童的兴趣,激发他们的想象力。

- 有些儿童,尤其是处于等待、旁观和倾听阶段的双语学习者,可能需要明白,用不同的方式探索材料也是可以的。教师只需要坐在他们旁边,和他们一起玩耍或探索,就可以展示这一点。他们看到教师用饮料吸管在黏土上戳洞,或者用玩具卡车的轮子画有趣的图案时,就会获得信心,进而自己动手去做。

- 与儿童谈谈如何使用资源。例如,谈谈他们使用的物体和与他们合作的人,他们如何使用材料解决问题,他们观察到了什么(运用他们所有的感官),得出了什么结论等。用语言描述他们的动作和观察结果,这有助于他们在大脑中建立持久的神经联系(Shore,2003)。也就是说,将词语(语言)附到图像上有助于大脑编码和记忆。

- 鼓励儿童利用资源回答自己的问题。例如,儿童问你怎样做某事,你可以说,"我想知道你可以使用什么去做"或者"你认为它能起作用吗",鼓励儿童试用材料并观察结果。支持儿童为自己的问题找出答案,这样通常有助于培养他们有意义且持久的洞察力。

2. 特别适合采用教师主导的学习的方面

(1) 反思

反思不只是"记住或死记硬背已完成的活动",而是"用分析来记忆"(Epstein,2003,p.29)。与死记硬背不同,反思有助于儿童探索和运用隐含的概念。例如,字母表有个原则,即每个字母都有独特的外观和发音。儿童掌握了这一原则,就能把它应用到每个新字母上。像这样的信息概括是一种有效的学习方式。在学前阶段,认知和语言的发展使儿童越来越能够反思自己的经验,并在相关的环境中运用所学过的知识。当儿童能够构建物体、事件和互动的心理图像(表象)时,他们就不再局限于此时此地,而是能够回顾过去,预测未来。词汇帮助他们把自己的经验编码到记忆中,因此他们可以对尚未发生的事情产生"如果……会怎样……"的想法。

教学策略。为了让儿童进行有意义的反思,教师应该注意,不要在活动时测验他们,而是在他们进行感兴趣的活动期间和活动之后,与他们交谈一下,这样会鼓励他们更多地思考。以下方法可以帮助儿童反思从活动中学到的东西。

- 发表评论,提出开放式问题,鼓励他们进行反思,帮助他们将当前和过去的经验联系起来。和儿童一起玩的时候,可以采用以下问题和话语:"这让你想起了什么?""这个故事还能有别的结局吗?""如果……会怎样?""你还能有什么?""我想知道,你还能在哪里使用这个?"
- 为儿童创造机会向同伴描述他们的行为。例如,让他们互相求助("琼塔粘好纸片了,也许她能告诉你她是怎么做到的")。这样能够鼓励儿童思考自己所做的事,以便与别人交流。当儿童在圆圈时间充当领导者时,鼓励他们讲述并展示自己的想法。同样,这有助于他们在思考(分析)和描述一个动作时,考虑如何让别人可以理解和模仿。
- 使用照片和其他纪念品帮助儿童回忆和反思经历。"一张图片胜过千言万语"，意思就是，一张图片可以唤起它背后的整个故事。图片对双语学习者特别有用，他们可以给自己的经验贴上简单的标签（物体或动作的名称）。一组有序排列的照片不仅帮助儿童回忆某个情境中事件发生的顺序，还强调了"如果……那么……"之间的联系。例如，让儿童观看自己在溪流上搭建桥梁的照片，就可以帮助他们回忆起建好桥梁的一系列步骤。他们可能已经发现，需要在河中央再添加一根柱子来支撑桥梁（如果桥梁中间没有支撑，桥梁就会倒塌）。同样，表征一个事件的物体，比如从实地考察中带回的东西，可以引发每个儿童对最难忘的物体和事件的思考，例如：

幼儿园有个班级去艺术博物馆进行了实地考察。第二天，孩子们看着他们在礼品店买的博物馆明信片。一名儿童研究着明信片上的画，面带忧郁地说："画是灰色的，他画的时候肯定很悲伤。"另一名儿童看着一个巨大的金属雕像，说："它太高了，你看不到它的眼睛。太吓人了，像个怪物！"还有个儿童没有反思博物馆里的艺术或时光，只记得博物馆的自助餐厅。这名儿童回忆说："汤米把果汁洒在我的鞋子上了。"

（2）跟进

学前儿童在跟进兴趣或探索时，大多数不会自发地选择继续深入探究。一旦完成一项活动，他们往往就不再对此感兴趣，而是到处看看别人在做什么，或者干脆继续做别的事情。如果儿童长时间被一套材料或一项活动吸引，就表明这个儿童已经准备好更进一步，即继续跟进这种兴趣。这种能力一般随着年龄的增长而增强。

但是这种跟进不是教师们抱怨的一成不变的重复性游戏（"他们想做的就是扮演超级英雄！"）。在有些情况下，教师的创造力和灵巧性可以帮助儿童在感兴趣的领域拓展学习，而不是限制学习。

教学策略。教师可以通过做好每日活动安排，鼓励儿童跟进他们的兴趣和探索。每天提供的材料既要有相同的，又要有不同的。为了对每个儿童的追求表现出真正的兴趣和好奇心,教师可以运用以下策略。

- 为儿童提供时间和材料,让他们继续自己的兴趣。询问他们是否愿意在当天晚些时候或第二天使用一套材料、练习一项技能或拓展一个假装游戏情境(例如,携带适宜的材料到室外)。提醒他们,如果他们需要,教师会随时提供材料和使用材料的机会。有些儿童希望将尚未完工的作品存放在安全的地方,以便下次继续完成,教师要为这些儿童提供"待完工"的标志。

- 为儿童提供机会,让他们阐述自己感兴趣的游戏主题。不要阻止重复性游戏,而是想出创造性的方法来发展它。例如,如果同一组儿童每天都扮演超级英雄,那么可以提供丰富多样的材料让他们制作道具和提出一些问题,如"假如他失去了隐身能力,他还能偷偷溜进去吗?"。鼓励儿童在圆圈时间像超级英雄一样做动作,或者创作一首超级英雄演唱的展示特殊能力的歌曲。问儿童,超级英雄吃什么,或者不与坏人战斗时会做什么。

- 分享儿童的兴趣和好奇心。教师真正参与儿童正在做的事,就是在向他们传达一个信息,即他们的活动和他们从中学到的东西值得跟进。运用前面描述的策略,开展真实对话,谨慎提问,与儿童一起玩耍,与家长分享儿童的活动,对家长如何在家里拓展孩子的兴趣提出建议,教师这样做就表明自己真正感兴趣。

四、思考题

1. 当教师允许儿童以符合自己的个性和发展水平的方式学习时,教师如何认可和尊重儿童的学习方式呢?
2. 教师如何才能像儿童的伙伴一样,热情地与儿童一起玩耍,同时尊重儿童的主动性,不更改儿童的游戏主题?
3. 思考一下教室里的某个学习区(如娃娃家、艺术区或音乐和运动区)。教师应该提供哪些类型的材料,以适应学前儿童在感官模式偏好(学习风格）、学习节奏、单独或与他人一起玩耍的意愿、特殊需求、发展或能力水平方面的差异？教师如何为整个小组提供必要的多样性，而又不使个别儿童难以应对？

4. 思考本章强调的"计划"和"做选择"（计划是有目的的选择）以及"反思"和"记忆"（反思是通过分析来记忆的）之间的区别。教师可以使用什么策略让儿童在制订计划和回忆经验时不是死记硬背，而是真正地进行有意义的学习？

5. 在鹰架儿童的学习时，教师既要支持儿童目前的理解水平，又要促进儿童稳步的拓展，鼓励儿童利用额外资源，交流观点，专注使用材料，尝试运用其他方法解决问题，对经历和探索进行跟进等。教师如何才能在这两者之间找到恰当的平衡呢？

第四章

社会性－情感

妈妈送4岁的曼纽尔到幼儿园，曼纽尔目送妈妈离开后，用西班牙语对教师说："难过。"教师也用西班牙语问："你很难过？"接着用英语说："是因为妈妈走了，你很难过吧？"曼纽尔点点头，仍用西班牙语说："是啊。"教师问："你想要个拥抱吗？"接着，教师又用西班牙语重复了"拥抱"一词，然后张开双臂，让曼纽尔依偎在自己的怀里。"拥抱。"教师重复道。"拥抱。"曼纽尔也试着说出这个词，笑了。

* * *

在吃点心的时候，5岁的玛丽亚说："我很高兴，我的babcia（波兰语，意为祖母）今晚要做馅饼，但是卢卡斯（她的哥哥）气坏了！"教师问她的哥哥为什么生气，玛丽亚回答说："祖母做的是土豆馅的，但是卢卡斯只喜欢吃肉馅的。"

* * *

在小组活动开始的时候，4岁的特拉文看到教师把红色铅笔包上一个宽的橡胶把手，然后放到凯拉的轮椅的托盘上。后来，当凯拉说想用蓝色铅笔时，特拉文说："我给你拿一支！"他从桌子上的一堆铅笔中拿出一支蓝色铅笔，也用橡胶把手包起来放在凯拉的托盘上。

* * *

教师安妮特观察到马莉娅（4岁）和赖恩（5岁）每天都在积木区一起玩耍，已经连续一周了。安妮特开始让他们做需要两个人才能完成的任务。例如，当班级决定制作平衡木时，教师让他俩把一些大木板搬到外面。当他们把木板放在草地上时，赖恩告诉安妮特："这就是团队合作！"

社会性-情感学习一直是幼儿教育的一个重要领域，甚至是首要领域。今天，教师们比以往任何时候都更需要帮助儿童发展这项技能，使他们能够面对充满挑战和极端压力的世界。除了从家庭和学校获得社交规范之外，幼儿越来越多地受到媒介和技术的影响，但是这种影响经常与社会期望的个人和人际行为相矛盾（Levin，2013）。

因此，儿童社会性-情感发展的重要性在专业领域内受到了关注。一些重要报告强调了它在教育政策中的重要性，如美国国家研究委员会（The National Research Council，2000b）的报告《从神经细胞到社会成员：儿童早期发展的科学》（*From Neurons to Neighborhoods: The Science of Early Childhood Development*）、美国儿童发展研究会（The Society for Research in Child Development）的报告"情感的重要性：幼儿情感发展在入学准备中的作用"（Emotions Matter: Making the Case for the Role of Young Children's Emotional Development for Early School Readiness，Raver，Izard，& Kopp，2002）。一些组织机构，比如"打击犯罪：投资儿童"（Fight Crime: Invest in Kids，2013），以及像诺贝尔经济学奖获得者詹姆斯·赫克曼（James Heckman，2007）这样的有识之士，也在积极增强公众的这种意识：适当的早期干预可以帮助处于风险中的儿童在整个学校时期和成年期更好地适应社会（例如，Reynolds et al.，2001；Schweinhart et al.，2005；Yoshikawa，1995）。一些正在进行的项目已经将研究成果应用到"开端计划"、儿童保育中心和其他幼儿教育机构。其中一个例子是早期社会性-情感学习中心（The Center on the Social and Emotional Foundations for Early Learning，CSEFEL）的系列简报"有效实践"（What Works Briefs，2003），另一个例子是学术、社交和情感学习协同组织（The Collaborative for Academic, Social, and Emotional Learning，CASEL，2013），该组织出版了一份有效的社会性-情感学习方案指南。

一、幼儿在社会性-情感领域的发展

社会性-情感能力是指：

第四章　社会性－情感

理解、管理和表达生活中有关社会性－情感方面的能力，具备这种能力就能够成功地管理生活中的事务，如学习、与他人建立关系、解决日常问题以及适应成长和发展中的复杂要求。（Elias et al., 1997, p. 2）

换句话说，"具有社交能力的幼儿，能够与成人、同龄人进行令人满意的互动和活动，并通过这种互动进一步提高自身能力"（Katz & McClellan, 1997, p. 1）。这两个定义都强调，社会性发展是所有其他领域学习和发展的基础，影响着所有其他领域，因此它是幼儿课程的重要组成部分（Hyson, 2004）。研究儿童发展的人员和一线教师一致认为（尽管略有不同），社会性－情感能力包括以下四个密切相关的部分。

- **情感的自我调节**，即用适当的直接情感或延迟情感来表达对经历的反应。在幼儿园，这个部分的主要特点是：儿童越来越有能力关注和组织行动，展现出更强的前瞻性，不易冲动，对规则、例行活动和常规的意识和遵守能力不断增强。幼儿的语言发展和表征能力，使他们能够标记自己的情感，延迟满足，预测其需求的最终满意度，在选择其他目标和问题解决方案时更加灵活（Denham, 2006）。幼儿园时期发展的另一个相关方面是自我意识，即理解人是作为个体存在的，与其他人不同，有自己的思想和感情。儿童的独立性和主动性，对于理解自我行为的控制能力非常重要。
- **社会知识和理解力**，即关于社会规范和风俗习惯的知识。在早期，获得这种知识的过程被称为"社会化"，即成为"集体"中的一员。教师以教室作为集体，建立一个支持性的集体环境，这在幼儿教育实践中至关重要（就像与家长、校外社区建立联系一样）。为了成为集体中的一员，儿童必须能够为了大家的利益而放弃一些个人需求，从学步儿时的"我"转型到幼儿园的"我们"。这种转变也是公民能力的基础，而公民能力是社会学习的一个重要方面（Jantz & Seefeldt, 1999）。
- **社交技能**，即与他人互动的合适策略。认知发展，尤其是能够接受他人的观点，能够移情，有助于社交技能的发展。儿童新具备的分类技能，比如理解"相似"和"差异"以及一些概念（如"一些"和"全部"），意味着他们开始意识到自己与其他人有相似和不同之处。教师发挥的一个重要作用，就是帮助幼儿尊重彼此在性别、种族、语言、能力、观点等方面的差异。

- **社会性向**，即长久的性格特征，包括积极的方面，如好奇、幽默、慷慨，以及消极的方面，如心胸狭窄、好辩、自私。婴儿天生就有性情差异，这种差异使他们成为独立的个体，并一直持续到成年。然而，这种差异是否能够以积极的方式表现出来（例如，是毅力还是固执），环境也发挥着重要作用。

二、社会性-情感发展的教与学

对于儿童早期的社会性-情感发展，儿童主导的学习经验和教师主导的学习经验，究竟哪个重要？教育者们似乎经常意见不一。一方面，许多教育者同意凯兹和麦克莱伦（Katz & McClellan, 1997）的观点：

在幼儿园和小学低年级，儿童学习社交能力可能不会通过直接的教学方法，比如上课、讲座、魔法（讨论）圈、作业、建议（有时是劝诫）……（特别是）不能通过整个班级的教学。（p. 20）

相反，有人认为，儿童是通过成人对其互动和行为的指导来学习的，因为这种指导是个性化的。它最大限度地让儿童参与构建新知识，并让教师能够在互动过程中提供热情的支持（Gartrell, 2012）。

另一方面，研究人员和一线的早期教育教师认识到，在解决冲突和预防暴力等领域，明确的成人干预是很重要的（Levin, 2003）。此外，幼儿能学到如何合作解决问题，并通过小组策略（如班会）形成班级规章制度（Vance, 2014）。

借鉴这两种方法的优点，我为教师们提供了一些常规策略，以便在与整个班级、小组和儿童个体活动时，促进他们的社会性-情感发展。

- **榜样示范**。榜样示范可以在小组和个人层面进行。"通过例子或榜样示范进行教学，是教师有意或无意采取的最有效的方法"（Elias et al., 1997, p. 56）。例如，儿童看到教师表达同情、解决问题、承担风险、承认错误等，他们会从中学到积极行为。尽管儿童可以通过观察积极行为获得知识和技能，但如果教师能够偶尔明确一下自己的行为，比如指出自己在倾听每个孩子，那么儿童的学习就会得到加强。
- **指导**。就像榜样示范一样，指导可以针对个体或小组进行。指导需要教师将积极的行为分解成几个部分，明确指导儿童如何按照顺序做这几个部分，为他们创造机会去实践该行为，并对他们的工作提供反馈。因此，对社交技能的指导，就类似于在读写或体育等方面进行的指导。

  对那些不合群的儿童来说，指导尤其有用。这些儿童不被同龄人接受，他们的抗拒只会引来同龄人更多的排斥。例如，教师可能会指导一个不合群的儿童加入正在进行游戏的小组。教师会帮助儿童先在旁边进行观察，然后使用一些策略，比如帮助完成一些能推进小组游戏的任务（如拿条毯子裹住一个婴儿）或者接受组长分配的角色。儿童还能学会注意到暗示，比如某个儿童挪出一些空间，就是表明小组是接纳他们加入的。
- **提供实践机会**。就像在任何学习领域一样，重复和实践对于掌握适宜的社交行为至关重要。然而，与某些学科相比，社会性-情感学习不仅"需要学习许多新技能，还可能需要抛弃习惯性的思维和行为模式"（Elias et al., 1997, p. 55）。在幼儿园可能更容易做到这一点，因为越往后习惯就越容易根深蒂固。然而，幼儿园和其他环境中的规则可能是不一致的，因此儿童会感到困惑。例如，对一些儿童来说，在学校里倾听别人说话，可能比在家里听大人说话更有价值。学校里至少有更多的锻炼机会。教师需要给幼儿反复练习的机会，让他们将社交技能融入日常行为，直到成为常规。社交技能一旦成为自然行为，就更有可能从幼儿早期阶段延续到幼儿园及以后各个阶段。

最重要的一点是，为了帮助儿童获得社会性-情感能力，我们必须记住，缺乏这种技能并不意味着儿童的态度或行为就是不好或淘气，就像学步儿不读书或不做算术，但不能把他们看作无知或任性一样！幼儿只是还不知道而已。但是通过儿童主导和教师主导的学习经验，儿童可以获得社会性-情感方面的知识和技能，增进个人和集体的幸福感。随着社交技能和知识的积累，幼儿的积极互动以及好奇心等社会性向将成为儿童在所有其他领域学习的有效机制。

三、使学习经验符合学习目标

以下内容将区分儿童在学前阶段发展的情感学习和社交学习。我所说的情感学习，是指儿童对情感的认知和自我调节的知识与技能。社交学习是指儿童与他人成功交往所需要的原则和策略。

本章将这两个领域进一步分为最有可能通过儿童主导的学习经验（包括同伴互动）获得的知识和技能，以及更依赖教师的指导来获得的知识和技能。正如本书所有其他课程领域，儿童主导和教师主导的学习经验之间没有严格的界限，它们都需要教师的支持，并且都发生在教师创设的环境中。通过教师主导的学习经验来学习知识和技能时，似乎需要更明确的教师干预。

一般来说，成功调节自己的情绪情感状态，是与他人有效交往的先决条件。当然，这些方面经常有重叠之处，例如，解决冲突就涉及情感自我调节和社交问题解决技能。本章对情感和社交的划分，能够帮助幼儿教师思考：在促进儿童在每个领域的学习时，应该侧重哪些教学要素？

对于情感和社交的学习，在儿童主导的学习经验中，教师的核心作用是创设温暖、关爱的环境，这一点在第二章已有讨论。儿童的主要情感依恋对象是父母或其他重要的监护人。要让儿童成功地从家庭过渡到学校环境，除了家长的帮助之外，教师起着关键作用。成人需要理解幼儿所面临的挑战，比如身处陌生的地方、周围都是陌生人、面对陌生的社会和行为期望。即使儿童家庭与幼儿园的个人规范和社会规范是一致的，但他们仍然要适应班级这种集体环境。教师要为幼儿创设支持性环境，帮助幼儿了解自己，开始与他人建立良好关系。为了让儿童独立做到这一点，教师就要只在他们需要时才提供支持，这样儿童在社会性－情感方面的信心就会增强。

除了创设支持性环境，在教师主导的学习经验中，教师还要明确引导幼儿获得各种社会性－情感技能和知识。教师可以采取具体、有目的的步骤，促进儿童积极对待自己，发展自己的能力，如帮助儿童加强自控力，主动与他人一起解决问题，尊重他人，为集体做贡献。这些目标对学前儿童来说，听起来有些遥远，但它们为儿童以后担任朋友、家庭成员、同事和公民等角色奠定了观念和行为方面的基础。

（一）情感学习

在情感学习领域的关键知识和技能中，积极的自我认同和同情他人感受的能力，似乎特别依赖人际交往和其他儿童主导的学习经验。相比之下，在没有教师的教学和其他干预的情况下，幼儿似乎不太可能发展情感能力或学会辨别、标记情感。

1. 特别适合采用儿童主导的学习的方面

（1）发展积极的自我认同

自我认同是个体对自己的定位和感觉。自我意识源于婴儿期，其健康发展依赖儿童与生活中重要的照看者（父母、祖父母、教师等其他人）建立的信任和安全关系。在学步儿和学前阶段，身份认同仍在形成期。积极的身份认同，意味着儿童认识并尊重自己的名字、性别、在家庭中的角色、外貌、能力和弱点、种族、语言等。它可能还包括其他因素，如邻里关系和家庭结构（如双亲家庭、单亲家庭、寄养家庭、祖父母或其他亲属作为户主、同性别父母、混合家庭等）。

教学策略。教师支持儿童从家庭过渡到学校环境，帮助他们认识自己的多种身份，并营造一种班级氛围，让每个身处其中的儿童都感到自己受到重视，以此帮助儿童培养自我意识。教师可以运用以下策略培养儿童积极的自我形象。

- 在儿童与家人分别时提供支持,让他们逐渐获得信心,相信自己能处理好。尊重并接受他们的感受(如焦虑、悲伤)。儿童的这些感受一般在家长送他们入园要离开时产生,但在其他时段也会意想不到地出现。教师要与家长一起帮助儿童适应这个转换过程,例如,向儿童讲清楚他们什么时候回家。允许儿童按照自己的节奏参与班级活动,在他们感到不安而退出后允许他们再次参与。

- 积极关注和尊重儿童,让他们知道自己是受到重视的。全天都要关注儿童,也就是说,要花大部分时间照顾他们,关注他们正在做的事,而不只是安排材料、整理场地或与其他成人交谈。以平静和尊重的语气与儿童交流,避免大喊大叫、羞辱、言语严厉或行为粗鲁。不要当着儿童的面谈论他们,不能无视他们的存在,有意见要向他们直接提出。

- 积极应对多样性和差异。儿童对差异很好奇,所以不要回避提及和讨论有关差异的问题。以尊重的方式谈论身份差异("外川智子走路有困难,所以使用轮椅""克洛艾和妈妈、爸爸住在一起,米洛和他的两个爸爸住在一起")。与儿童谈论性别、肤色、宗教仪式、家庭构成等方面的差异时,只要教师的语气是可接受的,内容是符合事实且不带有评判性的,这种谈论就是积极的、有教育意义的(见第九章)。

- 为儿童提供非模式化的材料、活动和榜样示范。例如,阅读的图画书中有从事非传统职业的女性和做家务、照看孩子的男性。为男女儿童提供服装和道具,让他们扮演不同职业的角色,鼓励他们使用各种设备(如木工工具、炊具)。

- 提供反映不同文化的材料和活动。例如,把盛放各种食品的器皿和炊具放到娃娃家,包括儿童熟悉的物品(如平底锅或煎锅)以及对他们来说可能是陌生的物品(如蒸锅或陶罐)。阅读描述不同国家(包括儿童的祖国)的故事书和图画书。

- 鼓励家庭成员参与儿童活动。一定要包括父母、祖父母和其他主要照看者。提供多种活动,便于家庭成员从中选择。例如,到班级中做志愿者(与儿童互动,而不仅仅是管理琐碎事务)、捐赠材料、参加家长会和工作坊、为幼儿园简报撰稿、在家委会任职、与教师正式和非正式地见面讨论学习方案和儿童的进步情况、与小组分享家庭习俗,以及提供资源等,将儿童的班级学习扩展到家庭中。在可行的情况下,为家长参与幼儿园活动提供必要的交通和儿童照看服务(见第二章)。

- 与社区建立联系。社区成员可能愿意并能够提供时间和支持,对儿童进行指导,做榜样示范,邀请儿童到其工作场所参观,帮忙将书面信件翻译成儿童家庭使用的语言,充当文化方面的口译员或顾问,或在教室里与儿童互动。社区成员可以是艺术家、商人、企业主、社区服务工作者、医疗和其他专业人士、老年人以及与社区有关系的其他人。与社区的联系越多样化,我们就越能向儿童表明:所有背景的人在幼儿园都受到重视和欢迎。

(2)移情

移情是指理解他人的情绪情感,并能够站在他人的角度进行感受。移情包括关心、同情和无私等特征。移情既有认知层面,也有情感层面。为了能够充分体验和表达移情,儿童必须发展到有能力从别人的角度看问题,即皮亚杰(Piaget, 1932/1965)所谓的"去自我中心化"。这是在学前才开始发展的能力。然而,有证据表明,即使是婴儿和学步儿,也有一些感知他人情感的能力(Hoffman, 2000; McMullen et al., 2009; Quann & Wien, 2014; Spinrad & Stifter, 2006)。

教学策略。有准备的教师支持儿童发展移情能力,可以采用的主要策略是示范、感谢和鼓励。

- 对烦躁或生气的儿童表示关心(示范)。用言语、面部表情和肢体语言表明你知道别人的感受,描述你的反应和行为。例如,你可以说:"我要给塔琳一只绒毛猴抱抱。今天她奶奶要走了,她很悲伤。"对于双语学习者,同时用他们的母语和英语描述情感。根据自己对儿童的了解,针对他们的个人性情和喜好进行安慰，效果可能更好。儿童会模仿教师的做法，就像下面这个儿童一样：

> 一群人围坐在地毯上，利奥要加入时，教师挪了挪腾出些空间。亚历山德拉看到了这一场景。几分钟后，伊内兹过来时，亚历山德拉也悄悄向右移了移，说："现在你也有地方了。"

- 允许并鼓励儿童表达自己的感受。让他们知道其他人处于类似情况时也会有同样的情绪。例如，你可以说："克劳迪娅很生气，狗把她的新鞋咬了一个洞。汤米弟弟的小狗撕坏了汤米的棒球帽，汤米也很生气。"
- 引入情感以外的换位思考活动（perspective-taking activities）和问题。例如，让儿童给同学下指令，或者大声问坐在桌子另一边的人某样东西看起来是什么样子的。练习换位思考所需的认知和感知技能，可以帮助儿童将这些技能应用到社会性－情感情境中。
- 把不同能力水平或年龄的儿童配对，帮助他们认识到年龄大一些或技能高一些的人可以帮助别人，而年纪小一些或技能较低的人可以向别人学习。如果儿童发现自己在某个时候处于这些情形，他们就可以根据情况确定自己的角色。因为幼儿更经常接受帮助，所以能够帮助别人对他们来说会感觉自己特别有能力。他们逐渐学会把接受他们帮助的人看作个体，并因自己有能力带来变化而感到高兴。例如，一所全托幼儿园的主管记录了这样一件事：

> 孩子们对迈克尔很不耐烦，因为迈克尔经常困惑不解，而且完成任务需要更长的时间。因此，在为期两周的时间里，教师每天都让不同的孩子帮助迈克尔完成一项任务（比如打扫卫生、倒果汁、穿外套）。两周结束时，大多数孩子对迈克尔不再那么烦或生气了。有些孩子问教师是否能继续帮助迈克尔，有些则直接问迈克尔是否需要帮助。提供帮助的孩子开始为迈克尔进展虽慢但有意义的成就感到高兴，比如在迈克尔倒果汁时，他们帮忙扶着杯子。他们鼓励迈克尔尝试更多

的事情，迈克尔也这样做了。事实上，迈克尔在同龄人的鼓励下，比在成人的类似支持下更愿意尝试新事物。

2. 特别适合采用教师主导的学习的方面

（1）发展胜任感

胜任，即能够把事情做好。胜任感意味着有自信承担任务并期待成功。对幼儿来说，判断成功与否不是根据成人的标准，而是根据儿童所要完成的事情，这一点很重要。帮助幼儿发展胜任感对他们现在和将来的学习都很重要。儿童入学后，对自身能力的意识会极大地影响他们应对挑战性学习的动机和意愿。

教学策略。培养幼儿对自己的能力有积极、恰如其分的信心，可以说是幼儿教师最重要的任务。以下策略中有许多已在第二章介绍，都是幼儿教师的最佳实践。对于这里讨论的自信心，这些策略也非常有用。

- 创造能提升儿童效能感和控制感的教室环境和时间表。建立并遵循一贯的日常活动安排，这样儿童就会觉得他们了解并能控制周围发生的事。为了让儿童独立地找到、使用和归还材料，可以同时用英语和他们的母语给材料贴上标签，并添加图片提示。
- 以符合儿童能力和发展水平的方式鼓励他们的自助技能。给他们时间自己动手做事（比如穿户外服装或清理餐桌）。教师不要亲自动手完成任务，即使这样更容易、更快、更好。不要担心儿童将任务完成得不完美，因为随着练习和身体的成长，他们会有进步。同样，让儿童尽可能多地练习同一项任务，以达到完全掌握。不要催促他们或者让他们做别的事，目的是让儿童相信他们有能力照顾好自己。
- 儿童达到目前的能力水平后，要引导他们发展更高水平的能力。例如，在整理东西时，稍小一点的儿童可以将积木归还到正确的存放区域，但是还没有能力将它们按大小分类放到架子上。对于稍大一点的儿童，教师可以问："你能把这块积木和相似的积木放在一起吗？"教师可以指导和示范一些方法，让儿童更容易、高效地完成日常任务，例如，把纸屑用纸巾包起来，一次性扔进垃圾桶，而不是一次只扔一片纸屑。
- 支持儿童的观点和主动性。欢迎他们在讨论和活动中提出自己的想法，鼓励他们与同伴交流观点。在选择时间和其他个人活动中，鼓励他们制订计划和做出选择（例如，决定在哪个或哪些区玩、使用什么材料以及如何玩、是自己玩还是与别人一起玩、与谁一起玩、每项活动要玩多长时间等）。同样重要的是，在小组活动中，甚至在教师主导的小组活动中，也要鼓励儿童以自己的方式做出选择和使用材料，比如只提供一个大概的背景（如手指游戏），活动将如何展开则完全由儿童决定。
- 认可并鼓励儿童的努力和成就。赞美（"你画得真好啊！"）可以让儿童凭借别人的判断而自我感觉良好，而鼓励可以帮助他们积极地评价自己的能力（"你在画中加入了很多细节啊！"）。为了鼓励幼儿，教师要观察、倾听、模仿他们的行为、重复他们的话、评论他们正在做的事，并在他们的允许下，向同伴和家长展示其作品。为了让家长参与进来，教师可以把儿童的作品寄回家、在家长会上和非正式见面时（比如接送儿童时）分享给家长，并向家长解释这些作品所体现的孩子的学习情况。
- 为儿童提供成为领导者的机会。例如，让他们决定集体活动或者从一项活动过渡到另一项活动的方式。邀请一位双语学习者，把大家喜欢的玩具或活动的名称用母语教给小组内的伙伴。问问来自不同文化背景的儿童，是否有他们和家人一起唱的简单歌曲，能不能带领全班唱一首（教师先自己学会，这样就可以帮助儿童教，如果有必要，请儿童家人帮忙）。不要强迫或要求儿童担任领导者，而是给每个人担任领导者的机会。如果教师感觉儿童没有听或者没有完全理解"领导者"在说什么或做什么，教师就要重复那位"领导者"的想法（确保教师自己已经正确理解），这样同伴们就可以听懂并尝试实施这些想法。
- 关注儿童在集体活动中的参与程度。根据儿童的反应情况延长或缩短活动时间。为了给那些非常投入的儿童留出额外时间，在开始时可以安排一些不需要集体成员都参与的事情（比如户外活动），这样其他儿童就可以在准备好后加入活动（Perrett，1996）。通过这样做，教师就传达了一个信息，即坚持完成任务是非常有价值的，同时还有助于培养儿童的信心，相信自己能够完成目标。

（2）识别并命名情绪情感

情绪情感意识是指认识到个体有主观感受（这种感受与想法不同），能够识别和命名这些感受，并理解他人可能有与自己相同或不同的感受。[1]

教学策略。情绪情感是自然产生的，但是要想知道情绪情感是什么，意味着什么，以及在个人的文化中是如何命名的，这些都必须向他人学习。有准备的教师随时会利用发生的事件，向儿童介绍这一领域的具体知识和技能。因为学前儿童能够进行心理表征，所以教师也可以借助假设的、过去的或未来的情境帮助儿童获得情绪情感体验和词汇。教师可以运用以下策略。

- 关注儿童的情绪情感状态。当儿童用言语或行动表达情感时，教师要用言语、面部表情和手势来表示自己正在注意他们。同儿童进行眼神交流，蹲下来和他们保持同身高，关注他们。

- 接受儿童的所有情绪情感。不要以"好""坏"判断情感。但是一定要制止委屈、愤怒、恐惧和沮丧等情绪情感引起的粗暴或不安全的行为。

- 给儿童的情绪情感和你的情绪情感用简单的词命名，比如生气、高兴或悲伤（对于双语学习者，将他们母语中表示情绪情感的词与英语中相应的词配对，也可以使用图片）。鼓励儿童说出自己的情绪情感，重复他们选用的词汇（"你说，你觉得内心不平静？"）。等儿童情绪平静后再让他学习新的情绪情感名称。儿童在心烦意乱的时候，通常会注意力不集中或感情强烈，无法学会新词汇。例如，在小组活动时，教师把注意到的发生在儿童之间的强烈情感或冲突，使用木偶或人形玩

---

[1] 这些能力是情商的组成部分，但情商是个更广泛的概念，它包括识别和处理自己、他人以及群体的情感（Goleman，1995）。

偶表演出来，并邀请儿童讨论木偶或玩偶该如何解决这些问题。也可以在冲突发生前介绍新的情绪情感词汇，比如阅读和讨论带有情绪情感故事的书。

- 告诉儿童别人也有情绪情感（但首先要保证你正确理解了每个儿童的感受）。例如，"吉米说，你从他手里抢走喷壶时，他很生气"。引导儿童注意同伴的肢体语言、面部表情和语言表达（"卡拉用拳头猛击桌子，人们生气时有时也会这样做"）。这在解决社交问题的情境中尤其有效。对那些还不擅长捕捉这些线索的儿童，或者在某个特定时刻过于以自我为中心而不注意别人感受的儿童来说，成人的这种解释非常有用。

- 口头评论儿童在一天里表现出来的情绪情感。对各种情绪情感都要给予关注和评论。例如，"你今天早上看起来有点伤心啊！""多开心的笑容啊！你一定很高兴！""你今天放学后能去妮古拉家玩，你很兴奋啊！""豚鼠从洞穴的另一端突然钻出来时，你看起来很惊讶！"

- 以情绪情感为焦点的小组活动。学前儿童不经常谈论抽象的情感，但他们在阅读书籍、用木偶或人形玩偶表演情境、创作和讨论能够唤起情感的艺术作品时，就会谈到情绪情感（如祖父母来访时、习惯乘坐公共交通工具而改乘轿车时、兄弟姐妹到来时、宠物丢失时）。

确认儿童的情感并让儿童表达自己的情感

一些儿童很乐意谈论自己的情感。有些儿童却不会这样，可能是他们家里不鼓励把情感说出来，也可能这种行为不受他们文化的重视，或者是其他各种原因。下面介绍一位教师如何帮助全班（尤其是其中一位小朋友）在朋友搬走后，成功地走出悲伤情绪。

杰克家要搬到一座遥远的城市，他将在周末离开幼儿园。杰克离开之前，教师在问候环节谈到杰克即将离开的事，并问孩子们对此有什么感受。孩子们使用了"伤心"和"不高兴"这样的词语，并且说他们会想念杰克。杰克走后，他们把杰克的名字在黑板上保留了几个星期（画了个箭头指向一所房子，表示杰克住

第四章　社会性－情感

在别的地方），经常谈论杰克已经搬走这件事，并分享与杰克在一起时的事。

杰克离开一周后，教师注意到了肖恩。他通常和其他孩子相处得很好，但现在经常踢积木，抢别人手中的玩具，还有其他的类似行为。处理完手头几件亟待解决的事情后，教师想起肖恩经常和杰克一起玩，难道肖恩对杰克的离开还有没表达出来的情感？在一个安静的时刻，她和肖恩一起坐在沙发上：

教师：杰克搬走了，我现在仍然很难过。

肖恩：这是不公平的。

教师：你认为，杰克离开是不公平的事？

肖恩：是的。现在没有人可以和我一起建造高塔了。

教师：确实让人不开心。

肖恩：我生杰克的气呢。

教师：你生气是因为杰克搬走了，现在你不能和他一起玩了？

肖恩：是的。他不该这样做！

教师：杰克不能不离开，他妈妈在另一座城市找到了工作。但是他走了，我们还是既难过又生气。

肖恩：是啊，真生气。

教师：有这种情绪是很正常的。

教师只是帮助肖恩宣泄了情绪，使他不再那么生气了，但还没有彻底解决问题。几天后，教师又和他进行了一对一谈话，引导他走出不良情绪的阴影。肖恩想到还有两个同伴也喜欢玩积木，于是发挥自己的现有社交技能去参加他们的游戏了。

后来，杰克的妈妈发来了一张全家福照片，教师和孩子们评论说，杰克在新家过得很"快乐"。肖恩告诉教师："我仍然想念杰克，但我也很高兴，我现在有了两个新朋友。"

- 与家长讨论儿童需要恰当地表达和命名自己的情感。在工作坊和非正式的交流中，向家长解释这一点：以可接受的方式表达一系列的情感是早期学习的重要内容。这样做将有助于儿童适应在学校内外遇到的各种人和事，也有利于更好地处理家庭关系，比如与兄弟姐妹的冲突、父母的限制以及希望和计划落空时的失望。还应该鼓励家长培养儿童在某些情境下，比如父母出差归来、祖父母从祖国来访等，表达积极情感（快乐、幸福、爱）的能力。尽管不同的文化对于情感表达的可接受性有不同的标准，但是家长和教师有个共同目标，就是希望儿童获得成功。向家长解释为什么情感能力是入学准备的一个组成部分，就会为家长打开大门，让他们探索出一系列有效的方式鼓励儿童在家适度地表达情感。

（二）社会性学习

在社会性学习领域的关键知识和技能中，发展集体意识、与人建立关系、进行合作游戏，看起来都是在儿童主导的互动中发展起来的。但是，这些似乎都需要儿童采用教师主导的学习经验，从而在发生社会冲突时学会解决问题的策略和发展道德行为的框架。

1. 特别适合采用儿童主导的学习的方面

（1）发展集体感

集体是具有共同利益的社会群体。集体成员之间相互帮助，支持彼此以及集体的工作。有集体感意味着将自己视为集体中的一员，具有集体的所有或主要特征、信仰和习惯。通过与班上的同伴互动，儿童能够加深对社会规范和习俗的理解。

教学策略。有准备的教师会在教室里创造一种集体意识，并运用以下策略帮助儿童形成集体归属感。

- 营造一种氛围，让儿童和教师友好相处、互相支持。用"我们班""我们所有人""我们组""大家一起"等指代班里的儿童和教师。教师可以表达自己作为集体一分子的快乐感。
- 教室的布置既要有开放区供大家聚集，也要有带舒适设备的封闭区域，方便儿童进行更多的私密交往。
- 建立连贯的每日活动安排。每个人每天在同一时间进行同一类型的活动时，就会产生一种集体感。然而，进行同一类型的活动并不意味着每个人都必须做同样的事。例如，在自由选择活动的时间，所有儿童都参加，但可以进行不同的活动；在小组活动时，儿童可以用不同的方式使用相同的材料。在每项活动中，要设定从容的节奏，让儿童享受彼此的合作和陪伴，不要因为要完成任务而感到有压力。

- 重视儿童在小组中合作或分享经验的机会。这种机会可以是常规活动（"在整理时，我们把所有东西都放好，这样我们明天在区域活动时就容易找到它们"），也可以是专门进行的活动（"看看我们在海滩上收集的所有贝壳，我们能用它们做什么呢？"）。拍摄小组活动的照片，将其放到班级相册中，并附上简短的说明。

- 组织能够发展儿童参与能力的活动。即使是喜欢独自玩耍的儿童，在非竞争性的、不着重个体的小组中也能感到安全。在短暂的小组活动中（如问候时间或班会），鼓励儿童交流问题和解决方案，邀请他们分享愿望，或者一起计划一个特别的活动，并记录儿童的想法。

　　（教师主导的）集体活动时间提供了特殊的社交机会。在儿童发起的活动中，儿童可以选择独自工作、与朋友或成人一起工作，或者与一群人一起工作。但在这个环节中，有些儿童不会选择和其他儿童一起玩。所以，集体活动时间为他们提供了参与社交活动的机会。例如，在小组时间，由于每个人都使用相同的材料，他们就经常分享和讨论各自在做什么，并互相学习，互相帮助。在集体活动中，每个人都参与共同的动作游戏或歌曲（所有这些都是安全、低风险的社交活动），儿童就有机会向集体提出和展示他们的想法，也可以模仿和学习同伴。（Epstein & Hohmann, 2012, pp. 326–327）

- 让儿童参与大型集体活动。例如，儿童可以在学校做一些活动，比如回收教室里的材料或捡操场上的垃圾（教师要密切关注以避免碎玻璃、污染或其他危险）。用故事、诗歌、歌曲和赞美歌（"叙述式的"）说明班级和社区活动。例如，在整理时间唱"这就是我们收拾积木的方法",并邀请儿童在一起整理时自己编诗。欢迎社区客人进班级,想办法让他们感到舒适,例如,让儿童带他们参观教室里的学习区。带领儿童到附近走走,让儿童注意观察居民如何装饰窗户和院子,商家在橱窗摆放了什么,等等。参观当地的机构(如公共图书馆或农贸市场),参加社区活动(如街头集市)。把报纸上熟悉的人物、地方和事件的照片剪切下来,写上简短说明,然后贴在教室门旁边,这样儿童和家长可以在接送时看到并进行讨论。也可以从社区中常见的外语简讯和杂志上剪切一些图片(当地商店可能会免费提供多种周刊或月刊),并将标题(或关键词)翻译成英语。

(2)建立关系

人际关系本身就是有益的,它有助于儿童在其他领域的学习。与同龄人建立关系在儿童两岁时就很明显,在学前阶段变得更具有互惠性(Ladd, Herald, & Andrews, 2006)。学前儿童能够描述为什么喜欢他们的朋友(例如,有共同的兴趣和具有有趣、友好等品质)。然而,儿童之间接触的增加,往往意味着发生冲突的机会也更多。儿童与成人的关系在婴儿和学步儿时期非常重要,在学前阶段,虽然这种关系的性质有所变化,但仍然很重要。学前儿童在与成人的互动中,无论是寻求安慰、获取帮助、分享发现还是仅仅享受交谈,都变得更有选择性。在《一个儿童,两种语言》(*One Child, Two Languages: A Guide for Early Childhood Educators of Children Learning English as a Second Language*)一书中,佩登·泰伯(Patton Tabors, 2008)分享了一些可以教给儿童的对话技巧,这样他们就可以更有效地与说不同语言的儿童交流。例如,即使儿童一开始害羞或抗拒,也要教导他们主动与其他儿童交谈,向他们演示如何语速慢但清晰地说话(要自然,不要用夸张的方式),如何用略微不同的措辞重述一个问题,以便帮助其他儿童理解。

教学策略。在儿童面对复杂的人际关系时,成人的鼓励和支持发挥着重要作用。对学前儿童来说,接受他人的示好并进行接触是有风险的。他们需要确定自己在社交和情感方面是安全的,与别人互动时会受到尊重。为了帮助儿童与他人建立关系，教师可以使用以下策略。

- 与儿童的互动要真诚。与他们交谈，了解他们的想法和思考方式，而不是控制他们的行为。交谈时要蹲下，和他们同高，不要站着居高临下地交谈。教师在交谈中如果心不在焉、不耐烦或机械应付，儿童就能感觉到。互动时，教师不要主导或问很多问题，要多倾听。给儿童足够的时间去思考。不时地提出一个真问题（即你不知道答案的问题），诚实地回答儿童的问题。如果教师以温和、尊重的态度和儿童交谈，他们也将学会与别人友好交谈。来自不同语言背景或文化的儿童，在表达情感或回答教师的问题时，可能有不同的方式。儿童可能仅仅需要教师花时间和他们在一起，对他们正在做的事情表现出兴趣，但不要强制他们回应。

- 保持一个稳定的儿童和教师群体，随着时间的推移，关系就会建立。创建包括一名教师和一小组儿童（不超过10人）的群体，让他们连续几周或几个月一起用餐、进行小组活动。稳定的群体能够让儿童了解同伴和教师的个性与兴趣，也使儿童感到安全和有保障，这会进一步鼓励他们接触其他人。

- 支持儿童的友谊。要明白儿童什么时候会建立关系。例如，你可能观察到儿童分享材料、进行假装游戏、聊天或者互相关心。为了鼓励和支持这些行为，一开始只需认可他们（"迪莉娅，我看见你和萨米在娃娃家玩商店游戏"）。为儿童提供他们喜欢的充足的材料，方便他们把这些材料融入假装游戏中。需要组建小组的时候，就把儿童集合起来。把儿童的朋友告诉家长，这样家长就可以尝试在校外安排他们一起游戏。

- 为儿童提供机会与不太熟悉的人互动。尽管学前儿童通常有明确喜欢的同伴，但他们与其他人互动时也会受益很多（比如有不同兴趣的人、母语是英语但通常愿意与班里双语学习者交流的人）。教师可以为这种情况创设情境，比如让两个儿童帮忙完成一项任务（"丹尼尔和阿比，能帮我把围巾拿到外面去吗？"）。但是，要避免让双语学习者为英语不太流利的儿童充当翻译，因为这为他们的关系设定了一个新目的，而且通常不适宜幼儿的语言发展。此外，永远不要要求儿童之间成为朋友，这样会剥夺他们做出选择的权利。但是可以提供互动的机会，让他们发现新的人，这样他们就可以从中选择进而建立关系。

（3）进行合作游戏

合作是指为了一个共同的目标而一起行动。幼儿的合作游戏和协作是指与他人一起游戏和工作，包括分享玩具、分享空间、交友、交谈、分享资源、交流技能和观点。

教学策略。幼儿通过观察和模仿以及试错，学会与他人玩耍。人是社会性动物，天生就希望掌握人际交往的技巧。然而，依此认定儿童在没有任何成人干预的情况下就会参与角色扮演和协作，是错误的。事实上，教师在儿童的互动游戏中发挥着至关重要的作用。以下是教师可以运用的一些策略。

- 在班级中利用空间和材料促进互动。例如，提供能激发集体角色扮演的服装，或者需要两个或多个儿童一起操作的操场设备。避免随意限制在某个区域内同时玩耍的儿童数量，因为这示范了一种排斥行为。只要条件允许，就提供足够多的相同类型的材料，这样可以避免儿童争夺，让他们自由使用材料和互动。如果空间或材料有限（例如，教室里只有一张沙发或两台计算机），那么可以与儿童商量，如何使想参与的人都能如愿（对于个人和小组解决问题的建议，见本章"解决冲突"一节）。

- 创造互动合作的机会。给儿童足够的时间阐述他们对游戏的想法，并让同伴参与他们的角色扮演。在一些活动中鼓励两人合作。如果儿童愿意，建议他们找个伙伴一起工作。设计需要两人或三人一组进行合作的活动，比如音乐活动（伙伴一起蹦跳）、建构活动（两个儿童扶着搭建物，第三个儿童在上面搭建）、对话（儿童轮流问答）、数据收集活动（一个儿童收集信息，另一个负责记录）。在儿童需要帮助的时候，引导他们向同伴求助。

- 帮助有攻击性或不合群的儿童加入同龄人中。例如，对于强行插进小组活动的儿童，建议他们采用非攻击性的策略，教师可以说："也许你帮忙搬把椅子，他们就允许你坐在他们的公共汽车上。"在小组活动时，可以使用一种叫作"说话棒"的工具帮助沉默寡言的儿童（只有拿到棒的人才可以说话，其他人都必须倾听）。这里有个例子：

  在早晨问好环节中，教师请儿童给小组讲述自己来学校路上看到的事。教师给第一个儿童"说话棒"，然后依次传给下一个想发言的儿童。不想发言的人不用发言。然而，教师注意到，即使是经常害羞或沉默寡言的儿童，在拿着说话棒时，也会充满自信地讲述，之后再递给同伴。（Emily Vance，私人交流所得，2004）

引导儿童互相帮助

儿童独自玩耍时，不会产生儿童主导的学习经验。只有他们与其他儿童互动时，这种经验通常才会发生。教师促进这种互动的一种方式是，在儿童需要帮助时引导他们向其他儿童求助。不仅接受帮助的儿童会从这种学习经验中受益，提供帮助的儿童也能从帮助同伴中获得自信，如下例所示。

在一次小组活动时间，孩子们在玩橡皮泥。教师注意到4岁的凯尔遇到了麻烦，于是让他向同是4岁的加布里埃拉寻求帮助。

教师：凯尔，你看起来很不高兴啊！你想用橡皮泥做什么呢？

凯尔：我想把它按平，但就是不行。

教师：你想把橡皮泥按平在桌子上吗？

凯尔：是的，但我就是做不到。

教师：给我看看你是怎么用手按的。

凯尔展示了他是如何按压橡皮泥的。

教师：加布里埃拉，我看到你的橡皮泥按得很平。你能告诉凯尔你是怎么做到的吗？

加布里埃拉：看，凯尔，我用这个滚筒压，桶里还有一个滚筒（她拿了一个滚筒递给凯尔）。

教师主导还是儿童主导？

> 凯尔试了试滚筒，但仍然没有达到他想要的效果。
>
> 加布里埃拉：你必须非常非常用力压（她把手按在凯尔的手上，和他一起往下压）。
>
> 凯尔：嘿，行了。我来试试（凯尔把橡皮泥按平了）。
>
> 加布里埃拉：看，现在你成功了！（她笑了）
>
> 凯尔：我成功了！我把它弄得像比萨一样平。过来，加布里埃拉，我给你切块。
>
> 鼓励儿童互相帮助，也是帮助双语学习者学习英语的有效策略。将母语为英语的儿童和双语学习者配对，或者在儿童英语水平不同时，将水平较高的和水平低的儿童配对，这样就给了两个儿童练习英语技能的机会，同时在他们之间建立了一种群体意识（一种共同的语言，或许也是一种共同的文化）。

- 让儿童探究其行为的后果，前提是没人受到伤害或面临危险。他们会相应地调整自己的行为，尤其是受到同伴拒绝的时候。下面是一位幼儿园教师的记录：

> 吉姆把他的新玩具消防车带到学校，并宣布任何人不能碰它。当他拿着消防车到扎克和玛吉玩小汽车爬坡的地方时，扎克和玛吉不让吉姆加入他们的游戏。这种情况持续了两天。第三天，吉姆把他的消防车停在小汽车坡道上，对玛吉说："你可以玩我的车。"玛吉玩了一会儿，然后给了扎克。玛吉问吉姆："你想和我们一起玩赛车吗？"吉姆点点头，加入了他们的游戏，还让朋友们轮流玩他的消防车。

这位教师没有急着提供指导、意见或解释，也没有帮着解决问题。如果教师要求玛吉和扎克让吉姆和他们一起玩，吉姆就可能不会想，如何改变自己的行为才会被接纳。教师也可以指出合作行为的益处，鼓励儿童继续或加强合作。但重点应该是儿童的感受，而不是如何取悦成人。例如，教师可以说"一起搭建这座塔你们很开心"，而不是"看到你们一起分享我很开心"。

- 通过与儿童合作示范合作性游戏。教师蹲下来，模仿儿童使用材料，听从他们的想法，表演他们分配的角色（"你是小狗，你来追我"）。为游戏提供适当的建议和拓展意见，但不要控制和指导游戏。
- 在可能的情况下，以其他方式让儿童参与班级管理。例如，征求儿童对轮流分发点心、轮流选择歌曲或带领大家做动作这一制度的意见。询问儿童，他们如何确定每个人都有机会使用新的计算机程序，以及使用多长时间。倾听和评论儿童说的话，但不要过多提问，要让他们自己控制对话。

2. 特别适合采用教师主导的学习的方面

（1）解决冲突

解决冲突，也可称作解决问题和指导等，是指使用适当的、非攻击性的策略讨论和制定应对人际差异的解决方法。在需求和情绪高涨时，冲突的解决是个挑战，有时甚至成人也束手无策。

教学策略。学前儿童在发展水平上仍然以自我为中心，主要关注自己的需求，所以经常与别人发生冲突。他们通常并没有打算伤害别人或自私行事，只是想达到自己的目的（"我想要那辆车，我要拿来玩"）。因此，有准备的教师要明确地给儿童示范、指导和教授需要什么样的行为才能解决冲突。教师要理解儿童不是捣乱，而是在学习如何恰当行事时出了错误，因此，教师要避免对他们使用含有价值判断或负面的词汇（"不要小气""你这么捣乱，就不能和别人坐在一起了"）(Gartrell，2012)。

如同其他领域，幼儿需要在具体的冲突经历中学习如何解决冲突。当不可避免的冲突发生时，教师可以利用这个机会教给儿童解决冲突的技巧，让他们提前学习将来如何避免冲突。熟练地解决冲突需要大量的重复性练习，但学前儿童在教师的充分示范和支持下，就能够开始使用解决问题的策略。为了帮助儿童学会成功地解决冲突，教师可以运用以下策略。

- 创设安全的教室环境。让儿童知道，他们不会受到身体或言语方面的伤害。立即制止儿童的伤害或危险行为，包括攻击和排斥。与儿童一起设定并讨论一些明确的限制("不准打架")和期望("每个人都要排队轮流"),将其贴在儿童容易看到的地方(用图片或符号阐明教师的期望),并一以贯之地执行规则和期望。

- 在冲突中,教师的声音、肢体语言和面部表情要表现出冷静,表示自己只是关心而不是警告,要控制自己的情绪,避免在冲突情境中反应过度。你能控制住自己,就能帮助儿童重新获得或保持他们对自己的控制。你这样做传递给儿童的信息是,有强烈的情绪并不可怕。你要保持冷静,不要对儿童表达不满或批评,同时将注意力放在解决问题上。

解决冲突的步骤

- 平静地靠近儿童,制止任何伤害行为。站到两个儿童的中间,弯腰与他们保持同高。声音平静,轻轻地拍拍儿童。保持中立,不偏袒任何一方。
- 尊重儿童的感受。如果引起冲突的是某个东西,让儿童知道你需要拿走这个东西(保持中立),直到冲突解决。同时,说一些像"你看起来很难过"之类的话。
- 向每个儿童问明情况,如"怎么回事"。
- 重述问题,如"所以,问题是……"。
- 向儿童寻求解决方案,一起选择一种大家都同意的方案,如"我们怎么做才能解决这个问题"。
- 留在儿童附近,时刻准备提供后续支持,同时说:"你解决了问题!"

- 安抚紧张不安的儿童。在冲突中,儿童的情绪会高涨。凭借你之前对他们的观察,选择你认为针对个体有效的策略。认可并尊重儿童的感受。鼓励儿童用词汇表达自己的情感。提醒儿童注意别人的肢体语言、面部表情和话语,帮助他们认识到他人的情感(见本章"识别并命名情绪情感"一节)。教师的行动和说话要真诚,例如,看着所有相关的儿童,声音充满温暖和关心,以无威胁性的方式触摸或抱着儿童,让

他们安心，帮助他们重新获得自控能力。

- 观察儿童的行为，收集信息，深入地解读。保持中立，不要指责或偏袒任何一方。例如，一个儿童撞倒了另一个儿童搭建的积木塔，教师要花些时间来判断，该儿童是因为急于进入游戏而无意撞倒，还是因为对搭建的儿童生气，或者因为该儿童根本没有注意到对方在做什么。让儿童描述问题和提出解决方案。教师要积极倾听，准确地重复儿童的话或把他们的话解释明白，并和儿童一起确认你所复述的内容是否准确。

- 征求儿童的意见，与儿童一起制订解决方案，并决定采用哪一个方案。如果儿童难以想出解决方法，就给他们一两个建议来引导他们。有时，如果儿童实在想不出办法或达不成一致的解决方案，他们可能会同意向一两个其他儿童求助，甚至把问题带到班会上（见第九章）。尊重儿童对"公平"的定义。他们的定义可能与你不同，但只要所有相关儿童都同意该解决方案，教师就要接受并帮助实现它。跟进查看该解决方案是否有效。如果冲突再次出现，就重复解决问题的步骤，直到所有儿童都平静下来，重新投入游戏。

- 帮助儿童反思他们在没有实际冲突时学习的问题解决策略。儿童在情绪平静时，可能更容易接收信息。例如，通过阅读书籍、唱歌或听歌，学习里面的人物如何应对生气或冲突产生的其他情感。用木偶、玩偶或其他道具对解决冲突的场景进行角色扮演。提出简单而熟悉的"如果……怎么办……"情境，让小组讨论。为了引导儿童想出解决问题的办法，提出一些你知道儿童不可接受的情境，例如，"如果我规定只有教师才能混合这些颜料，你们会怎么办？"找时间同儿童一起回顾过去成功解决的事件，比如在吃点心时间或者读到一本处理类似情况的书时，就是很好的机会。

当儿童出现问题行为，例如，感到沮丧或拒绝遵循常规而扔玩具时，也可以使用解决冲突的这些方法。在这种情况下，问题的解决处于教师和儿童之间。首先制止任何伤害性行为（如投掷），确认儿童的感受（"我知道你想继续玩积木，但现在要准备去户外了"）；给儿童机会表达自己的情感或愿望；保持冷静，即使儿童情绪激动（"我不想出去！"）；简要回顾问题（"你想继续玩积木，但我不能把你一个人留在教室里，我们两位老师和所有孩子都要去外面"）；向儿童寻求解决方案，并且（如有必要）自己提出一两个建议（"你可以在塔上贴一个'正在施工'的标志，这样就没人会碰它，午饭后你可以继续搭建""你想带一些积木到外面玩吗？我可以帮你把积木放进马车里"）；和儿童待在一起，直到他平静下来，帮助儿童实施所选择的解决方案，并继续跟进以确保儿童重新投入游戏；最后，感谢儿童帮助解决问题。

（2）发展道德行为的框架

道德是评价人类行为的一个系统。良心是一种内在的正误感，不依赖外部的责难或惩罚。道德发展是一个漫长的过程，一直延续到青春期，甚至成年早期。学前儿童，尤其是年龄大一些的孩子开始纠结道德行为问题，尤其是在对待他人方面。他们对自己和他人的正确和错误行为感兴趣，也能够进行反思，尤其是在成人的鼓励下，更是如此。

教学策略。我们的道德感在很大程度上是从生活中的重要他人，尤其是家庭环境中的榜样而发展起来的。尽管如此，教师也要在班级中示范适宜的行为和传输道德原则，为儿童打下道德基础，让他们借此建立自己的价值体系。在儿童开始构建道德框架时，教师可以运用以下几种策略。

- 一致和公正。提供明确的行为期望，但要强调解决问题，而不是责备或惩罚。
- 用简单的语言说出自己有关道德的行为和决定的原因，如公平。例如，"我要确认一下每个想要松饼的小朋友都有了一个，然后再发第二个。如果发第二个之前有的小朋友就已经有了两个，这就是不公平的。"
- 与儿童家长合作，尽可能实现家庭和学校在价值观上一致。教师发现儿童家庭的是非观念与幼儿园的道德原则相偏离时，要向儿童和家长简单明了地解释原因。即使家长持有的信念与教师的观念相冲突，教师也尽量不要做出负面的价值判断。相反，不同情境中问题解决的策略是有差异的。例如,"脏乱"就是一个潜在的差异。在一些文化中,如果教师在儿童的新衣服上罩一件沾满污渍的工作服,儿童的家长就会认为这是对他们的不尊重,而如果儿童的衣服沾上了颜料,他们又会非常不高兴。这种情况下,在认识到家长不高兴的同时,教师应该尽力向家长解释为什么探索脏乱的材料有助于儿童学习数学、科学和其他领域的重要概念。如果家长对此表示理解,教师就可以让家长给儿童带一套旧衣服备用,或者问家长是否愿意让儿童穿其他更方便的衣服。

* * *

社会性-情感学习是儿童发展的一个重要领域。儿童需要理解、调节和恰当地表达自己的感受,从而体验令人满意的人际关系。社交技能也是儿童在其他领域进行学习的机制,如观察和模仿、请求帮助、直接互动、合作交流等。

我们要帮助幼儿建立和掌握社会性-情感技能,增强他们的能力和主动性,并创设班级环境,让他们独立解决问题的能力得以发展。教师还要在复杂的社会交往规则方面提供明确的指导,帮助儿童掌握和遵守班级和社会规范,并在儿童自身能力不足以实现其目标时提供建议。

在儿童渴望社会化的内在动机和我们希望他们社会化的期待之间,儿童将通过发展所需要的技能,为应对幼儿园内外的人际关系和公民关系做好准备。

四、思考题

1. 儿童经常在媒体上见到相互矛盾的信息,幼儿教育工作者如何才能帮助所有儿童在情绪情感上树立积极的自我形象?
2. 我们怎样才能尊重儿童选择朋友的权利,同时鼓励他们与新朋友见面和互动?

3. 当儿童拒绝参与冲突解决、规则制定或班级的其他社会化活动时，教师可以采用什么策略？

4. 如果你是有经验的教师，你在班级中的情绪触发因素是什么？如果你是新手教师，你认为你在班级中的情绪触发因素是什么？你在帮助儿童处理情绪和令其心烦的情况时，你怎么看待它们才能保持冷静和控制？

5. 鉴于幼儿在社会性-情感发展方面存在的差异，是否有可靠的指标供教师筛选在这些方面存在潜在问题的儿童？教师应该在早期发现并干预，还是给幼儿贴上错误或不成熟的标签呢？

第五章
身体发展与健康

在幼儿园户外活动的操场上,科迪告诉教师雷切尔,他是一匹"弯曲的马",然后开始按照"之"字形飞奔。"我明白了,"教师说,"你扭来扭去地跑到了树那里。我也要像你一样跑。"教师模仿科迪的动作说:"有时,我把这叫作'之'字形。"其他几个儿童被吸引过来,也开始按照"之"字形奔跑。这样跑了几分钟后,教师对他们说:"我想知道,我们还能用什么方式跑。"一个儿童建议"转圈",然后他们就边转圈边跑。他们还尝试了其他跑法:侧身、小碎步、大跨步。坐在轮椅上的马尔科姆也加入了游戏,他建议"前后"跑。马尔科姆操纵着他的轮椅前进、后退,其他儿童也在他身边不断地向前跑、向后退。

身体运动技能和概念还需要教?这个想法似乎有点奇怪。我们通常认为,儿童只要获得足够的营养,并在安全的环境中到处活动,自然就能发展身体。当然,就大肌肉动作技能和精细动作技能而言,一般都是随生理的成熟而发展的(见 Copple & Bredekamp,2009,pp. 116–117)。但是将儿童身体技能的发展单纯地视为童年期生理上的成熟,这个观点是错误的。

研究证实,幼儿不能仅仅通过游戏来学习基本的身体技能(Manross,2000)。例如,如果让学前儿童对音乐做出反应,他们往往不会伴随音乐做出各种动作。在这种情况下,3岁儿童通常不做动作,四五岁儿童的动作会多一些(Stellaccio & McCarthy,1999)。但是不管做什么,幼儿往往都只重复几个动作模式。

为了保证儿童获得所需的基本身体技能,教师在设计运动活动和构建身体活动时,要提供多种运动选择,同时还要为儿童提供时间、空间和设备来练习这些技能。"游戏为儿童提供了在各种环境下练习运动技能的机会。然而，某些系统性的体育活动是必要的，它有助于儿童最大限度地获得运动经验"（Sanders，2002，p. 31）。如果儿童知道自己遇到麻烦时附近会有教师来帮助他们，他们就可能愿意进行更大风险的体育活动。教师的各种担心，尤其是儿童的安全问题，以及可能招致的法律诉讼，正在使游戏变得"过于安全"（Brussoni et al.，2012）。儿童在教师面前感到安全，教师也真正鼓励合理的冒险，这样才会使儿童测试和拓展自己的身体极限。儿童的游戏区应该是"绝对安全"，而不是"尽可能的安全"（p. 3134）。

体育对健康有潜在益处，因此越来越受到大家的关注。美国儿童的肥胖率空前上升，这增加了他们成年后患糖尿病、心脏病、高血压、结肠癌和其他健康问题的风险。根据疾病控制和预防中心（Centers for Disease Control and Prevention，CDC）的数据，1976—2006年，被确定为超重的儿童的比例增加了一倍多（2009），尽管2008—2011年，在43个州和地区中有19个州或地区的低收入家庭的学前儿童的肥胖率略有下降（2013）。根据白宫儿童肥胖问题特别工作组（The White House Task Force on Childhood Obesity，2010）的数据，当今1/5的儿童在6岁时超重或肥胖。学前阶段对于预防肥胖至关重要，因为3—7岁是脂肪组织发育的主要时期。为此，美国运动和体育协会（The National Association for Sport and Physical Education，NASPE，2009a）建议，学前儿童每天至少要有1小时大运动量的体育活动（包括在家里和其他地方）。

不幸的是，儿童经常久坐看电视或者通过媒介聊天，减少了花在体育活动上的时间。而缺乏体育活动，加上不良的饮食习惯，导致美国儿童肥胖率的大幅上升。相比之下，基本运动技能（如投掷、抓握、跳跃、飞跑）得以发展并积极参加体育活动的儿童，成年后更有可能保持健康并参与日常体育活动（National Center for Health Statistics，2004）。

发展和锻炼身体的基本能力也很重要。大肌肉动作技能和精细动作技能具有多种作用。身体协调能力是完成许多日常任务的关键。此外，身体运动是一种乐趣。无论是自由活动身体，还是借助音乐和舞蹈表现创造力，都是快乐的。对身体有残疾的儿童来说，使用和测试"可工作的"身体部位，能够弥补他们在某些方面的缺陷，使他们获得满足感，心情愉悦。

身体发展也能促进其他领域的发展：

> 运动不仅刺激生理上的发展，还有助于幼儿体验运动方面的概念，进行认知加工。教师必须给儿童提供机会去解决运动方面的问题，让他们找到应对挑战的方法，并通过亲身体验把抽象的概念（如高、低）具体化。（Pica，1997，p. 4）

例如，大脑发育中的一种潜在现象图式化，就包含在身体的运动节奏中。学前儿童随着音乐通常会做一些动作或手势，这表明他们可能需要"重复音乐的刺激来理解音乐中潜在规律的实质内容"（Scott-Kassner，1992，p. 636）。智力发展的许多领域都与身体能力有关。儿童表演故事时，强化了早期读写能力发展的两个基本组成部分：理解和再现。正如本章开头的案例所示，运动也为词汇量的扩大提供了诸多机会。书写需要身体协调能力和灵巧性。运动与空间概念的形成也有着内在联系，而空间概念又是理解几何的基础。其他数学概念也反映在运动词汇中，如"上""下""直线""曲线""水平""倾斜"等。而弯曲、爬行、伸展和其他灵巧的运动，对探索自然界至关重要，有助于儿童形成基本的身体运动原则。

运动也为发展和表现创造性提供了许多机会。儿童随着音乐做出舞蹈动作，投掷物体试验方向和速度，这种自由运动能够提升儿童的自尊心和社交信心。

相反，身体运动技能欠佳在一定程度上会影响儿童的心理健康（Sanders，2002）。但这种联系的产生原因尚不清楚。运动能力不佳和心理健康问题之间的联系（如果存在）到底是先天性的？后天性的？还是两者在某种程度上的结合？这些都需要做更多的研究来确定。也许因为缺乏运动能力的儿童会被同伴排斥，所以他们缺乏和同伴一起游戏的机会，许多社交技能得不到发展。也许同龄人的嘲笑或拒绝会影响他们的自尊，使他们不愿进行人际交往或接受认知挑战。由于缺乏自信或社会认可，身体技能不佳的儿童在学校的整体表现和社会适应能力方面都会受到影响。

一、幼儿在身体运动与健康领域的发展

在身体运动与健康方面实施适宜的教学策略，需要教师了解幼儿的身体发展方式。学习新的运动技能是一个过程，它包括四种"技能熟练水平"（Graham，Holt/Hale，& Parker，2004）。学前儿童通常处于前两种水平，这与技能以及儿童的发展状况有关：

1. 前控制水平（初学者）——儿童不能有意识地控制或重复一个动作。在这个阶段，他们需要大量机会去探索和发现动作。
2. 控制水平（高级初学者）——儿童的身体开始对他们的意图做出反应，他们的动作不再那么随意。探索和练习仍然是这个阶段的核心。
3. 运用水平（中级者）——儿童的动作越来越自动化。在类似游戏的情境下，能够将一种运动技能与另一种运动技能结合起来。
4. 熟练水平（高级者）——儿童的动作大多是自动的，似乎毫不费力。儿童此时可以参加正式的比赛。（Sanders，2002，p. 48）

儿童如果没有机会学习和练习某项身体技能，长大后就可能无法具备这项技能。他们也许只是从来没有机会做投球或传球等运动，或者没有足够的时间或动机去练习。研究表明，幼儿除非有近80%的机会体验到成功，否则就没有动力练习新技能。也就是说，任务太难或太易，都会使儿童失去兴趣（Sanders，2002，p. 45）。

已经有文献总结了儿童早期身体发展的理论，也为在教育方案中如何运用这些理论提供了指导。幼儿园管理者和一线教师可以把这些作为参考依据。美国儿童体育委员会（The Council on Physical Education for Children，COPEC）发布了一份题为《3—5岁幼儿体育课程的适宜性实践》（*Appropriate Practices in Movement Programs for Young Children Ages 3–5*，NASPE，2009b）的立场声明。美国国家运动与体育协会也在其出版物《积极的开端：0—5岁儿童体育运动指南》(*Active Start: A Statement of Physical Activity Guidelines for Children Birth to Five Years*，2002，更新于 2009）发布了幼儿早期教育标准。

这两份出版物，以及运动教育领域的其他当代著作，都强调以儿童为中心的适宜性实践，是其他发展领域（如积极学习、成人和儿童一起享受体育活动）的一部分。此外，它们都对早期体育强调了两个原则。第一个原则是，任何动作技能的发展都是有顺序的。"无论什么活动，儿童如果没有掌握该活动所需的基本运动技能，就不能成功地参与"（Gallahue，1995，p. 125）。例如，一个在跑、停、踢和躲闪方面不具备基本能力的儿童，永远不会擅长踢足球，再长大一点甚至成年以后，也不可能喜欢或参与足球运动。因此，存在这样一个转变：从一次只专注一个教学领域的不连续的单元教学（例如，练习三周投掷，然后练习三周跳跃），转向全年都练习多种动作，一步步掌握动作技能。像其他内容领域一样，设计运动课程时，要使后面的学习以前面的经验和技能为基础。

第二个原则是，幼儿体育课程和体育项目是不同的。体育项目只适合动作已处于熟练水平的年龄大一些的儿童，他们已经掌握了竞赛需要的基本身体技能。大多数儿童直到六七岁才具备这种能力，不少儿童甚至更晚。相比之下，幼儿体育课程是为每个幼儿准备的。这些课程强调自我提高、参与、合作，而不是竞争。遵循这一原则，就意味着幼儿体育课程应该转向注重培养基本技能，而不是比赛和运动项目，也就是说，体育活动应该注重大肌肉锻炼，而不是大型集体比赛。

将面向成人的活动，如竞技纳入幼儿或学前运动项目，这在教育工作者中几乎得不到支持，因为他们认为这些活动是不适宜儿童发展的……简单地说，集体比赛和体操、传统舞蹈、健身等，不应出现在学前运动项目中。（Sanders，2002，p. 40）

即使是看似安全的练习，比如简单的瑜伽姿势，尽管美国儿科学会（the American Academy of Pediatrics）和美国整形外科学会（the American Academy of Orthopaedic Surgeons）没有发布官方立场，但对于 6 岁以下的儿童，家长和教师也要向医生咨询是否适合。

符合上述原则的有效的体育课程，应该为幼儿提供适当的机会，让他们在两个独立但相关的大肌肉运动领域（运动技能和运动概念）得到发展。儿童是通过练习技能来学习概念的，因此教师需要在学前儿童的体育活动中把运动技能和运动概念结合起来（Sanders，2006，p. 130）。

（一）大肌肉动作发展

1. 运动技能

第一个课程领域是幼儿真正需要发展和完善的身体运动技能（也称技能领域），它包括以下三类。

- *移动性技能*，身体在水平或垂直方向上从空间的一点移动到另一点。这是儿童首先要发展的技能，包括走、跑、单脚跳、双脚跳、快跑、滑步、跨跳、攀登、爬行、追逐和躲避。
- *平衡性技能*，身体在原地做水平或垂直方向转动，或者在重力下保持平衡。这些技能是第二步发展的，包括转身、扭动、弯曲、急停、翻滚、平衡、重心转移、跳起/下落、拉伸/延展、蜷缩、旋转、摇摆和躲闪。
- *操作性技能*，移动身体以传递或接收物体。这种技能是最后发展的，包括投掷、抓握、踢、踢球、运球、截球、用球拍击球和用长柄击球。操作性技能，比如踢球和接球，在许多运动比赛中都很重要。书写和绘画等所需的精细动作技能也是操作性技能，尽管它们的运动量比大肌肉运动技能要小。

2. 运动概念

运动概念是课程的知识部分。如果运动技能是关于身体能做什么，那么运动概念就是关于身体在哪里做、如何做以及由哪一部分肢体来做。换句话说，如果运动技能是身体的"动词"，那么运动概念就是身体的"形容词和副词"。学习这些运动概念，不仅有助于调整或充实运动技能的范围，还能增强儿童使用技能的效果（Graham，Holt/Hale，& Parker，2004）。运动概念包括以下三类（Sanders，2002，p. 91）。

- **空间意识**，身体在空间中运动的位置，包括距离、方向、高度和动作路线。
- **作用力意识**，身体在空间中运动的方式，包括时间意识（速度、节奏）、力量意识（大小、创造性、专注度）和流畅/控制意识（维度）。
- **身体（或关系）意识**，身体构建的各种关系，涉及自我关系（身体部位、作用、体形），以及与他人和环境的关系（位置）。

（二）精细动作发展

幼儿使用各种精细动作来操作材料和工具。需要这些运动类型的常见学前动作包括：造型、挤压、捅戳、平整、定位、书写、堆叠、倾倒和切割。3—5岁儿童在力气、眼手协调和耐力方面都有所提高，越来越擅长操作与年龄相适宜的材料，如剪刀、铅笔、记号笔、蜡笔、积木、拼图、细绳、珠子、钉子、锤子、螺丝刀、画笔、衣服扣件、餐具、卡扣和拧扣盖子、开关、按钮、操纵杆以及玩具上的齿轮等。学前儿童对精细动作技能越熟练、越有信心，就越渴望尝试使用新的工具和材料。

尽管取得了显著的进步，但学前儿童的精细动作能力还有身体上的限制。例如，他们的手腕不能做圆圈运动，因为手腕的软骨在6岁之前不会硬化为骨头（Berk，2008）。因此，精确地书写、绘画和切割对他们来说仍然很困难。到4岁时，他们一般习惯于用某只手，但过了这个年龄后仍会尝试使用另一只手。对成人来说，记住这些发展局限是很重要的，可避免对儿童抱有不切实际的期望。

（三）培养个人照护习惯和健康行为

幼儿喜欢照顾自己，经常专注地反复练习自助技能。他们学习端菜、吃饭、穿衣、如厕、洗手、刷牙、使用和处理纸巾等。即使有身体或其他方面缺陷的儿童，也喜欢并坚持尽可能多地自己做事情。精细动作技能的发展使儿童能够承担更多的自我照护责任。儿童学会了照顾自己后，也可能有兴趣照顾别人，包括宠物。他们可能并不总是按照成人的标准来完成任务（比如手上粘了一点颜料），但是他们的自豪感是显而易见的，成人应该接受（而不是纠正）和认可这一点。

履行日常的自我照护程序，以及作为科学探索去了解自然界（见第八章），都会让儿童意识到他们要像爱护玩具和设备一样爱惜自己的身体。他们听到并开始理解锻炼对他们有好处。学前儿童也开始意识到，有些食物比其他食物更健康。体育活动和良好的营养不仅对健康发展至关重要，而且它们之间也是密切相关的。

活动与食欲、营养状况有很大关系。活跃的儿童比不活跃的儿童需要更多的热量，这意味着他们有更好的机会获得所有必要的营养。一年四季（最好是每天）充分的体育锻炼对儿童的营养（以及发育）很重要，因为它能刺激健康的食欲，消耗热量，维护肌肉组织。（Aronson，2012，p.79）

二、身体发展与健康的教与学

美国国家运动与体育协会（2009a）为学前体育活动提供了以下建议，即学前儿童需要：

1. 每天至少 60 分钟的结构性身体活动；
2. 每天进行至少 60 分钟（最多几个小时）的非结构性身体活动。除了睡觉，每次久坐不超过 60 分钟；
3. 在教师的鼓励下发展基本动作技能，这将为儿童发展未来运动技能和参与体育活动奠定基础；
4. 有符合或高于合理的安全标准的室内和室外区域，以便进行大肌肉训练活动；
5. 负责儿童健康和福祉的照看人和父母，有责任理解体育活动的重要性，并提供结构化和非结构化的身体活动机会来提高他们的运动技能。（p.24）

发展和教育方面已有的智慧和经验支持儿童主导和教师主导的体育活动。

教师应该采用直接和间接两种教学方法。直接教学法为儿童提供教学示范，让他们模仿。间接教学法鼓励儿童探索和发现可能的运动范围。教师为儿童提供机会，使他们能够在积极探索环境的同时，在多种任务之间做出选择。教师作为推动者，要为儿童准备富有挑战的激励性环境。（Sanders，2002，p. 13）

换句话说，体育和其他内容领域一样，需要教师发挥积极、明确的指导作用。

有准备的教师可以创设合适的学习环境，使用有效的师幼互动策略，把这些建议付诸实践。无论谁来指导学习，提供合适的学习环境都是至关重要的。时间、空间和设备等一般都是儿童学习所必需的。同样，每种互动策略都可以使用儿童主导的活动和教师主导的活动，但两者的频率和强度应该根据实际的技能而有所不同。例如，示范和提供明确线索这两种策略在支持儿童主导的活动中会有作用，但它们在教师主导的活动中更为必要。同样，在这两种活动中，挑战都会使学习更有乐趣，但在教师主导的教学中，挑战更重要，它能够增加运动的可能性，促进儿童对健康问题的认识，而这些是儿童自己不太可能想到的。

（一）体育学习环境

美国国家运动与体育协会（2009a）认为，运动环境由以下要素组成：计划好的活动、班级规模、设备、游戏、设施、允许通过重复获得成功、人人参与、运动与其他学科领域融合。虽然其中几个要素在本章已提及，但其他要素需要在此强调和扩展。

首先，体育应该是一项有计划的活动，就像小组时间、点心时间或者日常活动流程中的其他环节一样。

其次，关于班级规模，"规模较大的班级更可能发生意外"（Sanders，2002，p. 24）。参加集体体育活动的儿童人数不应超过班级人数，也就是说，两个或两个以上班级不应同时共用一个体育馆或操场。最佳实践表明，在有两名教师指导的情况下，3岁儿童一组最多为18名，4岁儿童不超过20名（NAEYC，2007，Table 2）。当儿童不是说同一种语言时，要分成更小的组，这一点很重要。这种情况下，教学策略有很大一部分将涉及个体反馈，如触摸儿童，引导他们的动作，让他们坚持参与等。为了有效地做到这一点，最好把儿童分成更小的组，而不要试图向整个大组教授新的技能和动作。如果必须进行更大的分组，就分配搭档，让一名懂英语的儿童帮助指导一名英语不太流利的儿童。

再次，游戏和练习空间在发展大肌肉动作技能时尤为重要。因为体育课经常在其他地方开展，所需空间超过了普通教室的大小，如体育馆、多功能室、大走廊或户外。无论在哪里学习动作，安全都是首要考虑的问题。体育场所不应有障碍物（桌子、椅子、架子、沙水台、画架、计算机）。适合大肌肉运动的设备（铁环、球、垫子）应安装在周边，或存放在附近，方便取用。若设备安置较远，将不利于儿童和教师频繁地自由使用。

设备是另一个关键要素。"学习运动如同学习阅读、书写或理解数学和科学原理，因为每种运动都需要儿童拥有某种类型的操作技能，才能获得该内容领域的最佳技能和知识"（Sanders，2002，p. 25）。在购买运动设备时，要考虑设备的大小、可用性和数量。设备应符合儿童的尺寸，满足儿童的特殊需求。设备数量要充足，使每个儿童不用排队等待就能参与运动。这意味着，班上如果有12个儿童要投掷，就要有12个可投掷的物体（球、小布袋）。不是每个儿童都需要相同的物品，只要有适合每个儿童使用的物品就行。另一个方法是多设置一些活动场所，这样每种物品需要的数量就可少一些。也请记住的是，室外设备不必只局限于永久性结构。开放性材料，即"可单独使用或与其他材料一起使用的、未设定专门用途的材料"（Neill，2013，p. 1），也可用于大运动量的体育活动，促进大肌肉动作的发展。它包括天然材料（如石头、树桩、原木、树叶、水、泥土）和人造材料（如牛奶板条箱、水槽、绳索、交通路标、铁环）。

最后，"积极参与"这一原则至关重要，它是体育课程和体育比赛之间的显著区别。体育课程的目标不是取胜,而是让儿童"体验运动的快乐和满足感……以及培养儿童对身体活动、自我和体形以及身体技能的积极态度"(Sanders,2006,p. 127)。所以,"鸭子、鸭子、鹅"、听音乐抢椅子、"西蒙说[1](Simon Says)"这样的淘汰性游戏是不明智的选择,因为游戏者大部分时间都是坐着或站着,而且这些游戏把一些儿童排除在外,不能同时参与。但是教师可以将这些游戏改编成没有输赢的游戏(比如在每一轮后,所有儿童可以继续参加游戏)。此外,比赛会使获胜者以外的所有人感到灰心和沮丧,因此不适合幼儿。相反,教师应该精心选择活动,关注时间安排、空间和设备等问题,确保每个儿童都积极参与并体验到80%的成功。

(二)体育互动策略

"成人的适当鼓励和支持,不仅能使幼儿学会运动,而且能保证他们的许多运动想法和经验得以成功实现"(Weikart,2000,p. 28)。以下互动策略能够促进幼儿学习各种类型的运动。

- 为幼儿探索各种运动提供材料、空间和时间,推动幼儿探索。运动感觉带来的反馈将帮助他们发现自己的身体能够做什么,并做出适当调整。
- 教师可以示范一种技能,向儿童演示如何使用身体或借助设备完成一个动作目标。这种示范对于不善于理解口头指导、语言能力有限或双语学习的儿童特别有用。示范的目的不是让儿童精确地模仿教师或能力更强的同伴的动作,而是帮助他们掌握动作概念,然后自己实践。教师还应该利用示范来防止或纠正儿童的错误,描述和示范正确的动作,如单脚跳、双脚跳等。

    应当注意儿童的常见错误,即使简单的动作,比如行走(踮着脚走)、立定跳(膝盖伸直跳跃,只有前脚掌着地)等,也要注意。动作技能的错误和发展滞后不会自行消失。(Rae Pica,2004,私人交流所得)

---

[1] 让儿童听指令做动作的游戏。——译者注

因此，教师或其他专业人士（如体育专家、职业治疗师）、家长应该做好干预准备。

- 运用描述性语言。描述运动有双重目的。一是让儿童意识到自己在做什么，从而关注自己的身体和神经、肌肉的反馈；二是扩大他们的词汇量。一旦儿童从教师那里听到关于运动的词汇，他们就不仅仅是在体育课上使用"上""下""快""慢""直""弯"等词汇，还会把这些概念运用到读写、数学和其他内容领域。运动意识和语言技能也有助于儿童以后的学习，他们可以结合这两种技能来应对新的挑战。例如，当教师说（在两个方向之间暂停）"向前迈一步，身体前倾，双臂伸向两侧"时，儿童就学会了这些身体技能，理解了这些词汇的含义，从而完成投掷或平衡动作。

- 儿童在练习和完善一项新技能时，教师可以提供一点关键信息（提示），帮助他们更快、更准确地学习。适时的提示也可以防止形成坏习惯（体育教师认为这一点同样适用于其他课程领域）。提示有三种形式（Weikart，2020）：口头的、视觉的（演示）和手把手指导的。口头提示，比如告诉儿童"把手放在身体前方接球"。视觉提示可以代替或补充口头提示，如儿童扔小布袋时，教师指着自己的眼睛提醒儿童看准目标。手把手指导，教师可以在儿童的许可下，轻轻地将儿童的身体移动到一个更有效的位置，比如将儿童抱到平衡木的中间。有经验的教师知道哪种形式最适合儿童个体、技能和情境，从而提供个性化的提示。

- 设置技能方面的挑战。挑战是"由教师设置的可测量的（或更有趣的）任务或活动。为了使任务能够测量，教师激励儿童以不同的方式完成任务"（Sanders，2002，p. 55）。例如，教师可以说："我想知道，你能用多少种方法拍球？""你能从这里跳到墙那里，然后再跳回来吗？"挑战可以增加儿童的兴趣和乐趣，并鼓励他们较长时间地专注于一项任务。挑战也能促进他们的运动能力发展，帮助他们将技能运用到其他情境中。

- 让儿童来领导体育活动。作为领导者，儿童可能会提出口头建议或演示一个动作，让全班模仿。担任领导者能培养儿童的自信和独立性，也使他们更能理解运动名称和动作，因为他们需要将这些告诉别人。大多数儿童都想成为领导者，但教师不能强迫他们，要让他们自愿。你可能会发现，有的儿童在小组中通常不敢大声说话，但自愿担任领导者后，却落落大方。即使是不善言谈或双语学习的儿童，也能领导体育活动。

（三）增强个人照护习惯与健康行为

饮食和身体运动模式在儿童很小的时候就已经确立。因此，早期教育在帮助儿童培养健康习惯方面发挥着重要作用。幼儿的胃很小，所以最好在一天中多吃几顿饭和加餐。喝水也很重要。饮食多样化是健康营养的另一个方面，让儿童体验不同的味道、口感和气味。同样，要培养良好的锻炼习惯，让儿童喜欢多种多样的大肌肉运动活动，并让锻炼成为日常生活的一部分。教师与儿童一起积极活动，而不是袖手旁观时，儿童会得到这样的信息：积极的生活方式对成人来说也是非常重要的。最后，饮食和锻炼具有重要的社会意义。

在愉快放松的环境中，吃饭会培养儿童对食物的积极态度。在教室内以家庭的方式用餐和吃点心，教师和儿童围着食物走来走去，自己上菜，边吃边聊，就能培养儿童这种积极的态度。一起做非竞争性的体育活动，对教师和儿童来说也很有趣，能够在班级里建立一种集体意识。

三、使学习经验符合学习目标

以下内容将探讨运动技能（大肌肉动作技能和精细动作技能）、运动概念以及个人照护习惯和健康行为的发展。每节又分成主要通过儿童主导的学习经验获得的技能和概念，或者通过教师主导的学习经验获得的技能和概念。请记住，与所有发展领域一样，这种划分并不是一成不变的。

（一）运动技能

与本书的其他内容领域相比，运动技能的学习（包括大肌肉动作和精细动作）更难归因于儿童主导的学习经验还是教师主导的学习经验。因为许多运动技能都是自发产生的，至少在初级阶段是这样，所以人们认为（如本章开头所述）成人的干预是不必要的。然而，更困难或更复杂的动作，以及需要眼手协调或肌肉和感官协调的动作，需要一定的指导和完善。此外，在成人的直接干预下，儿童更有可能习得正确的运动技能（如安全、无身体压力、运动效率与准确性最高）。然而，在本章列出的更复杂的需要成人指导的技能中，儿童更容易出错（因此可能更需要或受益于成人的帮助）。将运动技能归为儿童主导还是教师主导的学习经验，其背后的分类基础是独立学习和辅助学习的相对重要性。

例如，移动性技能通常是自行发展的，只要教师提供探索和发现的机会，儿童就会自发地练习和提高这种技能。同样，儿童也可能独立学习许多平衡性技能。但是，有一些移动性技能和平衡性技能需要儿童在成人的干预下才能达到更加熟练，最终将这两种技能结合并应用到比赛和运动中。另一方面，操作性技能中似乎只有几项是主要通过儿童主导的学习经验获得的，而且只有在儿童有了适当的设备和支持的情况下才能获得，因此操作性技能比其他两项运动技能更依赖教师主导的学习经验。

一项技能是通过哪一种学习经验获得的，目前是依靠经验来确定的。也就是说，主要依靠体育工作者的观察和系统研究。随着有准备的教师这一概念在身体发展领域占据一席之地，以及理论和研究工作越来越多，对于每种技能构成要素的更高层次的解释应该会逐渐出现。

1. 特别适合采用儿童主导的学习的方面

（1）移动性技能：爬行、走、跑、攀爬

儿童似乎主要通过探索和发现来学习这四种移动性技能。虽然成人通常认为，"走"是自然而然发生的，但它实际上需要相当大的平衡感和力量（Weikart，2000）。"跑"的速度更快，而且与地面的接触是不连续的，所以比走更需要力量和平衡。幼儿通常 1 岁左右开始走路，但要到 2 岁左右才开始会跑。攀爬结合了爬行和走的技能，涉及手臂和腿的力量，通常也需要意志力，学步儿的父母或教师可以证明这一点！学前儿童在跑步时会变得越来越协调，在攀爬时也能够更好地保持平衡。

教学策略。幼儿对掌握基本的移动性技能有很高的积极性。一个很简单的原因是他们喜欢活动。然而，教师在创设体育环境，支持运动探索方面，起着重要作用。教师的态度也很重要，他们能够帮助儿童克服恐惧心理、分享发现的乐趣，包括认可身体有特殊需求的儿童为实现自己的运动意图而做出的改变。为了提供更多的支持，教师可以运用以下策略。

- 提供充足的空间和时间。购买或制作合适的设备，如坡道、桥梁和操场攀爬物，以及教师和儿童可以用来搭建建筑物的大型积木。
- 促进儿童对移动性技能的自由探索和实践。接受并尊重儿童的创意和创造。提出有趣或新颖的建议，鼓励儿童采取新的活动方式，例如，说"想象你们是在地上蹦蹦跳跳的松鼠"或"你们假装是……"，或者在小组活动时选择一本大家都喜欢的包含多种动作的故事书（或编一个动作故事），在你读或讲故事的时候，让儿童模仿故事中角色的动作。留出时间，让儿童模仿动作，然后总结一下，再继续讲述。
- 示范移动性动作，鼓励儿童模仿（但不要求精确模仿）。例如，演示用膝盖和前臂（不是手）爬行的动作，然后说"我们都围着桌子爬吧"。
- 根据需要提供特别提示，帮助儿童提高运动质量。例如，"走"的提示有"抬头""看着你要去的地方"和"摆动手臂"。
- 鼓励儿童练习和扩展动作，比如说"你怎么能更快地走到水槽那里？""你还能……"或者"谁还有不同的方法……"
- 使用基本的移动性技能改善儿童在其他领域的学习。例如，如果儿童在小组时间探索短绳和长绳，就鼓励他们在户外时间跨出大小不一的步伐。"停止"和"开始"是时间概念，但也可以与运动相结合，例如，在一段音乐开始和停止时，让儿童随音乐开始和停止。

（2）平衡性技能：转身、扭动、弯曲、伸直、蜷缩、伸展、摆动、摇动、推、拉、起立、坐下、躲闪、停止。

　　这些平衡性技能似乎主要是通过探索和发现获得的。儿童通常在原地站立时运用这些技能。例如：身体旋转360°；扭转是部分旋转，先朝一个方向旋转，然后回到起点，再朝另一个方向旋转；弯曲是围绕身体某一支点的运动，如手腕、膝盖、肘部或腰部（不鼓励颈部的弯曲，以免压迫脊柱）；摆动指的是来回晃动悬吊的身体部分（如腿或手臂）；摇动指的是前后或左右转动身体（也称为晃动，特别是动作重复、僵硬时）；躲闪和停止是两个平衡性动作，可能与儿童行走有关（例如，躲在树后或跑步中突然停下），但也不一定与行走相关（例如，急速低头或中途停止扭转）。尽管这些平衡性技能中的任何一项，儿童都可以单独练习，但他们通常是以小组的形式练习，比如随着音乐一起摇摆。

　　教学策略。教师可以根据幼儿的自发动作，创造各种游戏和挑战，进一步发展他们基本的平衡性技能。这些活动多为集体性的，每个儿童可以坐在小地毯、小垫子上，或者坐在户外柔软的地面上进行活动。假装游戏也为儿童提供了展示平衡性技能的机会，如模仿动物或故事中人物的动作。教师可以运用以下策略。

- 购买或制作适合练习平衡性技能的设备，如坡道、平衡木、低矮的立板、推拉玩具、摇摆玩具、秋千和带轮子的车辆。上网搜索专为有各种特殊需求的儿童设计的设备，让他们练习或适应这些运动技能。
- 对某些特定的平衡性技能给予提示。如有关"弯曲"的提示包括"伸腿""伸出手臂"和"慢慢弯腰以保持平衡"等。"停止"的提示包括"留出足够时间""逐渐放慢速度"和"稍微向后倾斜"等。
- 向儿童演示平衡性技能，并同他们一起练习。例如，教师弯曲和伸直不同的身体部位，边做边描述。让儿童和你一起做。让他们选择弯曲和伸直的身体部位。一起练习蜷缩和伸展手指、脚趾。在熟悉的情境中探索"蜷缩"和"伸展"这两个词的意义。例如，让儿童假装成从熟睡中醒来的小猫，或者让他们蜷缩着假装睡觉，然后用闹铃声叫醒他们。他们也可以轮流发出醒来的声音。
- 鼓励儿童练习和扩展动作，比如"谁能够只伸展身体的一侧？"或者"告诉我躺在地板上怎么伸展双腿"。
- 让一名儿童带领小组进行探索平衡性技能的活动（比如摆动），让他选择要摆动的身体部位和摆动方式。鼓励他在表演前先描述动作。教师提供一些表示身体部位和动作的词汇。

（3）操作性技能：投掷、踢

儿童通常会自己发现这两种技能。"投掷"相对简单，儿童会本能地进行垂手、举手或向一侧伸手等动作。"踢"发展较晚，因为儿童对下半身的控制通常落后于对上半身的控制。最初，他们通常从固定的位置沿着地面以向侧面推的方式来踢。之后，他们会前进一两步接近目标，脚向上摆动，获得踢的动力和高度。

教学策略。儿童天生会投掷和踢东西，并对这些动作的效果很好奇。他们也可能模仿哥哥姐姐或运动员的动作。虽然一开始的能力是初级的，但看到练习带来的进步，他们会非常高兴。教师可通过以下策略鼓励儿童的这种实践。

- 在选择时间、小组活动和户外活动时，为儿童提供适当的设备和材料，用于投掷和踢。设备的尺寸应适合儿童，并满足儿童广泛的兴趣和能力，如软球、豆袋、气球、飞盘。儿童也可以踢地上的木棒和石子等。
- 对某些特定的操作性技能给予提示。有关投掷的提示包括"看准目标""手臂尽量后甩"和"向前迈一步，脚和投掷的手臂方向相反"。有关踢的提示包括"脚向后""用脚背踢"和"踢完后站稳"。
- 鼓励儿童练习和探索操作性技能。例如，他们可以垂手扔布袋，也可以高举手臂扔；可以用脚趾（鞋子要结实）踢球，也可以用脚侧面踢球。鼓励他们同时运用左右腿和左右手。在儿童掌握基本动作后，为他们提供投掷或踢的靶子，如铁环、篮子、碗、盒子或靶板。从大、近、矮的靶子开始，逐渐换成小、远、高的靶子，也逐渐从固定靶换成移动靶。

- 鼓励儿童拓展和变换技能，例如，说"试着把球扔得更远"或"我想知道你怎样用别的方式踢球"。
- 利用儿童对投掷和踢的兴趣来探索运动概念。例如，鼓励他们扔布袋时，向上扔、向下扔、靠近或远离靶子扔、伸直手臂或弯曲手臂扔。同时鼓励他们找到其他方法，并使用表示位置和距离的词汇。

（4）精细动作技能和眼手协调能力：抓、捏、撕

精细动作技能需要眼手协调。学前儿童自己发展的典型技能包括抓、捏、撕。他们用各种材料练习这些动作，比如小物体（动物与人形玩具、食物）、黏土、橡皮泥、拼贴材料和不同类型的纸。起初，幼儿掌握精细动作技能是因为自己喜欢。之后，随着他们搭建结构、创作艺术品、参与假装游戏和进行自助任务，他们就运用这些技能来实现自己的意图。

教学策略。空间、时间和材料对于精细动作技能的发展，与对于大肌肉动作技能的发展一样，都很重要。以下策略将支持儿童练习、掌握和运用各种精细动作技能。

- 为儿童提供安静、安全的空间，以练习精细动作技能。
- 为了让幼儿专注于眼手协调的任务，没有视觉或听觉干扰的空间会效果更好。适合儿童高度、平坦整洁的桌子，便于儿童玩小玩具、书写、绘画等。在地板、画架、钉在墙上的纸、户外人行道、沙水桌、花园、菜园、挖掘区，以及许多其他这种地方，学前儿童都可以舒适地使用各种有趣的材料和工具，锻炼精细动作技能和手眼协调能力。
- 提供发展精细动作使用的各种材料、工具和设备，如美术材料、书写工具、服装、家用器具、积木和其他建筑玩具和工具、拼图、堆叠和嵌套玩具、珠子以及可以拆装的物品。虽然有些物品最好通过商业途径购置（例如，购买一套物有所值的好积木），但其他物品可以以最低的成本来制作或收集。家庭和当地企业经常愿意捐赠物品。
- 整天都要给儿童时间锻炼他们的小肌肉。例如：儿童入园后，在和教

师一起阅读的时候可以翻动书页；在选择时间，儿童可以画画、拼拼图、戴上护目镜把钉子或高尔夫球座钉进木头、纸板盒或橡皮泥里；在点心时间，他们可以使用餐具；在户外，他们可以往沙箱里倒东西，或者分拣一些小东西，比如落叶或石子。一天中的任何时候几乎都是儿童发展精细动作技能的机会。

2. 特别适合采用教师主导的学习的方面

（1）移动性技能：单脚跳、快速跑、滑步、爬行、齐步走、踏步走、跳、追逐、躲闪、双脚连续跳

踏步走是指重重地走。单脚跳通常指用一只脚跳（双脚跳也称跳跃）。快速跑指运动时重心不均匀地转换，前脚带动重量，后脚跟上。滑步和走类似，但不抬脚。爬行是整个身体贴在地面爬。追逐和躲闪是有目的的奔跑，使用认知和运动策略来赶上或避开对方。双脚连续跳是最难的移动性技能，它需要两条腿有良好的协调能力。

教学策略。儿童一旦通过自己主导的学习经验掌握了基本的移动性技能，就可以探索无数种变化。然而，儿童自己可能不会创造或有机会遇到更复杂的运动。以下教师干预策略可以帮助儿童打开运动的世界。

- 对某些特定的移动性技能给予提示。有关双脚连续跳的提示包括"抬膝"和"移步，向上跳，一只脚落地，然后另一只脚落地"。有关快速跑的提示包括"每次用同一只脚向前跑"和"开始的一步要迈大步"。教师也可以强调移动性动作的节奏，比如在奔跑中喊"嗒嗒，嗒嗒，嗒嗒……"

- 发起运动挑战，鼓励儿童创造动作。提供移动性动作的靶子或目标，例如，说"我们快速跑到栅栏那里"或"单脚跳到衣架那里去准备户外活动"。让儿童设定目标。为移动性动作设置时间和数量上的挑战，或要求儿童提出挑战，例如，"在音乐停止前，从这里到书架，你能双脚跳几个来回"或者"让我们看看你绕着圆圈双脚跳能有多快"。对于偏向身体一侧的活动，如单脚跳或快速跑，鼓励儿童先练习一只脚，

教师主导还是儿童主导？

再练习另一只脚。创造机会让儿童穿过设有障碍的空间，例如：

在"穿越树林"（Sanders，2002，p. 22）活动中，儿童假装穿越树林旅行，绕着代表树木的泡沫桩、锥形物和大汽水瓶行走。儿童首先摆放物体进行"植树"（教师可能需要将一些"树"分散开），然后练习不同的移动性技能，比如在"树林"中行走、双脚跳、单脚跳。

对行动不便或有视力障碍的儿童来说，可以用其他方法，比如在音乐停止之前，他们可以在两个点之间用轮椅来回多次，或者使用触觉反馈在狭窄的空间中穿行。

- 为儿童提供空间、时间和设备来练习这些移动性技能。除购买标准的操场设备（滑梯、秋千、攀爬架）外，还可以利用家具或回收物品（如空纸箱或旧轮胎）来增加运动机会。

（2）平衡性技能：转移重心、保持平衡、跳/着地、翻滚

教师的指导可以拓展儿童主要凭自己的学习经验而学到的平衡性技能，并使他们的肌肉控制和协调能力不断增强。转移重心是指转移人体的重心，这是一种控制性运动，在许多活动中是必不可少的。保持平衡意味着身体的重量在一条垂直轴的两边平均分布。"对幼儿来说，保持平衡只是意味着不摔倒。这一点在身体技能发展中至关重要"（Sanders，2002，p. 40）。翻滚是指身体的其他部分以身体的某个部分为中轴进行转动，儿童可以像木头一样翻滚，也可以向前、向后翻滚。

教学策略。平衡性这一身体控制能力，是许多运动的基础。因此，教师帮助儿童掌握这些基本技能，对于儿童的终身体育能力尤为重要。教师可以运用以下策略。

- 购买或制作练习平衡性技能的设备，比如练习翻滚的带坡度的垫子、练习平衡的平衡木或粘在地上的胶带、练习立定跳的绳子。例如，沿着地板铺两条带子或绳子，开始的一端互相靠近，然后越铺距离越分开。让儿童从两条绳子上跳过，从窄端开始，逐步移向变宽的那一端。

儿童可以提出跳过绳子的其他方法，比如侧向跳。
- 发起平衡性挑战，鼓励儿童自己发明。例如，说"翻滚时双腿紧紧并拢"（必要时进行演示）或"谁能朝这个方向翻滚？朝那个方向翻滚？在一个圆圈内翻滚？"。建议在地板上或低矮的平衡木上保持平衡，比如把一条腿抬到不同高度。让儿童提出其他动作。同样，为行动不便的儿童提供其他方法探索稳定性，鼓励他们提出自己的想法（比如用助行器穿过低矮的宽木板、拄着拐杖转移重心）。让没有身体障碍的儿童也尝试一下不同的情况。

用旧轮胎练习技能

回收物品为幼儿提供了许多富有创造性的机会，让他们练习齐步走、单脚跳、双脚跳和跨跳（给儿童使用之前，确保所有材料都是干净和安全的）。

修理厂经常会丢弃旧轮胎。尽量让每个儿童或每两个儿童拥有一个轮胎，但是一定要有足够数量的轮胎摆成一条直线或"之"字形（如果没有轮胎，也可以用呼啦圈练习所有的移动性技能）。给每个儿童或每两个儿童一个轮胎，提出以下移动性和平衡性挑战：

"绕着轮胎单脚跳、齐步走、双脚跳、快速跑或滑步。"（移动性技能）

"两两一组，围着轮胎追逐。"（移动性技能；发出开始或停止的信号）

"跳到轮胎中间，然后跳出来。"（移动性技能）

"站在轮胎的边缘。"（平衡性技能）

"像青蛙一样蜷缩在轮胎里，然后跳出来。"（移动性技能；平衡性技能）

"像鸭子一样绕着轮胎摇摇摆摆地走。"（移动性技能）

把轮胎摆成直线或"之"字形，并提出以下移动性技能挑战：

"从一个轮胎中间齐步走或单脚跳到另一个轮胎中间。"

"沿着一边走或齐步走、单脚跳、跑或快速跑过来，再沿着另一边回去。"

"绕着轮胎边缘按照'之'字形走或齐步走、单脚跳、跑或快速跑。"

"从第一个轮胎滑步或爬行到下一个轮胎。这样一直走到头，然后回来。"

- 根据儿童的兴趣和想象力发展稳定性技能。设计一个平衡步道，摆上有趣的物品，让儿童在步道上面站立或行走。随着他们能力的增强，逐渐增添难度更大的物品。例如，一开始在地板上铺宽木板或贴胶带作为步道，之后加入弯曲的绳索和低矮的平衡木。也可以在小组内创作和表演故事，比如说"我们在寻找宝藏，所有人都上船。哦！我能感觉到大浪在摇动着小船"。儿童被海浪来回"摇晃"时，暂停一下。鼓励儿童想象他们的平衡性受到挑战的场景，比如在波浪翻滚起伏的海面上保持平衡，跳上陆地或跳回小船，或者在水中逃离"鲨鱼"的追赶。

- 对某些特定平衡性技能练习给予提示。有关像圆木一样滚动的提示包括"保持双腿并拢"和"手臂放在身体两侧或头顶上方"。有关转移重心的提示包括"保持动作平稳"和"不要向一个方向倾斜太多"。有关保持平衡的提示包括"头部和身体保持不动"和"手臂伸开"。有关跳或着地的提示包括"先下蹲再起跳"和"双脚同时着地，两腿分开"。练习跳或着地应该从安全的地方开始，比如低台阶、路缘或箱子。如果儿童愿意，教师可以握住他们的手，和他们一起跳或着地。

（3）操作性技能：抓/接、运球、传球、凌空击球、用球拍击球、用长柄工具击球

抓/接（有时被称为防守）很难，因为它涉及视觉跟踪和运动协调。儿童可能会被飞来的物体吓一跳，闭上眼睛或站着不动。运球包括反复地用手拍或用脚踢，将球向前运送，自己在球的后面。儿童天生就会用脚带球（比如沿着小路踢石子），之后才会用手运球。传球包括用手或脚来回传送球。

教学策略。这些基本操作技能的发展，对儿童以后参加体育项目或比赛至关重要。有些技能（如投掷、抓、传球）需要与他人互动，因而他们对技能的掌握也打开了一个社会交往的世界。教师可以运用以下策略支持儿童的操作性技能。

- 提供用手、脚练习操作性技能的设备和材料。例如，儿童可以用发射

板练习接球，方法是在发射板的一端（较低端）放个小豆袋，然后站在另一端（较高端），使劲跺脚，让小豆袋飞起来。他们也可以两人一组玩这个游戏。一开始用于抓、传和拍打的物体应该质地柔软，在空中飞行慢，如围巾、小豆袋和超大号球。站立有困难的儿童可以坐着练习这些技能。让残疾儿童和非残疾儿童配对练习。

- 对某些特定操作性技能练习给予提示。例如，有关接住滚过来或投掷过来的球的提示包括"看着球""跑向球的位置"和"迎着球抱住"。有关用球拍击球的提示包括"把球拍平的一面对准球""手腕保持不动"和"挥杆时挥到底"。

- 将操作技能融入日常活动安排的各个环节。例如，将"抓"融入过渡环节中，比如说"我要把小豆袋扔给穿红衬衫的小朋友，他接住后就可以去小桌子那边"。在集体活动中，让儿童搭档练习接球、传球或用球拍来回拍打。鼓励他们提出建议，例如高接球、低接球、面对面站着或并排站着接球。

- 按顺序培养儿童的技能。例如，儿童首先用手拍打或击打静止的物体（如放在桌子上的气球或球座），然后再击打悬挂在绳子上的物体。接下来是打或踢在面前落下来的物体，最后是接扔过来的物体。开始练习时使用的工具要大而平（如球拍），最后才使用长柄工具（如适合儿童用的球棒或高尔夫球杆，其材质要安全，比如塑料材质而非木头），因为长柄工具不仅涉及身体动作，还需要估算距离。

（4）精细动作技能和眼手协调能力：切割、折叠、书写

一些精细动作，如切割、折叠和书写，需要更好的眼手协调能力和对小肌肉的精确运用。虽然儿童非常渴望掌握这些能力，但他们很可能需要成人的指导和鼓励，尤其是在他们因努力无果而感到困惑或沮丧的时候。在同伴展示这些技能时，儿童也可以从中学习（见第四章）。成人引导儿童相互帮助时，提供帮助者会更多地思考相关的步骤，而受助者学到一种技能后，会再把这种技能教给别人。最后，要为有特殊需求的儿童提供辅助设备（如放大

镜、大的或易握的书写工具）。年龄较小的学前儿童在发展这些技能时，也会发现这些辅助工具很有用。

教学策略。掌握复杂的精细动作技能，需要儿童能够接触到各种有趣、具有一定挑战性的材料和经验。为教室配置设备和为儿童创造锻炼小肌肉的机会时，教师可以考虑以下建议。

- 提供一系列相似物品，但大小和形状不同，这样儿童在发展精细动作技能时会有成就感。例如：德宝和乐高积木、1-3块的球形拼图、不同数量和大小的拼版玩具、带有大小不同的孔的钉板（和相应的钉）、大小不同的串珠、不同大小的人物和动物模型、手柄粗细不同的画笔、粗细不同的蜡笔和记号笔，以及带有不同类型束腰带的玩偶服装。鼓励儿童从最简单的材料开始，逐渐尝试更具挑战性的材料（尺寸较大、颜色较亮、带有橡胶把手的材料，对于运动或感官有问题的儿童非常有用）。

- 在提供促进精细动作技能的材料时，要迎合儿童的不同兴趣。在每个区角提供需要使用小肌肉的各种材料，如剪刀（艺术区）、细棒（积木区）、杂志（图书区）、人形小玩具（玩具区）、打蛋器（娃娃家）、测量勺（沙水桌）和粉笔（室外操场）。

- 在设计锻炼儿童小肌肉的集体和小组活动时，要迎合儿童的不同兴趣。变换这些活动的材料和内容，让儿童手眼并用，进行制作、构建、转换、探究因果关系以及表征（书写、绘画、雕刻）。在一天的其他时间，也要加入促进精细动作技能的材料和活动，例如，儿童到园时把外套挂在钩子上，把名字写到签到表上，滑动或拨动拨号盘表示过渡环节，填充或清空玩具以便在户外使用，以及使用小器具在吃饭时盛装食物。

（二）运动概念

在婴儿期，儿童就开始区分自己占据的空间和他人占据的空间。随着运动技能的发展，他们对自己身体的运动方式和速度有了初步的认识。幼儿通过自身的探索和反馈发展了多方面的身体意识，如身体部位和体形，特别是在成人提供相应的名称时（见第七章）。学前儿童对自己的身体感兴趣，所以通常乐于学习身体方面的词汇。双语学习者和英语为母语的儿童都是这样（建议家长提供母语中相应的词汇，因为机器翻译经常不准确，不能使用）。和其他词汇一样，身体各部位的名称、儿童用身体创造的形状以及其他概念，都需要成人直接的指导或对话，儿童才能学会（见第六章）。

虽然儿童一开始的实验和观察是理解运动概念的基础，但大多数运动概念似乎是通过成人的干预而习得的。例如：用小棍敲鼓是探索猛烈和柔和（力量）；爬楼梯是体验高和低（空间意识）；观察鸟儿在头顶的天空飞翔，鱼儿在脚下的池塘游动，是体验位置意识（身体意识或关系意识）。即使对于这样的基本概念，成人指导也是必不可少的，它可以帮助儿童认识、命名和运用所学的东西。

1. 特别适合采用儿童主导的学习的方面

（1）空间意识：自我空间、共享空间

儿童主要通过自我探索了解自己所占据的空间，以及他们与别人、其他物体共享的空间。在婴儿期，儿童将自己和照看者视为一个整体。他们最早发展的对空间的理解，就是把自己单独占据的空间和与他人共享的空间区分开。学前儿童早就掌握了这一基本概念，但他们还在继续探索自己和他人之间的界限，尤其是在尝试自己尚未完全掌握的动作时。

教学策略。幼儿从自己（以自我为中心）的角度看世界，自然会测试自己身体的界限。教师可以为他们提供有限的空间和开阔的空间来促进这种探索。大型集体活动需要开放的大空间，这样儿童在练习动作时就不太可能撞到别人或物体。有些活动最好在户外完成，有些则在整洁的室内空间进行效果才会更好。例如，用于圆圈时间或音乐活动时间的区域要适宜，尽量减少有尖锐边缘的物体，地面要柔软（如铺地毯），这样幼儿发生碰撞时就不会受伤。

培养儿童对个人空间的意识必然意味着也要关注他人占据的空间。因此，身体发展的这一领域既包括个人方面，又包括社会方面。以下是一些教学策略。

- 逐步引入有关自我空间和共享空间的活动。首先在集体活动中，让儿童待在自己的位置做摇摆或弯腰等动作。教师可提供视觉标记，比如用方形地毯或者地板上的胶带帮助一些儿童待在自己的位置。
- 让儿童跨越空间。让儿童分两列站在房间两边，说"现在，看看你们是否可以不碰任何人或任何东西就能站到另一边去"。从儿童已经掌握的简单的移动性动作（如爬行或走）开始，逐步进行到更高级的动作（如踏步、双脚跳）。鼓励行动不便的儿童发明其他方式穿过空间，并要求他们的同伴提供（并尝试）其他建议。
- 提供机会让儿童发现自己的身体界限。例如，让他们穿越狭窄或宽阔的空间，或者高低不平的空间。利用现有空间，或者利用家具、纸箱、盖着薄布的桌椅、豆袋座椅、呼啦圈等创造新的空间。或者，鼓励儿童在呼啦圈内做出越来越难的动作。从几乎不需要平衡的动作（如举起手臂）开始，逐渐增加难度，直到需要更多控制和稳定性的动作（如抬起一条腿）。鼓励儿童想出新的动作。
- 让每名儿童选择一个搭档，两人同在一个呼啦圈内表演动作。这项活动也为儿童提供了一个参与解决社交问题的好机会，比如就如何避免伤害对方的行为规则达成一致。

（2）作用力意识：时间（速度）

儿童在探索和发现中获得的作用力意识，主要就是速度这个时间概念（另一个时间概念是节奏，本章将在后面教师主导的学习经验中对其另行讨论）。对学前儿童来说，速度概念包括慢速、中速、快速，以及加速（越来越快）和减速（越来越慢）。

教学策略。儿童喜欢玩速度方面的游戏——越快越好。他们挑战自己和他人，要么跑得更快，要么跑得最快。然而，儿童也喜欢慢动作，有时尤其喜欢夸张（"非常……非常……慢……慢……慢！"）。教师有多种选择来支持儿童对运动速度的自然迷恋。

- 让儿童注意移动的物体，并评论它们的速度。让儿童模仿观察到的快、慢动作。描述各种活动的速度，比如说"那些饼干烤得真慢，我都饿了"或"杰米水龙头里的水比尼古拉的流得快，杰米的桶会很快装满"。评论自然界中生物和事件的速度，比如动物行走、白云飘移、种子发芽、树叶落下的速度。指出物体相对于环境的速度，如快速飞行的飞机、慢速行驶的货车。
- 让儿童说出慢速、快速或中速运动的物体，并演示相应的动作。然后，教师模仿儿童的动作，并问："我做得太快了还是太慢了？"按照他们的建议，放慢或加快动作。
- 设计速度不同的游戏或过渡环节的活动。例如，问一个儿童："你能像乌龟那样慢地走到饭桌前吗？"或者对小组成员说："看看我们整理好之后到室外，能有多快吧。"围巾非常适合被用于观察和实验慢速运动，如下例所示：

  几个儿童对从攀爬架上往下丢围巾非常感兴趣，并且对围巾这么慢地飘落到地面感到非常惊讶。一个儿童说："它用了很长时间才落到地上。"这个观察结果促使儿童在集体活动时进行了"缓慢下落的围巾"实验。他们在这项活动中表现出的对缓慢移动的理解和耐心，是他们以前从未展现过的能力。

（3）身体意识：自我意识（对身体部位、体形等的意识）

从最基本的意义上说，身体意识是我们每个人与自己身体之间的关系。儿童逐渐明白他们的身体是由不同的部分组成的，也就是说，他们知道附着在肩膀上的是手臂，手臂的末端是手，手的末端是手指。

这些单独的身体部分有各种各样的形状，就像整个身体与周围世界的关系是多样化的一样（包括运动关系概念，比如在某物的上面还是下面运动）。学前儿童可以用身体创造的形状，或者在较少的成人干预下能够理解的形状（或特征），包括圆、直、高、长、短、小、大。稍加指导，他们就能掌握以下概念：窄、宽、拉伸、扭曲、正方形、矩形、三角形、菱形、薄、厚、尖、椭圆形、扁平、有角、弯曲、卷曲、钩形、尖锐、光滑、微小、巨大、瘦。他们也能够实验和体验"相似"和"不同"这样的概念（见第八章和第九章）。

教学策略。教师可以利用幼儿对自己身体的好奇，提供许多自然的机会来支持他们学习运动关系概念。

- 在自然交谈中提到儿童身体部位的名称。例如，"特里斯坦，我看到你头上戴了一顶新的红帽子"或者"莱拉，你能给伊恩展示一下怎么把脚转向一边踢球吗？"指出身体部位的改变会引起身体外形的改变，例如，"我坐在这把椅子上，把大腿放平，你可以趴在上面，我们一起读书。"

- 利用艺术来增强儿童的身体意识。阅读有关身体部位的图书，讲述有关身体部位的故事。唱一些有关身体部位动作的歌曲，如《扭动起来》（I Got a Wiggle）。在你唱《变戏法》（Hokey Pokey）的时候，鼓励儿童说出一个身体部位的名字，然后伸进或伸出。使用各种发声器，让儿童用身体部位发声。例如：通过扭动发出"叮当"声，突然起立发出"咣"声，点头发出"嘀嗒"声。描述声音，认可儿童对声音的命名，并教授一些额外的词汇。

- 提出运动方面的挑战和问题，增强儿童的身体意识。这种问题解决方法比展示或讲述更有效。

    教师向儿童提出挑战，比如"让我看看你手臂能弯到什么样"。很可能没有两个答案是一样的。发散思维是创造性所需的认知技能之一，而问题解决型的挑战有多种解决方案，从而增强这种思维。此外，当教师确认收到了不同解决方案时，儿童就会意识到，找到自己的解决方案且不必相互竞争，这样很好。他们由此将信心倍增，继续进行更具有创造性的冒险。（Pica，2009，pp. 60–61）

2. 特别适合采用教师主导的学习的方面

（1）空间意识：高度、方位、动作路线

高度是指身体或身体某一部分在空间中的位置，即高、中、低。方位概念包括上/下、前/后、旁边、侧面（也包括左/右、顺时针/逆时针，但大多数儿童还不能理解这些概念）。动作路线是指笔直、弯曲、圆形或"之"字形路线。

教学策略。这些空间意识领域不仅对体育，而且对其他领域都有重要意义。当教师帮助幼儿以不同的方式在空间中活动时，他也在数学（几何）、科学（物理）和社会学习（地理）等许多领域为幼儿打下基础。教师可以运用以下策略帮助幼儿发展空间意识。

- 建议一些方法，让儿童把身体部位放到不同高度。例如，建议儿童"尽量把头抬高围着操场走"，或者"想个方法把胳膊肘尽量放低"。创造一些活动，让儿童活动自己的身体，或从不同的方向或沿不同的路线操作物体。例如，建议他们在房间里向前爬和向后倒着爬。鼓励儿童想出向前和向后、向上和向下、侧向以及直线或"之"字形运动的方法。鼓励儿童自己设计活动，并听从他们的建议。

- 演奏不同音高的乐器，要求儿童根据声音活动自己的身体。例如，听到高音就踮着脚尖站起来，听到低音就蹲下去。描述声音，给儿童的动作命名。

- 利用粉笔、胶带、交通路标、大块积木和其他材料，创建圆形、直线形或"之"字形的小路。提出一些方法，在这些小路上进出和绕行。跟随儿童的想法，鼓励儿童观察和评论小路和运动的不同，拓展儿童的语言。例如，如果儿童说"一条路是直的，另一条路有点怪"，教师就要说"是的，这条是直线形，那条是'之'字形"。鼓励儿童沿着小路以其他方式行走或运动。

- 设置障碍路线，包括改变方向、高度和道路类型。利用积木、方形地毯、架子、坡道、椅子、桌子和地板上的胶带标记，设置路线。在户外，可使用天然材料设置障碍路线。鼓励儿童自己设置障碍路线。

- 将路线及相关的运动方式融入日常活动安排中，例如，融入过渡环节（从桌边到洗刷区）和整理时间（在不同区域之间走动，整理玩具）。提出运动建议，鼓励儿童提出自己的想法。例如：

  > 高瞻幼儿园的儿童通过制订计划，说明他们在工作（选择）时间将会做什么。计划的一部分是决定在教室的哪个区角活动。一位教师建议："在地板上铺一条'规划路线'（由长布条铺成），让儿童选择一种方法沿着这条路线移动身体（如爬、单脚跳、后退、立定跳、蟹行），一直到达他们要去的活动区为止。"（Strubank，1991，p.106）

- 使用自然发生的情境进行词汇教学，比如当儿童在室内和户外活动时向他们描述高度和方位。鼓励他们在描述自己的动作时使用这些词汇。对于双语学习者，可以同时用他们的母语和英语提供这些词汇。

（2）作用力意识：时间（节奏）、力量、控制/流畅性

在时间概念中，成人干预能发挥显著作用的是节奏，即节拍、韵律和模式。节拍是"每个韵律、歌曲或音乐作品中连贯的、重复的拍子"（Weikart，2000，p.122）。韵律是以音乐的形式度量运动，而模式是系统性的或有规律的重复。作用力意识有三个方面：程度（强、中、弱）、创造性（身体动作的开始、持续、爆发、渐进）、专注度（身体对作用力的反应，如停止、接收、稳住）。控制（有时被称为流畅性）涉及动作的复杂性，即单个动作、组合动作以及动作之间的转换。

教学策略。正如空间意识概念一样，作用力概念也同样适用于其他学习领域。作用力概念有助于儿童的音乐发展、数学（模式）理解以及执行日益复杂的指示能力的发展（Geist & Geist，2008）。教师可以运用以下策略支持儿童的作用力意识发展。

- 运用不同的策略增加儿童对节奏的熟悉程度。使用节奏平稳的诗歌和歌曲。最好使用器乐，这样儿童不会被歌词分散注意力。用手势、语言突出节拍，比如拍手、跺脚、点头和重读某些音节。引导儿童注意

节拍稳定的动作，如下例所示：

  在春天的一次户外活动中，教师杰茜在推 4 岁的蒂米荡秋千。她注意到蒂米的腿开始做弯曲和伸直动作后，就开始用语言来强化蒂米的这种自然动作。蒂米的腿弯曲时，杰茜说"回"，腿伸直时，说"去"。蒂米在感觉到杰茜要说这个词时，他的动作幅度就更大、更明显，这样动作的节奏就逐渐稳定了。从那天起，蒂米能够在秋千上尽情玩耍了。（Weikart，2000，p. 138）

- 为儿童提供涉及重量和力量的不同体验。在他们操作不同重量的物体时，对他们的力量程度进行评价，如"露西把那个重箱子从教室这边搬到了那边"或者让儿童假装搬运不同重量的东西，如"我们假装把锤子举过头顶，把锤子想象成小鸟的一片羽毛"。
- 让儿童操作软硬不同的材料，并评论需要付出多少力量。例如，儿童可能会把钉子钉进木头，把高尔夫球座敲进南瓜或葫芦（使用护目镜并采取其他适当的安全措施），然后对两者进行比较。使用具有不同可塑性的黏土或橡皮泥，鼓励儿童评论这些材料在塑造形状时的难易程度。
- 逐步提高儿童听从运动指令的能力。如果教师将口头指导和视觉指导分开，儿童通常就会更好地听从运动指令和做出反应（Weikart，2000）。因此，演示动作时不要讲解，或者用语言描述动作时不要做动作，而是让儿童尝试去做。关于哪种类型的指导最有效，儿童的意见可能有所不同，所以要交替使用口头指导和视觉指导。在儿童掌握一个动作后，你再指导就可以将口头和视觉结合起来。
- 设计动作顺序时，一开始是一次一个动作，并鼓励儿童把这个动作练习一段时间。在儿童熟练运用第一个动作后，再增加第二个动作。学习系列动作时，要让每个动作既简单又熟悉（例如轻拍膝盖和触摸肩膀）。鼓励儿童创造系列动作。

（3）身体意识：与自我（角色）、他人和他物的关系

需要成人干预的自我概念就是角色。儿童用自己的身体创造的动作角色包括模仿、领导或跟随、集合或分开、传递、镜像动作、联合动作，或者从另一个角度分为个人、搭档、集体动作。儿童也用身体创造出与他人、他物之间的关系，这种关系被称为位置关系，包括上面/下面、近处/远处、正上方/正下方、前面/后面、集合/分散、面对/并排、围绕/穿过、中间、里/外。

教学策略。像运球等高级操作性技能一样，对幼儿发展来说，身体关系的意识也具有社会和认知方面的意义。有经验的教师可以运用以下策略支持儿童对这些运动概念的学习。

- 提供机会让儿童操作设备（如呼啦圈、游泳泡棉棒、围巾、纸箱），帮助他们发现自己和物体之间的关系。例如，以下是操作呼啦圈的一些建议：
    - "在呼啦圈外边正步走、齐步走、单脚跳、双脚连续跳、跳跃。"
    - "把呼啦圈套在身上。现在把你身上的呼啦圈放低一些。"
    - "离开呼啦圈，再走回到呼啦圈那里。"

- 提供有创意的方法让儿童活动身体，鼓励他们提出其他想法。设计游戏，让儿童改变与别人或某个物体的相对位置（例如，跳进、跳出一个大圆圈，面对或背对同伴，在椅子前面和后面迈步）。

- 鼓励儿童用身体表达情绪，如友好、悲伤、生气、害怕、勇敢、害羞、冒傻气、惊险。教师可以问："你高兴时用什么动作表示？"或者"我们假装很累很困，那么怎么走到小饭桌那边去呢？"建议他们用身体动作表达感情。

- 教给儿童一些相关词汇，用于描述他们相对于其他人或物体的位置。教给他们简单的定义。在日常交谈中使用一些方位词，例如，"塔瓦纳的手指正顺着书架移动，她想找一本开头字母为'T'的书"或者

"玩变戏法游戏时我们站开一些,这样每个人都有空间活动全身!"对于双语学习者,需要同时用他们的母语和英语提供这些词汇,并鼓励他们使用这些词汇(无论是母语还是英语)。

- 在运动中,给儿童领导别人和跟随别人的机会。例如,让他们为《每个人都摸摸你的头》(Everybody Touch Your Head)这首歌曲或其他熟悉的歌曲提出动作建议。双语学习者在担当领导角色时,可以用母语把动作词汇教给同伴。教师要重复或阐明他们的想法,让其他儿童更容易听懂和模仿。让儿童观察别人并做同样的动作(不必完全一样地模仿)。例如:

    在"镜子"游戏中,儿童两人一组面对面地站着。站好以后,一名儿童做一系列简单动作,另一名儿童模仿。也可以有些变化,比如让一名儿童站在前面表演,另一名儿童站在后面,或者让一名儿童领导一个小组做动作。(Sanders,2002,p.35)

(三)个人照护与健康行为

儿童渴望像成人一样独立,所以将大量的精力和注意力聚焦于自助技能的掌握。随着身体意识的增长,他们更加关注自己的行为是如何影响身体的功能的。儿童练习许多日常自我照护技能,比如吃饭、穿衣,并且几乎不用提示或帮助就能做一些健康的行为,如精力充沛地运动。而有些行为,比如遵循良好的卫生和安全规范,或者学习什么是健康的东西、什么是不健康的东西,则需要更明确的成人指导。

1. 特别适合采用儿童主导的学习的方面

(1)自己吃饭、穿衣(使用餐具,穿脱外套、鞋子、道具服装)

儿童在家里和学校有很多机会练习与饮食、穿衣相关的自助技能。例如,他们使用餐具(有时用手)盛固体食物或粥,并将食物从盘子或碗中放到嘴里。他们到园、离园或去户外互动时会穿脱外套,在假装游戏时会穿脱道具服装。他们给洋娃娃和毛绒玩具制作或穿衣服时,还能学会系纽扣等。在学习这些技能时,尽管儿童有时会向成人寻求帮助,但他们主要是自己学习或通过观察他人来学习的。

教学策略。 鉴于儿童有极强的内在动力去掌握基本的个人照护技能，因此教师的作用主要是提供时间和合适的材料。以下策略可供参考。

- 让儿童自己做事情。成人经常给儿童穿衣端饭，因为这更快、更整洁，或者是他们文化中重视这种行为。然而，幼儿需要多种机会和充足的时间学会独立完成这些动作。每天的时间安排，如准备到户外的时间，应该能满足儿童的这种需求。此外，不应该期望学前儿童按照成人的标准完成这些任务。当儿童达到了为自己设定的目标时，教师就要认可他们的成功，即便他们没扣好有些毛衣的扣子。纠正或改进儿童的行为，可能会妨碍他们进一步尝试。要多为儿童提供练习和完善这些技能的机会。

- 为儿童提供活动和设备，让他们练习自己吃饭和穿衣。学前儿童在假装游戏中能够练习许多自助技能。例如，他们在玩过家家时要准备食物、洗碗、给洋娃娃穿衣服，或者装扮成消防员和厨师。除了鼓励直接练习这种技能之外，教师还可以提供其他工具和活动来帮助儿童发展手的灵巧性，比如拉拉链或拿稳水壶。提供的工具，如珠子和细绳、钉子和钉板、剪刀、订书机、打孔机、螺丝刀、锤子、海绵、胶带、木勺、扫帚和铲子。同样，艺术和建构活动也可以让儿童练习照顾自己所需的精细动作能力，例如，让儿童拿着牙刷在纸上涂颜料或给一堆积木绑上胶带。甚至翻书页，儿童也可以练习把最上页的纸从一叠纸中分离出来。

（2）锻炼

如果没有电子产品的吸引，儿童随时都会投入热烈的体育活动中。他们会奔跑、跳跃、翻滚、转圈、滑步。即使身有残疾的儿童，也会努力活动未受损或只有部分受损的身体部位。虽然这些运动能够增强肌肉，但对儿童来说，最大的收获是从运动中得到满足感。这种运动本身就是一种愉悦的感觉，带给人如微风拂面般的舒适。在锻炼的过程中，幼儿还会了解自己的身体及其能够做出的多种动作。他们能掌控自己的肌肉，学会控制和协调运动的方向、速度和精确度。

教学策略。正如本章前文所述，如今人们越来越担心幼儿在日常生活中缺乏体育锻炼。教师可以通过提供时间，以及能够引发儿童游戏天性的有趣材料来帮助他们纠正这种失衡。教师自己也可以通过锻炼来树立榜样。以下是一些有用的策略。

- 为儿童提供时间和材料，让他们积极参与活动。在每日活动安排中，锻炼的机会比比皆是，尤其是在集体活动和户外活动时间。儿童也可以在选择时间和过渡环节以安全的方式运动。尽管在教室里跑来跑去可能会带来安全隐患，但儿童可以穿行、转圈，在原地或从一个位置到另一个位置探索运动方式。支持大肌肉动作游戏的有趣材料可激发儿童探索不同类型的运动。他们可以在轮胎上跳进跳出，或者拎着丝巾跑，让丝巾在身后飘动，或者随着活泼的器乐节奏齐步前进。不能行走的儿童可以滚动、爬行、用手臂伏地前行，或者使用助行器械从一个地方走到另一个地方。
- 教师积极参加锻炼。不要只是看着儿童运动，要加入他们的活动中。儿童能够模仿教师健康的行为。学前儿童看到教师经常锻炼，就会乐意做出这些行为。教师在示范实际运动的同时也传达了积极的态度。如果教师表达不满，好像锻炼是强加给自己的令人厌恶的任务，儿童的内心就会有同样的负面情绪。如果教师快乐地积极锻炼身体，那么儿童也会在锻炼中体验到快乐。

2. 特别适合采用教师主导的学习的方面

（1）洗手、刷牙

灰尘是可见的，但大多数细菌是看不见的，因此对幼儿来说细菌有些抽象。通过洗手清除致病细菌或通过刷牙防止蛀牙，这种需求对学前儿童来说并不明显。另一方面，大多数儿童有过生病经历，能够理解哪种行为可以减少就医次数。然而，洗干净手、刷干净牙齿所需的具体技能并不能靠直觉

教师主导还是儿童主导？

获得，所以这方面的知识需要明确的成人指导和示范，儿童才能学会健康的行为。

教学策略。如果儿童认为洗手和刷牙是成年人的责任，而不是成年人强加给他们的任务，他们就不太可能拒绝这样做。以下策略可以帮助学前儿童对这些自理行为形成积极的态度。

- 对新发展的自我照护技能进行示范和指导。尽管学前儿童的身体能力从蹒跚学步开始已经有了很大进步，但是他们仍然在了解不断变化的身体，以及如何照护身体。他们会饶有兴趣地看着你洗手、刷牙，并试着模仿你。用简单的词语描述你的动作，并根据需要经常演示（"我把香皂一直涂到手腕"）。不要指望幼儿像你一样完整地完成这些程序，但要鼓励和欣赏他们所做的尝试。
- 每天为儿童提供练习洗手和刷牙的机会。这些活动可能很有趣，因为它们也算是玩水游戏。但是要明白，如果有更有趣的事情在等着，儿童洗手、刷牙就会草草了事。因此，做这些日常照护时，不要让其他活动使他们分心。让这些日常照护"低调一点"，把它们安排在一项活动结束、另一项活动开始之前。学前儿童也可以通过练习相关技能来发展洗手、刷牙所需的技能。例如，他们可以在假装游戏时洗碗，或者通过在集体活动时随着音乐上下活动身体，发展对牙刷上下移动的理解。

（2）练习人际交往卫生

如果自我卫生技能对幼儿来说不是天生的，那么保护他人健康所需的卫生行为对他们来说就更不明显了。像使用和丢弃纸巾、咳嗽时捂住嘴（或用肘部遮挡）这样的行为对他们来说似乎是随意的。本质上，他们相信成人的话，认为这种做法有助于保证他人的健康。然而，当学前儿童发展了移情能力时（见第四章），他们关注的就是要对人做正确和有益的事情。因此，如果成人示范并解释如何这样做，儿童就会更有动力遵从这些做法。

教学策略。教师鼓励幼儿在日常行为中遵循卫生习惯。即使他们做得不够完美，也要认可儿童的努力。鼓励他们注意健康的人际交往卫生，教师可以尝试以下策略。

- 引导儿童注意教师遵循的卫生习惯。简要描述你是如何以及为什么用纸巾擤鼻涕并扔掉，或者咳嗽时用手或肘部捂住嘴。例如，你可以说，"纸巾带走了细菌，所以其他人不会感染"或者"我咳嗽时捂一下嘴，就能保证其他人不会生病"。起初，儿童可能会模仿这种行为，但不明白它为什么很重要，逐渐地，当他们开始理解因果关系时，他们会认可某些行为能使人健康，也会因为自己的行为对集体有益而感到自豪。
- 儿童采取卫生措施时，要给予认可。在儿童恰当地使用纸巾或掩嘴咳嗽时，给予简单的描述和认可。不要赞扬他们，因为他们这种行为不是为了得到成人的奖励。相反，这会表明你意识到他们的行为是有益的。引导儿童注意其他人的卫生行为，也会让他们意识到这些行为，并且更有可能自己这样去做。如果儿童忘记使用纸巾或掩嘴咳嗽，不要批评他们，而是温和地提醒。在有许多干扰因素的情况下，儿童很容易忘记这些细节。

（3）区分健康和不健康的食物

对幼儿来说，食物只是食物。他们的喜好是基于味道和质地的，而不是健康。在这方面，他们与成人相似。食品广告流行，不健康的食品比比皆是（儿童早期识字的一个成就就是认识快餐连锁店的招牌），这进一步扰乱了我们为改善幼儿饮食而做的不懈努力。因此，儿童依赖的成人必须首先教育好自己，才能帮助儿童区分哪些食物健康，哪些食物不健康。幸运的是，儿童对分类十分感兴趣（见第八章），他们喜欢将食物分为"健康"和"不健康"两类，就像他们按颜色给珠子分类或按性别给同学分类一样。美国农业部（The US Department of Agriculture）的营养政策和促进中心（Center for Nutrition Policy and Promotion，2011）出版的一些材料，可帮助教师向学前儿童介绍有关良好的营养的简单概念。

教学策略。正如试图改变自己的饮食习惯的成人所知道的那样，要做到

每天都健康饮食，是需要时间和警惕心的。以下策略有助于教师和儿童将食物作为促进健康的选择，在轻松愉快的社交氛围中一起享用。

- 将健康的食品融入日常生活。同幼儿园的食品负责人一起，选择各种健康的食品，重点是符合美国农业部幼儿指南对蔬菜、水果、全谷物、低脂肪乳制品和蛋白质的要求。设计小组活动，让儿童描述和讨论健康食品的特性，包括外观、声音、气味、手感和味道。提供儿童各自背景文化中熟悉的食品，也品尝一些新食品。另外，可以和儿童一起备餐。科尔克（Colker，2005）提供了保护儿童健康、安全的一些简单建议：使用锋利的刀子（钝刀子实际上更危险）、防烫套垫、温水（不超过48℃）而不是热水；彻底清洗食材，将其保持在适宜的温度中以防滋生细菌；不鼓励在烹饪时品尝。如果烹饪活动的时间较短，你可以提供一项具体措施（比如用计时器）以表明什么时候完成，这有助于培养学前儿童的延迟满足感。

- 给食物贴上标签，表明健康程度。提供标签有双重目的。它使儿童既容易认识到自己在吃什么，又能够清楚这种食物对身体的影响（"糖果和橘子都很甜，但橘子对我们的身体更健康"）。文字标签也有助于扩大儿童的词汇量，提高分类技能（如"维生素"等词汇、"对你有好处"和"对你没有好处"等分类）。学前儿童开始运用听到的单词，对食物进行识别和分类。儿童选择的食物可能不总是那么健康（比如认为饼干比胡萝卜好），但他们会开始思考所选择食物的意义。

（4）遵守安全规则

大多数的健康和安全规则，是主管机构或成人根据指南或常识强制规定的。虽然一般是成人负责制定和实施这些规则，但将有些规则直接施加给儿童时，儿童是能够理解的，因为他们已经目睹，甚至经历了不遵守这些规则的后果。这些规则包括乘坐自行车时戴头盔，不要在荡起的秋千前面走，遇到溢出物要绕着走，直到清理干净等。儿童对因果关系的理解越多，就越能明白某些规则的必要性。此外，他们由于可以对过去和未来具象化，因此可以更好地理解这些规则背后的原因。他们对于如何改进或执行规则，甚至能够提出自己的意见。

教学策略。因为许多安全规则背后的逻辑并不明显，所以幼儿必须依靠成人的解释、示范，规则的执行也要温和。通常情况下，一个简单的解释或平心静气的提醒就足以让儿童遵从规则。以下策略将有助于教师创设一个安全的教室环境，同时不会过度限制儿童的探索。

- 教师示范安全规则。正如本章前面讨论的健康和卫生习惯一样，儿童渴望模仿成人的行为。然而，教师要定期问问自己，某项安全规则是否真的有必要，或者这项规则是否使成人安心或事情简化。不必要的规则可能会过度限制儿童的探索。例如，与其在娃娃家禁止用水，不如与儿童一起想个办法，尽最大可能减少溢水或把溢出的水都擦干净。儿童如果讨论和参与制定规则，就更有可能遵守规则。
- 儿童遵守安全规则时，教师要给予认可。与人际交往卫生一样，要鼓励而不是表扬（或批评）他们的努力。在你描述儿童的行为并不经意提到它的好处时，儿童就会对自己的行为进行更多的反思（"卡尔，你绕着操场边走，不要在秋千前面走，这样就不会被撞倒了"）。
- 对于尚不能理解口头提醒的儿童，提供图片提示。最好使用幼儿园儿童的照片作为安全规则提示。在儿童的母语中添加用语音拼写的注解，这样教师、代课教师或访客就可以用适当的语言进行安全提示。
- 鼓励儿童互相提醒安全规则。一旦儿童学会了遵守安全规则，他们往往就会急于提醒同伴也要遵守这些规则。不要过分担心儿童被打小报告。在大多数情况下，同伴的提醒比成人的提醒更有效。如果儿童对彼此过于挑剔，他们就可以用解决问题的方式传达信息，而不会伤害感情（见第四章）。

* * *

促进学前儿童的身体技能和健康行为的发展，是"帮助所有儿童在一生中保持身体灵活、健康的基础和关键"（Sanders，2002，p. 58）。体育运动和健康意识也能促进儿童在其他领域的学习，比如数学和同伴互动。但是掌握运动技能，培养健康习惯，并将它们运用到认知和社交领域中，都不能仅仅通过生理的成熟来实现。在这个过程中，教师需要创设学习环境，设计自由游戏之外的体育活动，发起身体方面的挑战，提供具体的提示，示范并评论健康行为，每天提供锻炼和健康饮食的机会等，因此教师发挥着至关重要的作用。

四、思考题

1. 在财政预算分配倾向于学业学习而牺牲其他内容领域的情况下，早期教育倡导者可以依据什么为体育争得应有的一席之地？
2. 在预防儿童成年后的肥胖、不爱运动等健康问题方面，早期教育能够而且应该发挥什么作用？
3. 想想你小时候喜欢的体育活动。作为一名新教师或有经验的教师，你每天如何将这些活动纳入你的计划？通过观察，你发现儿童喜欢哪些体育运动？作为一名教师，你怎样为他们创造机会，让他们对体育运动产生兴趣，获得快乐呢？
4. 如果发展理论和研究表明，学前儿童参与体育比赛是不适宜的，那么早期教育领域如何应对当前体育比赛参与者年龄越来越小的趋势呢？
5. 在缺少安全的户外活动场地的地区，早期教育工作者可以发挥什么作用，以推进儿童的大肌肉运动？早期教育机构能否作为组织者、倡导者、协调者和建设者参与社区的各项工作？
6. 在供应新鲜、健康的食物方面，以及鼓励更健康的饮食方面，早期教育倡导者们能够或应该发挥什么作用？

第六章

语言与读写

孩子们正在积木周围溜达。就在他们准备离开时,教师琳达引导他们用名字玩一个押韵游戏,讲出他们可能会看到什么。

"行者(Walker),行者,你会看到什么?

也许是一栋房子(house)。也许是一棵树(tree)。

我是一个行者,我的名字叫本尼(Benny,儿童的名字),

我想我会看到一个便士(penny,插入押韵的词)。"

格斯(Gus)说他会看到"一辆公交车(bus)",特蕾西(Tracy)认为她会看到"一些花边(lacy)",皮特(Pete)想到了"街道(street)"。在每个儿童都回答后,教师做出评论,比如"是的,巴士(bus)和格斯(Gus)押韵""特蕾西(Tracy)和花边(lacy)尾音相同,它们是押韵的。"琳达(Linda)说了一个词"宾达(Binda)",每个人都笑了,但承认这个虚构的词确实和她的名字押韵。当杰克(Jake)说他会看到一只"狗(dog)"时,教师并没有纠正他,而是说:"我想知道你是否注意到与杰克(Jake)押韵的还有其他单词?"杰克不确定地回答:"猫(cat)?"教师向其他儿童征求意见。他们建议了"耙子(rake)"和"蛋糕(cake)"这两个词。埃琳娜(Elena)的英语语言技能已经发展到足以理解教师一开始提到的押韵,但她还是想不出一个和她名字押韵的英语单词。教师鼓励她用西班牙语说。埃琳娜面露喜色说:"雷娜(Reina)"。教师告诉全班同学:"雷娜(Reina)在西班牙语中是女王的意思,和埃琳娜(Elena)押韵。"

里程碑式的报告《预防阅读困难:早期阅读教育策略》(*Preventing Reading Difficulties in Young Children*, Snow, Burns, & Griffin, 1998)指出,"在

支持语言与读写技能发展方面,学前教师是重要的资源,但在很大程度上没有得到充分利用"(p.6)。从那以后,许多文章、书籍和报告都强调,早期教育能为以后的读写学习奠定基础,所以学前教育时期非常重要(例如,National Governors Association,2013;Schickedanz & Collins,2013;Strickland & Shanahan,2004)。然而,如何才能最好地帮助儿童在早期学习这些技能,是人们热烈讨论甚至是激烈争辩的话题。小学教育工作者们经常产生分歧的"阅读战争",现在"战火"也蔓延到了幼儿园。每一份关于美国儿童读写状况的报告都会重新点燃这场辩论(Strauss,2013)。但是,这场辩论在一定程度上存在着共同点,即大家都认为应该鼓励教师让幼儿走上读写的道路。

这一共同点的基础是"研究界的共识,即阅读是一个建设性的互动过程,目的在于获取意义,阅读时要实现读者、文本和语境的融合"(Gambrell & Mazzoni,1999,p.80;Schickedanz & Collins,2013)。换句话说,学习阅读和掌握其他技能是一样的。教师要激励幼儿阅读,因为幼儿渴望了解周围的世界,同时他们要利用真实环境中的真实材料,学习效果才会最好。幼儿的这种学习,主要是通过教师提供信息,但他们在游戏或者与同伴的互动中,也能发展这些知识和技能。

因为我们现在已经知道幼儿对阅读感兴趣,所以我们所称的"阅读准备"有了重大转变。以前,儿童直到小学一年级才接受阅读指导。但在过去的三十多年里,早期教育已经接受了"读写萌发(emergent literacy)"这个理念。根据这种观点,读写技能的获得不是一蹴而就的(也就是说,不是有了字母表就能开始),而是一个渐进的过程。学习语言和阅读书籍从婴儿期就已经开始了。有关的早期经验在幼儿园时期就可以获得,或者在必要的时候得以收获,从而为幼儿的下一阶段做好准备。在小学阶段,儿童通过正式的阅读和书写指导来延续读写学习。尽管斯诺、伯恩斯和格里芬(Snow,Burns,& Griffin,1998)告诫,不要在学前阶段复制小学阶段的正规教学,但他们确实也指出,尽管提供了"认知、语言和社交发展的最佳支持……但还是应该充分关注那些可以预示未来阅读成就的技能,特别是那些已经被证明存在因果关系的技能"（p.5）。

一、幼儿在语言与读写领域的发展

有关阅读的研究已经对语言与读写能力如何发展提供了许多有用信息，总结如下（Ranweiler，2004）。

- 语言与读写从婴儿期开始就联系在一起了。读、写、听、说同时发展，而不是按顺序发展。
- 儿童在学习方面存在差异。有些儿童能够轻松、快速地掌握读写技能，有些儿童则需要更明确的帮助和更多的时间。
- 有些语言与读写学习是偶然的，是在游戏和其他日常经历中自然发生的，有些则依赖正式教学和明确的指导。因此，虽然儿童积极构建自己的知识，但也需要成人的支持来促进发展。
- 儿童在与他人互动的过程中获得语言与读写能力。幼儿学习说话、阅读和书写，是因为他们是社会人。他们想在家里、学校和其他熟悉的地方与成人和同龄人交流。
- 当教学与儿童生活相关且有意义时，儿童学得最好。儿童能够将语言与读写运用到他们的日常兴趣和活动中时，这种学习是真实的、深刻的、持久的。
- 语言与读写能力的学习可能发生在儿童自发的活动中，如角色扮演、对纸面文字的探索和创造性书写，也可能发生在教学活动中，比如读书、字母辨认练习、使用头韵和尾韵来表演或创作歌曲和诗歌。
- 儿童的家庭语言和文化与幼儿园的语言和文化存在差异，会影响儿童的语言与读写能力的发展。优秀的教学促进计划必须考虑到这些差异。

1997 年，为响应国会指令，美国儿童健康和人类发展研究所（National Institute of Child Health and Human Development）与美国联邦教育部（US Department of Education）共同组建了美国阅读小组（National Reading Panel，

NRP），并于 2000 年发布了一份基于斯诺（1998）及其同事的研究以及其他研究的报告。该报告的建议被联邦《不让一个儿童掉队法案》（No Child Left Behind Act）、"阅读先行"项目（Reading First）以及"早期阅读优先"项目（Early Reading First）采纳。

特别值得早期教育者注意的是，该报告（NRP，2000）提出学前儿童要成为演讲者、读者和书写者，就必须发展四种能力。

- **语音意识**，将语音和语义区分开的基本能力。对语音和节奏的初始意识、韵律意识、对声音相似性的识别，以及音位意识，都是这种能力的要素。
- **理解能力**，理解口语和书面语的含义。理解是"意义建构过程中的有意识的思考"（p. 14）。
- **文字意识**，理解文字是如何组织以及如何被应用于阅读和书写的。儿童要知道言语和书面语包含着信息，词语可以传达思想。
- **字母知识**（或"字母法则"），理解字母和读音之间有系统的关系。完整的单词是由单个的音素、音节或字母按照一定的结构组成的。

在有些情况下，为了具备读写能力，幼儿必须认识到阅读和书写不仅有用，而且有趣。成人对于培养儿童的这种积极态度起着重要作用（Neuman, Copple, & Bredekamp, 2000）。

二、语言与读写的教与学

语言与读写和所有课程领域一样，要在儿童主导的学习经验和教师主导的学习经验之间找到平衡，这一点对于早期的语言与读写发展至关重要。但是这两种经验之间的划分并不是一成不变的。

读写，无论是口语还是书面语，都是一种社会文化现象。根据这个定义，大多数儿童发起的最有成效的活动，仍然是他们与成人或其他儿童有某种互动的活动。（Linda Bevilacqua，2004，私人交流所得）

换句话说，尽管儿童有语言与读写经验，并能够获得许多读写技能，但善于思考的成人的支持，对于他们保持动力和获得基本信息至关重要。

正如没有成人的支持，儿童主导的学习就不可能有效进行一样，"即使在成人有意识和明确指导下获得的知识和技能，儿童也需要自己来探索和实践，以达到一定的深度和广度"（Lesley Mandel Morrow，2004，私人交流所得）。因此，在教师主导的活动中，教师虽然起主导作用，但也应该鼓励儿童自己选择和探索。

美国阅读小组（NRP，2000）认为，随机和明确的阅读指导都是必要的，也是有效的。然而，该报告提醒，"教育工作者必须牢记最终目标"（p.10），并使用"适合读者年龄和能力的方法"（p.14）。举例来说，系统的语音教学不能只停留在解码练习（解析单词的发音和词性），最终，必须让儿童理解其意义，并能顺利地完成日常的读写活动。

同样，词汇教学的主要目的不是建立随机的词汇知识，而是增进儿童对口语和书面语的理解。对幼儿来说，"掌握词汇和句法规则的主要动机是希望与他人交流。"此外，研究一致表明，在读写方面进步最大的儿童，"他们的教师会强调在语境中，即在所有内容领域中，进行词汇学习"（Genishi & Fassler，1999，p.62）。

美国幼儿教育协会为新教师入职制定了专业标准（NAEYC，2001），还根据研究结果列出了对教师的一系列期望。标准提出，为了帮助幼儿成为读者和书写者，一线教师需要设计一些活动来帮助他们发展以下能力：交谈、使用和理解大量词汇、喜欢阅读和书写并发现其用处、理解故事和文本、形成基本的文字概念，以及理解读音、字母及两者之间的关系。

国际阅读协会（International Reading Association）和美国幼儿教育协会的联合立场声明（NAEYC，1998），也为帮助儿童发展这四个领域的具体知识和技能提供了有关背景和实例，"没有周密的计划和指导，读写能力是不会自然发展的"（p.3）。幸运的是，这方面的文献资料丰富，对于如何实现这些目标，提出了很多实用性的建议。有些教育工作者面对的是第一语言不是英语或来自其他文化的儿童，这些文献资料也可以为他们提供指导（Genishi &

Dyson，2009；Nemeth，2012）。

三、使学习经验符合学习目标

下面的讨论将根据语言（听、说）、阅读和书写进行分组，其内容应该有助于一线教师在早期读写教学中厘清"教什么"和"如何教"的问题。在这三个领域的任一个领域中，教学策略的范例都是按照不同的知识和技能进行划分的，这些知识和技能主要通过儿童主导或教师主导的学习经验习得，但这两种经验没有严格意义上的区分。仔细观察儿童新萌发的能力，有助于教师决定在特定的时间哪种方法最适合儿童个体。

（一）语言

在语言领域的关键知识和技能中，儿童主导的学习经验在获得声音意识、发声以及会话技能方面显得尤为重要。双语学习也被归入儿童主导的类别中，因为双语学习者从讲英语的同伴那里学到很多。然而，教师也是非常关键的，例如，教师可以帮助双语学习者拓展英语词汇，并且在手势和语境不足以表达时，教师可以推动单语儿童和双语儿童进行交流。此外，教师和儿童都可以鼓励双语学习者在掌握好英语的同时，仍保持他们的母语，这一点非常重要（Nemeth，2012）。教师主导的学习经验对于获得语音意识、词汇、叙述性知识和理解力等，都特别重要。

1. 特别适合采用儿童主导的学习的方面

（1）声音意识和发声

这个技能领域在广泛意义上是指对声音（包括非言语声音）的意识，是语音意识的最简单层次。它还包括能够用声带发出各种声音的能力。声音意识的发展始于婴儿期，即能够识别人和物体发出的声音，包括学会辨别重要个体发出的声音（如不同照看者的声音、通过音调判断情绪）、动物的声音（家庭宠物、动物园动物的声音）、日常活动的声音（烹饪和清洁的声音、人行道上的婴儿车车轮声）、车辆的声音（汽车启动声、垃圾车倒车声、公交车刹车声），以及其他物品发出的声音（家用电器、机器、乐器）。早期频繁地接触声音，尤其是语音，对幼儿语言与读写技能的发展非常重要。

幼儿也能自然地发出声音。婴儿咿呀学语，并对自己的声音自娱自乐。学步儿和学前儿童喜欢听自己的声带发出的各种声音。当幼儿开始说出清晰可辨的语言时，这种自娱自乐就会出现。例如，儿童喜欢编造无意义的词语，或将不同声调或音高的词语组合在一起。儿童在创造和玩味这些声音时，教师可以与他们互动，从而进一步支持和拓展他们早期对语言与读写的学习。

教学策略。为确保幼儿尽早经常接触各种声音，教师可以考虑以下策略。

- 在教室内提供多种能发声的物品，包括乐器、嘀嗒作响的计时器、发出噪声的玩具、光盘和光盘播放器等、带有适当播音软件的交互式媒介、工具和工作台，以及在填充和倒空过程中发出声音的物品，如豆状石砾、石头、珠子、纽扣、骰子、贝壳、瓶盖、流动的水、豆袋或装有其他类型材料的袋子。让儿童变换乐器、其他材料发出的声音，或他们自己发出的声音。例如，要求他们发出响亮和柔和的声音、快慢不同的声音、高低变换的声音、长短不同的声音，或连续和断断续续的声音。

- 让儿童有机会在教室外听到各种各样的声音，包括自然界中的声音（如风声、鸟鸣声、波浪声、溪流声）、建筑中的声音（如铃声、蜂鸣器声、电话声、大厅里的脚步声），以及附近的声音（如汽车声、建筑车辆声、警报器声、狗吠声）。

- 让儿童注意一天中出现的声音（如打喷嚏、开关门、脚步、球弹跳、流水的声音）。说出你听到的声音，并鼓励儿童留意各种不同的声音。

- 让儿童辨别他们听到的声音。在小组活动时间，教师或一个儿童用工具和材料发出不同的声音，让其他儿童闭上眼睛猜猜声音的来源。这个游戏促进了语言的发展，并为辨别字母表中各个字母的发音差异奠定了基础。录制游戏要使用的声音，如哨声、拍手声、沉重的靴子跺地声、婴儿啼哭声、吃脆饼干声（或其他松脆食品）、锤打声或锯声、猫的"喵喵"声、汽车喇叭声、摔门声，以及街上卡车行驶的"隆隆声。当你们一起在户外散步时，倾听不同的声音并录制下来。请儿童家人录制在室内外听到的声音，然后播放给所有儿童听，让他们猜猜分别是什么声音。
- 唱童谣、玩手指游戏、听含有不同声音的歌曲。
- 提供木偶和其他道具，鼓励儿童在戏剧表演中探索声音。
- 朗读包含声音的图书，讲述包含声音的故事，如"咯""哗哗""哇""嗯"等拟声词。加入你自己的音效，并鼓励儿童发出故事里的声音。

(2) 会话技能

会话是对信息、观察、思想和感觉的口头交流，指用互相理解的语言进行社会交流。会话技能包括倾听（尤其是积极、投入的倾听），发起与成人、同伴的谈话，并对他人的谈话做出恰当的回应。

教学策略。会话最重要的是至少有两个参与者。与幼儿会话时，要谨防教师主导的倾向。在鼓励学前儿童表达自己时，教师要有耐心，保持安静。以下是一些可运用的策略。
- 示范积极倾听并与儿童交谈。提醒自己不要主导谈话。学前儿童说话并不总是流畅，要耐心等待他们构思和表达自己的想法。教师弯腰与儿童保持同一高度，进行眼神交流，停下来倾听，重复或确认他们说的话，概括他们的观点，接受并拓展他们的想法。
- 玩一些使用口头指导的游戏，比如"西蒙说"，鼓励儿童倾听。口头指导要辅以手势，这对于双语学习者理解身体词汇和动作词汇特别有帮助。
- 教师说话要清晰且简单易懂。使用标准的语言（词汇、发音、语法、句法）。随着口头表达技能的提高，儿童可以使用更复杂的句子。
- 拓展儿童的口语表达。例如，一个学前儿童说"更多果汁"时，你可以说："你想让我把更多的果汁倒进罐里？"把只有一两个词语的陈述扩展成短句，对双语学习者来说特别有价值，因为这样就把语言置于语境之中，更容易理解。

- 全天都要创造自然会话的机会，比如在吃饭时间、点心时间、入园问候和离园时间。利用这些时间和儿童谈谈他们的兴趣。
- 鼓励儿童互相交谈。设计促进合作的集体活动，不要让儿童自己孤零零地活动。为了支持儿童间的对话，教师可以引导他们互相关注，重申谈话主题，建议他们分享自己的想法。提供角色扮演的道具，支持儿童进行社会性戏剧表演。双语学习者有意愿和动力加入这种游戏，因为这种方式能够使同伴理解他们。他们通常会专注地观察和倾听，然后尝试自己新获得的英语口语技能，从而参与到游戏中。
- 使用"信息"交流来描述儿童在游戏中正在做什么，并让他们做出评论。比如说："卡尼，你的画里用了很多蓝色。我想知道你是怎样在顶部画上这些旋涡的？"对于双语学习者，可以同时用他们的母语和英语做简单的信息交流。
- 让儿童参与"去情景化"的谈话。谈论儿童熟悉，但不会立即出现或发生的物体、人物或事件。谈论儿童不太容易向你展示或指出的东西，以此鼓励他们使用更多的语言（信息交流是指此时此地发生的，去情景化交流是指彼时彼地发生的）。
- 在儿童能够或应该说话，却过于依赖手势时，要温和地鼓励他们用口头表达。你如果认为儿童可以用话语表达清楚，就不要立即接受他们的非言语要求。尽管儿童偶尔不用言语也能交流（就像成人一样），但是他们说得越多，语言技能就会越好。要激励而不是强迫儿童说话，幽默是个好方法，如下例所示：

    孩子递给教师一只鞋。

    教师："哦，你的鞋。你想干什么？"

    孩子没有回答。

    教师（边做动作边说）："嗯，我可以把它戴在头上，或者放到我的脚上。"

    孩子咯咯地笑了。

    教师："那么我该怎么处理这只鞋呢？"

教师主导还是儿童主导？

孩子："我的脚。"

教师："哦，放到你的脚上？好的，我会帮你把鞋穿到脚上。"
（Ranweiler，2004，p.28）

在这种交流中，儿童只有在说话之后，才能得到想要的结果（帮忙穿鞋）。同时，教师可以利用这个机会将儿童的两个词语（"我的""脚"）扩展成儿童容易理解的两个句子。

- 适当提问，问题不要过多。连珠炮似的问题往往会结束对话，而做出评论可以推动谈话。确实需要提问的时候，要使用开放式问题（"你要怎样做汤？"），引导儿童做出经过思考、拓展性的回答。不要提问答案唯一或答案简短的问题（"你会在汤里放豆子吗？"）。
- 在儿童面前与家长、同事交谈。听成人对话有助于儿童拓展词汇和句法。

打开或关闭思维之门的问题和评论

教师已经知道，聚合式或封闭式的问题往往会妨碍儿童拓展答案。当教师想了解儿童的想法时，发散式或开放式的问题和评论更有可能开启对话。下面列举的一些问题和评论，既能鼓励儿童思考，又能让教师向儿童介绍新词汇。

双语学习者回答你的开放式问题，但你不理解他说的句子时，你要欣然接受他们正在练习口语的事实，即便你不知道他们说的是否正确。可以随身携带录音设备，捕捉这些语言拓展的瞬间，并找家长或同事翻译一下，放入儿童的成长档案。

可以激发儿童思考、推理并拓展语言的问题：

"你怎么分辨出来的？"

"你怎么知道的？"

"你认为，发生这种情况的原因是什么？"

"你能告诉我，你是怎么做到的吗？"

"我想知道，如果……会发生什么呢？"

"你怎么让它固定（或滚动或站起来）的呢？"

可以引入词汇和概念的问题：

"如果不用手，我们怎么移动卡车（或球、沙堆）呢？"（如果儿童只使用动作回答，就请儿童说出身体部位和动作的名称）

"肯尼莎说，我们可以把碗（或者未干的水彩画、盛放种子的杯子）放在架子顶上或她的小房间里。你认为，我们还能把它存放在哪里，才不会让它被碰坏呢？"

"安托万说，他在这张图片中看到了很多猴子。我数了数，是五只（指着一个个数）。你还看到什么了吗？"

"你的家人喜欢吃什么水果？"

"在科学区（或娃娃家或积木区），什么东西重？你认为哪一个最重？我们怎么能发现呢？"

（3）双语学习

2005年，"开端计划"项目中，接近25%的儿童来自父母一方或双方都不会说英语的家庭（Iruka & Carver，2006）。五年后，"开端计划"的报告称，其30%的参与者是双语学习者，甚至在一些州，一半及以上的幼儿家庭将英语以外的语言认定为他们的主要语言（Espinosa，2013）。

儿童最早使用第二语言的经历，能够深刻地影响他们以后的读写学习。研究表明，早期教育环境要以母语为基础，这一点很重要。儿童在第一语言方面的词汇、语音意识、字母知识、文字概念和书写技能越完善，这些技能向英语的迁移就越多（Bialystok，2001）。如果儿童既能保留母语的交流技能，又能在习得第二语言方面获得支持，他们就会更容易地学习英语（Cheatham & Ro，2010）。

双语学习者通常会经历几个阶段（Tabors，2008）。

- **第一阶段**，儿童试图使用母语，但逐渐意识到自己不被人理解，必须要调整自己的交流策略。
- **第二阶段**，儿童积极倾听、观察和加工新语言。这些通常是悄悄进行的。与此同时，他们尝试用手势、面部表情和非语言的发声方式（如叫喊、哭泣或大笑），进行非语言的交流。
- **第三阶段**，儿童已经掌握了英语的节奏和语调，以及关键短语。他们使用电报般的简短话语（如"抬头！"，意思是"抬头看那只鸟！"），以及公式化的话语（如"我想……"）。这些策略通常仍然伴随着手势。
- **第四阶段**，儿童按照英语规则表达自己的话，但仍可能犯母语为英语的儿童也常犯的错误（如词汇、发音或语法方面）。

　　儿童学习两种语言时会发展出一种中间语言，即介于他们的母语规则和新语言规则之间的一种"过渡语法"。值得注意的是，即使儿童英语水平有限，他们也能找到交流的方法。（Cheatham & Ro，2010，p. 19）

　　根据家庭和学校在文化（Rogoff，2003）以及语言（Cheatham & Ro，2010）上的差异程度，一个儿童经历完这四个阶段可能需要六个月到两年不等。例如，从西班牙语到英语，比从汉语到英语容易，因为西班牙语与英语的字母发音和语法结构更相似。因此，教师应该对儿童抱有合理的期望，并清楚即使是母语为英语的人也需要四到十年才能说流利的英语（Bialystok，2001）。

　　教学策略。为了帮助幼儿在熟练掌握第二语言的同时保持第一语言的知识，教师可以尝试以下策略。

- 鼓励儿童交流，使用哪种语言都可以。认可并支持儿童的所有口头交流，包括与其他有共同母语的儿童以及英语为母语的儿童的交流。如果可能，就把不会说英语的儿童和至少会说一些英语的双语儿童配对，帮助他们在语言之间架起桥梁。当儿童"代码转换"（两种语言混杂）时，不要担心，因为这证明他们正在学习适应不同的听众和情境。
- 用儿童的母语和英语唱歌、读书、讲故事。邀请儿童家人分享他们喜欢的歌曲和故事，并教给全班同学。鼓励儿童自己编故事。这些不必是正式的叙事。例如，让儿童给你讲讲他在选择时间做了什么。
- 通过鼓励假装游戏来扩大英语词汇量。因为戏剧表演使用的是动作和道具，双语学习者可以利用手势和材料来补充要表达的内容，从而减少他们在尝试交流时的挫败感。以英语为母语的儿童通常会自发地补充词汇，这就提供了一个天然的学习机会。假装游戏也使双语学习者能够掌握英语对话的节奏和语调。他们可以站在一旁倾听、观看，直到最后准备好加入进来，尝试运用他们的新语言。

- 尽可能让儿童既使用英语又使用母语，但这样做时要有选择性（Nemeth，2012）。例如，在每天的活动安排中，要决定不同的环节主要使用哪种语言（如吃饭时使用母语，小组活动时使用英语）。如果一直使用两种语言，不仅会让双语学习者不知所措，还会使其他儿童感到不耐烦。教师如果不会说儿童的母语，就可以使用视觉材料、面部表情和手势来"帮助儿童理解"（Nemeth，2012，p. 53）。要关注词汇，而不是语法或句子结构。名词、动词、形容词和副词（描述性词语）能够让双语学习者开始与他人交流。被别人理解的成就感将激励他们继续学习英语和用英语交谈。

2. 特别适合采用教师主导的学习的方面

（1）语音意识

正如本章前面所述，语音意识是将语音和语义区分开的基本能力。在最低层次上，它包括对声音和节奏的意识，也会扩展到韵律意识（词尾，也称为尾韵）和语音相似性（比如词语的第一个音，被称作音节首音，是头韵的着重点）。

本章前面也已提到，音素意识是语音意识的一种类型（或子集），是学前儿童要发展的一项重要技能。音素是发音的最基本单位，如"bat（球拍）"中的 /b/。音素技能涉及合成，也就是说，将单个语音组合成单词，比如将语音 /b/、/a/、/t/ 组合成"bat"。音素技能还涉及"切分"的反向过程，即将单词中的音素分开，例如，将"bat"分成 /b/、/a/、/t/。

教学策略。语音意识对读写能力的发展至关重要。教师向儿童介绍多种口语经验，并有系统地让他们参与有关头韵和尾韵等活动，帮助儿童发展读

教师主导还是儿童主导？

写技能。教师可运用以下策略。

- 指出对儿童有意义的语音。比如，说"我把'ball（球）'扔给'Brian（布赖恩）'。'ball'和'Brian'都是以 /b/ 开头"。

- 分享词尾押韵的歌曲、诗歌、故事、童谣和赞美诗，如苏斯博士（Dr. Seuss）的《戴帽子的猫》（*The Cat in the Hat*）。一旦儿童熟悉了韵诗或韵文，就让他们提供押韵的词。把一句中的最后一个词另找一个同韵脚词代替，并让儿童想出下一句。例如，你可以说："Hickory, dickory, door. The mouse ran up the floor（嘀嗒，嘀嗒，门。老鼠跑到地板上）。"儿童理解了这个规律后，让他们自己找替代词，如"Hickory, dickory, pear. The mouse ran up the _____（嘀嗒，嘀嗒，梨。老鼠跑到_____）"。接受儿童编的儿歌，即使含有无意义的词语。如果双语学习者想不出押韵的英语单词，就鼓励他们从自己的母语中想出一个词（就像本章开头的案例一样）。

- 分享具有押头韵特征的歌曲、诗歌、故事、童谣、赞美诗，如"Baa, baa, black Sheep（咩咩，黑色的羊）"或者"Fee, fie, fo, fum（嘿嘿哈哈）"。将儿童熟悉的歌曲、诗歌或赞美诗的开头第一个音替换成其他音，如"Wee, wie, wo, wum"，并要求儿童也这样做。儿童理解了这个方法后就要求他们想出单词替代头韵和创作押头韵的歌曲。

- 在一日活动流程中使用尾韵和头韵。许多书籍、光盘和网络资源都有这类资料，也可以自己创作，例如：

    It's snack time, it's snack **time**,（点心时间到，点心时间到，）
    Everyone gets a **treat**.（每个人都来吃点心。）
    It's snack time, it's snack **time**,（点心时间到，点心时间到，）
    I wonder what we've got to **eat**!（我想知道我们吃什么！）

头 韵 游 戏

头韵是指单词的第一个发音相同。头韵因为突出了单词的第一个音素，所以有助于幼儿发展音素意识。下面的头韵游戏可以在教室里开展，既有趣又能促进学习。

"猜猜是谁"游戏——让儿童猜猜小组中谁的名字是以某个读音开始的。你也可以用儿童熟悉的书中人物名字来做这个游戏。

"这个圈里有两个人的名字以 /b/ 读音开头。他们是谁呢？"

"我在想，这个房间里有个人的名字以 /sh/ 开头。猜猜是谁呢？"

"我记得《××》（书名）中有个人的名字以 /r/ 读音开头。你们想想是谁呢？"

名字游戏——将儿童名字的第一个读音，与动作名称的第一个读音结合起来进行游戏。

"如果你的名字以 /t/ 读音开头，就 touch（触摸）地板。你们看，Tyler（泰勒）和 Taylor（泰勒）正在 tap（敲）地板。"

"谁的名字开头读音是 /w/，wave（挥挥手）让我们看看。Wen（温）和 Waseem（瓦西姆）开始 waving（挥手）。大家都随着文和瓦西姆一起挥挥手。现在大家都开始 wiggle（扭扭腰）。"

首字母接龙游戏——让儿童想出以相同音开头的词语。

"让我们想想哪些词和 'car（小汽车）''cat（猫）''call（呼叫）'的开头相同呢？"

"什么词像 'daddy（爸爸）'一样是以 /d/ 开头的？"

"你能想出多少个以 /p/ 读音开头的词？"

字母替换游戏——在点心时间或活动过渡环节等活动中，选出一个读音，然后用它替换单词开头的音。这个游戏特别好，可以让整理时间变得滑稽有趣。儿童明白这个游戏后，就让他们自己选出读音。

"It's gircle time. Everyone go to the gug. Let's all gap our gands!"

"Let's begin flean up time by putting away the flocks. Now we can do the faints and frushes. Who wants to stack the fuzzles?"

"米格尔（Miguel），该你选个读音，帮我们为户外活动做准备了。（米格尔回答说，他想选自己名字中的 /m/。）好的，let's put on our moats and wait by the moor until everyone is ready to go moutside。"（表演出或指出一些物体，看看儿童是否能自己填上词。例如，假装穿上外套，看看门或做出朝门走去的姿势。）

教师主导还是儿童主导？

> 需要记住的是，尽管对以英语为母语的儿童来说，这种活动是愉快而有益的，但双语学习者很可能会感到困惑。对自己的语言理解能力有信心的儿童，在听到教师说"gircle time"时，会觉得很有趣，因为"gircle"不是一个真实的词。但儿童如果对这门语言不熟悉，就会努力把"gircle"作为一个新词来学，并对自己先前把该单词发音为"circle"产生怀疑。

- 在活动过渡环节玩字母游戏。例如，说"名字的第一个读音相同的儿童，就像'book（书本）'和'box（盒子）'一样，都到那个圈里去"。
- 做一些鼓励儿童辨别单词发音的游戏。例如，"我说一些词，希望你们只说出它们开头部分的读音。你们能说出'shoe（鞋子）'这个词开头的读音吗？"用同样的方法练习单词结尾的读音。例如，"告诉我，如果我去掉'shop（商店）'的开头部分，剩下的发什么音？"用常见的非英语词，尤其是双语学习者相互之间使用的词或他们已经教给英语为母语的同伴的词来玩这些游戏，例如，用西班牙语"casa（房屋）"这个词做开头或结尾读音的游戏。
- 做一些鼓励儿童组合单词各音素的猜谜游戏。例如，"你们中有个人的名字以 /k/ 音开头，以 /arl/ 音结尾。猜猜是谁？"
- 儿童请求帮忙拼写一个单词时，教师要边写这个单词边大声读出每个字母的发音。

（2）词汇

词汇是指一个人理解或使用的词语和固定词组的总和。接收或听到的词汇是儿童能够理解的单词量。这种词汇量一般大于儿童能够正确说出和使用的词汇量。儿童进入小学时能运用的词汇量，是影响其以后阅读水平高低的重要因素。

学前儿童的词汇量取决于他们成长过程中听到的语言量。到 3 岁时，这种情况会有很大变化，主要是社会阶层所致。来自低收入家庭的儿童，比来自富裕家庭的儿童，听到的词汇要少得多，复杂的单词也更少。哈特和里斯利（Hart & Risley，1995）发现，儿童在进入小学时，已积累的词汇量从1万到3万不等。最近的研究表明，这种基于家庭收入的语言差异可能早在18个月大的时候就出现了（Fernald，Marchman，& Weisleder，2012）。成人评论儿童的言行，回答他们的问题，并和他们一起阅读时，就会扩大儿童的词汇量。儿童和词汇量更大的人交谈时，就会学到更多的词汇。对双语学习者来说，这种词汇量的增长可以在英语和他们的母语中同时发生，并且他们越来越知道在什么时候（例如，在家里或学校时，与其他双语学习者或单语学习者在一起时；Tabors，2008），使用哪种语言。双语学习者可能不像他们的单语同伴那样知道那么多英语词汇，但是他们的词汇组合，即他们在母语和英语中知道的词汇总量，通常是可与单语同伴比肩的（De Houwer，Bornstein，& Putnick，2013）。

教学策略。孤立的单词学习不会扩大儿童的词汇量。扩大词汇量的最好方法是以儿童正在谈论的内容为基础，增加同义词和与谈话主题相关的其他词汇，而且在阅读过程中也是如此（Christ & Wang，2012；Collins，2012）。对儿童来说，学习新词汇，包括词汇的意义和用法，需要在一个或多个"说话者群体"中反复遇到和练习（仅一次是不够的！）。幼儿园班级就是这样一个群体，以下是实现这一目标的一些策略。

- 与儿童多交谈。在日常活动和游戏时与他们交谈。确保对话是双向的，既要听，也要说。耐心等待儿童找到表达他们想法的词语，并表现出你重视他们说的话。

- 使用能引起儿童兴趣的词语。儿童喜欢谈论自己在做什么。例如，许多儿童对宠物感兴趣。有个儿童问："为什么斯尼菲（豚鼠名字）在吃软管？"教师回答："它需要啃硬纸板和木质纤维来磨牙。如果不磨，它的牙就会越来越长，刺穿嘴巴。"接着另一个儿童说："昨晚，我们有了一只新的小狗。"于是教师通过分享自己的经历来介绍新词汇，"我的狗还小的时候，我看报纸，它就蜷缩在我旁边的沙发上，还把鼻子伸进报纸，把报纸弄皱。"

- 阅读词汇丰富、观点有趣的儿童书，这些书会激发儿童提问并让他们参与对话。

- 在对儿童使用陌生的词汇时,要提供熟悉的同义词和新词的定义。这一策略对双语学习者尤其有帮助,因为他们在不断掌握母语新词汇的同时,也积累了大量的英语词汇。同时使用熟悉的词和新词,有助于儿童通过语境掌握新词的含义,这样他们就可以理解并使用新词:

    关于这些石头要摆在哪里,我们有了**争论**。人们有争论时,就要谈谈他们想做或不想做某事的所有理由。我们也可以说,我们**讨论**了把石头放在哪里才能让每个人都能看到,或者我们正在**交流**找个好地方存放这些石头。(Hohmann,2005,p.250)

- 提供不同的经验,引入新的和不常用的词汇。实地考察是很好的词汇来源,戏剧表演也有助于解释各种词汇。幽默是鼓励儿童探索和享受语言乐趣的一种方式。他们喜欢笑话、引人发笑的名字和童谣。

- 创造学习经验,让儿童使用分类(分拣和匹配)、排序(按规律排列物体)和时空(时间和空间)现象中的词汇,组织和联系概念。以小组为单位开展这些活动,不仅有助于儿童运用自己的词汇,还能让他们听到和学到同伴使用的词汇。例如,给儿童一些物品进行分类,并要求他们按照自己分类时依据的物品特点向同伴描述自己的物品。

- 向儿童展示如何在小组活动或游戏中向同伴发出语言指令。例如,玩"西蒙说"游戏(没有输赢)时,发出指令,"西蒙说,在木板上扭扭腰"。这样就在玩耍中介绍了有趣的词汇(扭腰、木板)。即使是不熟悉这些词汇的儿童(包括双语学习者),在看到熟悉这些词汇的儿童做动作时(或看教师演示)也会进行模仿,这样就促进了他们对新词汇的学习。

- 宣布你的动机和目的:"我要去娃娃家看看贝茜和维诺德在煮什么。闻起来像是在为午餐准备一些辣的东西。"

（3）叙述性知识／理解力

理解力（如阅读理解）包括理解口头或书面叙述中的观点及其联系。儿童通过把要学习的知识和已经知道的知识建立联系来理解事物。学前阶段的理解力有四个部分：理解、联系、预测和复述。理解（understanding）是儿童通过各种手段展示自己知识的一种能力，如谈论所见（用图说明）和所闻（口头叙述或大声朗读书面文本）；联系（connection）是儿童将故事中的元素与自己的生活进行联系、将新词汇和短语与自己知道的概念和经验进行联系，以及发现新的关系、观点和知识的能力；预测（prediction）是想象将要发生什么的能力；复述（retelling）是重新有序地叙述故事，逐渐增加故事细节。

教学策略。儿童阅读故事时，理解就是输入和输出的过程。随着幼儿的发展，他们的大脑越来越具备处理这些信息所需的思维结构，但是他们还需要成人的明确指导，才能建立联系和理解所听、所读的内容。口语水平整体发展得好，阅读理解能力就会提高。这就是为什么从孩子出生的那一刻起和他们交谈是多么的重要。他们听到的越多，学到的就越多。以下策略可供参考。

- 反复阅读儿童喜欢的故事。重复能增强儿童对人物和叙事顺序的意识。
- 观察并讨论书中的图片。鼓励儿童看着图片讲述或"读出"已熟悉的书中的故事。要求他们描述所看到的东西。与他们谈谈书中所描述的人物和情景与他们在家里或教室里遇到的相关物体、人物、事件和观点有什么联系。例如，你们可以这样一起看书的封面图片：

　　与一个儿童或一小组儿童坐在舒适的地方，让每个人都能看到你要读的这本书。教师说："今天我们要读这本书（大声读出书名）。我们先看看封面。我想知道，这本书写的是关于什么的？"教师给儿童展示封面，倾听并点评他们的想法。比如，"杰看到了一头牛，所以他认为这本书是关于农场的"或者"尚诺看到了一些玉米，所以她认为这个故事可能是关于一家人的晚餐"。谈论了儿童的想法之后，教师说："我们打开书，寻找答案吧。"

教师主导还是儿童主导？

- 讨论书中的内容。谈谈发生了什么。将故事中的人物和情境与儿童自己的生活联系起来。
- 教师阅读故事时，让儿童回顾和预测。偶尔停下来，让儿童回忆前面的内容。不要问有固定答案的问题（"鸭子说了什么？"），可以说"看看到目前为止，我们能记住什么"或"你能帮我回忆起最开始发生了什么吗"，以此激发儿童进行评论。让儿童预测下一页会有什么图片或内容，或者某个角色会怎样解决问题。鼓励他们寻找和倾听线索，预测接下来可能发生什么。将书末的图片和文字与书名和第一页联系起来。回想一下，故事的开头、中间和结尾都发生了什么。
- 鼓励儿童在艺术、戏剧表演、运动和其他活动中，以各种方式表演故事。提供材料，如艺术用品、道具和音乐，方便他们表演故事。提出一些建议，比如模仿故事中人物的动作进入下一个活动，或者画一系列图片来展示故事的发展。表演时不用语言，双语学习者会觉得很受鼓舞，因为他们可以完全参与进去。他们的投入度也能让教师了解他们对故事的理解程度。
- 在阅读或讲故事之外的时间，比如在点心时间或与故事相关的远足中，也要回忆和谈论故事。倾听儿童的评论，这些评论可以自然地引发他们对自己熟悉、喜爱的故事展开讨论。
- 利用儿童熟悉和喜爱的书中的构思设计小组活动和过渡环节。例如，实地参观书中描述的环境（如农场、超市、宠物店、博物馆）。如果书或故事中的角色以某种方式移动（如蛇在地上滑行），在阅读完要进入下一个活动时，可以让儿童模仿这种动作。
- 为儿童提供相互交谈和一起看书的机会。一个儿童分享观点时，另一个儿童可以补充故事元素，这样两人都可以加深对故事的理解。让双语学习者与英语流利的儿童一起参加这种活动。

（二）阅读

在阅读领域的关键知识和技能中，儿童主导的学习经验在视觉区分技能、环境中的文字知识、文字意识以及与文字材料互动的动机方面显得尤为重要。教师主导的学习经验对理解口语和书面语的关系、获得字母知识方面，特别重要。

1. 特别适合采用儿童主导的学习的方面

（1）视觉区分技能

阅读依赖两种能力，一是从视觉上区分字母和标点符号的结构特征，二是区分单词、句子和段落的构成方式。儿童必须认识文字中的各种标记，如线条、点和结束标志，还必须进一步区分各种线条，如直线、曲线、竖线、横线。最后，儿童要知道这些标记在页面上的排列方式以及它们之间的关系。

教学策略。儿童的视觉区分技能随着生理的成熟而增长，但有些特殊的教学策略可以帮助儿童获得阅读所需的特殊视觉技能。以下策略，有的不言自明，有的能够激发教师的创造力。

- 提供视觉丰富的环境，不仅包括许多文字材料，还包括具有不同特征的非文字材料。大多数教师都知道，教室里放置大量文字材料对早期阅读很重要（见本章"文字意识"一节）。然而，许多没有字母的材料也能帮助幼儿认识文字材料中的线条、符号和对比等，如二维或三维的、在不同媒介上的、代表不同文化的艺术品和艺术仿品（特别是具有独特的视觉样式和装饰图案），图形和图表，有花和各种叶子的植物，贝壳和石头，有图案的织物，有独特纹理的木材，放大镜，用来创造光和影的不同类型的发光体（自然和人工）等。

- 使用与文字视觉特征相关的词汇，如"直""弯""圆""长""高""矮""空格""空白""线条"。提醒儿童注意室内外物体的视觉特征，如大小、形状、结构、颜色、前后背景。

- 鼓励儿童描述周围环境中的材料、工具、艺术品等的视觉特征。讨论是什么特征使物体看起来相似或不同。

- 开展注重视觉特征的游戏，设计这方面的艺术活动。例如，把物体半遮半掩地藏起来，让儿童寻找，然后问是什么特征帮助他们找到了物体。给物体打上印记或拓印（如运动鞋底、树皮、钥匙、手和脚），然后让儿童找出与这些印记相符合的实物,并讨论是如何找到的。

(2) 环境中的文字知识

儿童和成人在日常生活中会遇到各种文字,如商店、电视、网页和车辆上的公司名称、标志和广告文案,产品标签、菜单、街道名称、交通标志、店面、广告牌,以及杂志、报纸和目录中的文字和标题、广告邮件、请帖、信件抬头等。

教学策略。环境中的文字无处不在,儿童经常接触它们。然而,教师在唤起儿童注意这些文字方面起着重要作用。教师能够明确说明标志或其他符号与印刷文字之间的联系,以及环境中的文字与书籍所具有的共同属性。教师可以尝试以下策略。

- 创设文字丰富的教室环境,包括以下文字材料:相册、杂志(儿童和成人杂志)、目录、报纸、小册子、传单、电话簿、广告邮件、说明书、地址簿(尤其是字母用大号字体书写的)、日历、贺卡、票根、名片和空种子包。
- 设立一些学习区,配上阅读和书写材料。例如,在娃娃家摆放空的食品盒和带标签的罐头盒(已清洁,锋利边缘都已磨平)、商店优惠券、游戏币、烹饪书、电话簿、留言簿和铅笔。用餐区可以配备菜单、墙体广告和订餐用的记事本。
- 请家长帮助提供材料。
- 给整间教室的学习区和材料都贴上标签和标题。张贴标志和清单,如每周零食表、一日活动流程或每个小组儿童的名字。
- 将印刷材料放在儿童平视所及之处,方便儿童拿取。
- 提供反映儿童母语和文化的印刷材料。
- 用对儿童个体有意义的方法介绍字母和词汇。例如,用"字母连接"(DeBruin-Parecki & Hohmann, 2003)游戏,将儿童的姓名标签,与以相同字母和声音开头的物体的图片连接配对。例如,与名字"Annie"连接的可能是"ant(蚂蚁)",与"paintbrush(画笔)"连接的可能是名字"Pedro"。字母连接由儿童自己选择，可出现在他们的小壁橱上、照片底部、杂务表和教室的其他地方。
- 参观社区中有大量文字的地方（如图书馆、商店、书店、超市）。寻找儿童平视所及的大号文字，如货架上的商品标签，比起走廊上悬挂在天花板的标签，儿童更容易看到。
- 通过对社区中常见的非英语文字和英语文字，比如店铺名称和产品包装上的文字，进行相互翻译来支持双语学习者。到附近散散步，鼓励家长收集代表他们语言和文化的空容器。使用胶带和记号笔，将相应的英语词汇添加到以儿童母语写成的标签上，反之亦然。例如，把"cracker（饼干）"添加到"galetta（意大利语，饼干）"上。邀请家长帮助这项贴标签活动。为每种语言选择一种颜色，使整间教室中与该语言有关的事物都有同一种颜色。如果可能，可以添加音标，这样教师就可以用儿童的母语说出来。

儿童在游戏中创造各种文字

儿童在游戏过程中制作和使用自己的文字材料，就像使用和制作其他类型的道具一样。在下面的例子中，一组学前儿童为一次假想的火车旅行制作车票和标志牌。

几个4岁的儿童在玩坐火车去法国的游戏。他们把一个高出的平台当作火车，将椅子搬上去当作乘客座位。他们中有两人去临近的一个活动区，为这次旅行制作车票（在上面乱涂几笔）。票制作好后，分发给每个儿童。"乘客"上车时，"列车员"要收回票。孩子们在等着教师收拾行李加入他们时，就倚在扶手栏上，读着教师早些时候帮他们做的标语："火车""禁止吸烟""鬼不得入内"。其中有一个带箭头的标志，上面写着"从这边上火车"，他们看不懂，问："上面写着什么？"教师大声读出来，然后登上火车。（Jim Christie，2004，私人交流所得）

（3）文字意识

文字意识，或文字概念，包括有关文字惯例和如何阅读图书的基本知识。

教师主导还是儿童主导？

例如，学前儿童知道书包括不同的部分（封面、正文、开头和结尾），有作者，有插图作者，或者两者都有，还有与图片分开的文字内容（尽管两者相关）。儿童经过反复体验，掌握了方向性，也就是说，知道书是从右边向上翻页（定向），阅读是从前往后（按顺序翻页），每页内容的阅读是从上到下、从左到右。需要注意的是，有些儿童家庭的语言习惯是从右到左阅读。

教学策略。成人熟知书的逻辑结构，并且认为这种结构是理所当然的。我们有时会忘记幼儿并不是生来就知道书的结构。反复接触文字有助于幼儿形成这种结构意识。尽管如此，教师仍可通过以下策略指出书的主要特征，有意识地帮助儿童获得文字意识。

- 为儿童提供各种书籍，让他们接触、携带、翻看、听录音和谈论，帮助他们理解和运用文字的一般规则。提供多种不同类型的图书，如插图故事书、控制词汇量的书（带有鼓励视读[1]的词汇串，如 cat、mat 和 bat）、图解词典，以及儿童对其主题感兴趣的信息类（非小说类）图书。要方便儿童拿取，定期更换图书，以保持他们的兴趣。

- 提供多种儿童可以与之互动的文字产品，如本章前一节讨论的环境中的文字材料、口述故事和儿童自己写或画的故事。

- 让儿童递给你一本书，以便"我要读一下"。根据需要接受或调整这本书。偶尔以错误的方式拿书，看看儿童有什么反应。翻页时故意发出声音，吸引儿童注意。

- 与儿童一起看书时，指出书和文字的特点。例如，说"这是封面，这是（翻过书来）封底，被称为'扉页'，因为它上面有书名"。鼓励儿童谈论他们在封面和封底看到的内容。解释书的作者和插图作者的概念。阅读前，说："我要读这本书了（大声读出书名），这本书是（作者姓名）写的，（插图作者姓名）画的。"鼓励儿童在你读的时候，替你翻页。读完书，你可以说："这就是故事的结尾。"找一些最后一页写着"The End（完）"的书。然后，再回去按顺序指出这本书的页

---

[1] 眼睛大面积扫视文字，大脑对信息集群处理的一种阅读技术。——译者注

码（一旦开始读，就不要打断故事指出书的特征，否则会破坏阅读的乐趣。此外，儿童需要叙事的连续性以培养理解能力。你可以偶尔提到文字的特征，但在大多数情况下，要在读之前或读完之后指出这些特征）。

- 与儿童一起制作图书，要包含所有部分（封面、封底、以儿童名字为图文作者的扉页、配有文字的插图）。在桌子上放一些购买的图书，供儿童制作时参考。展示儿童制作好的书，把这些书放在阅读区，这样他们就可以看到自己以及同学制作的图书。邀请他们在小组中大声"朗读"自己的书，谈谈自己是如何制作每个部分的。

- 优选纸质书，儿童容易操作这种书，尽量不要用电子书。鼓励家长在家里也这样做。但是，随着电子书（以及电子设备上的其他文字形式）越来越普遍，也要向儿童演示一些基本的操作，比如如何向下"翻页"。在家使用过电子阅读器的儿童，通常会向不太熟悉这些设备的儿童提供指导。鼓励儿童一起使用这些设备。

（4）儿童与文字材料互动的动机

这一领域指的是儿童有兴趣（或倾向于）接触文字材料和以文字呈现出来的东西，比如故事和信息。例如，儿童积极地看书和听录制的书。

教学策略。不能强迫儿童对阅读感兴趣。幸运的是，儿童如果有和成人一起积极阅读的经历，就会自然而然地产生阅读动力。要培养积极的阅读态度，可以运用以下策略。

- 经常给儿童阅读，包括单独阅读和小组阅读。
- 创造一个舒适的地方，和儿童一起阅读，或让他们自己看书。提供毛绒玩具和玩具娃娃，让儿童读给它们听。
- 把图书摆在开放的书架上，并把吸引人的彩色封面朝外。
- 鼓励儿童自己选择要阅读的书。
- 教师要选择儿童感兴趣的书。记住，他们富有好奇心，所以几乎任何一个主题的图书，只要适合他们的年龄，都能引起他们的兴趣。这包括非小说类图书和故事书。
- 提供儿童自己能够成功"阅读"的图书,如无字书、简单的书(有可预测到的词汇范围),以及用儿童母语编写的书(带有彩色标签,可帮助他们找到自己需要的语言)。
- 让儿童明白你是为了乐趣和获得信息而阅读。
- 让儿童知道你希望他们都能成功阅读。
- 鼓励家长在家中给孩子读书。在教室里建立一个图书借阅区。为每个儿童制作一个背包,这样他们就可以带书回家,读完后再归还。
- 如果你的方案是使用电子书,那么请选择适宜的电子书,就像阅读纸质图书一样,与儿童一起阅读。把这一指导原则告知家长,强调家长和孩子一起阅读电子书的重要性。

2. 特别适合采用教师主导的学习的方面

(1)口语和书面语的关系

这一领域涉及把口语与意思相同的书面语联系起来。它要求儿童理解这两种表达方式之间的一一对应关系。

教学策略。对成人来说,口语和书面语之间的关系似乎不言自明。但对幼儿来说,他们的具象思维刚刚开始形成心理表征,所以能够理解这种抽象的联系是一项显著的成就。教师可运用以下策略,展示视觉、听觉和触觉的联系,帮助幼儿将口头和书面模式联系起来。

- 把儿童口述的内容写下来,然后逐字逐句地读给他们听(当你在纸上写时,问儿童在纸的什么地方开始写,以强化文字概念)。也可以输入计算机打印出来。儿童看到自己的话被打印出来,只要是自愿的而不是强迫的,就会有成就感和快乐,这能够鼓励儿童创造更多的口述机会。能引发儿童个人口述的事物包括:标签、艺术品上的说明、角色扮演道具(如菜单、交通标志、请帖)、儿童创作的图书、信息卡(儿童自己记录的)、原创歌曲、诗歌和赞美诗。能引发小组儿童口述的事物包括:原创故事、歌曲、诗歌和赞美诗、儿童制定的游戏规则、清单和图表（如最喜欢的食物、玩具、颜色或去野外旅行的地方）、每个儿童的经验分享（"我们的宠物店之旅"）、小组体验计划（"我想在公园做什么"）、小组讨论解决问题（"我们怎样才能不再争抢红色小货车？"）。鼓励双语学习者使用母语或母语和英语结合来口述故事与说明性文字。

- 给儿童阅读时，用手指着每一行往下读，指出并解释某个词语的意思，同时示范语调。无论是阅读纸质书还是电子书，都要这样做。用不同语言讲述的电子书，可以帮助教师和儿童学会用对方的语言读词语。
- 让儿童边讲述边表演自己创作和购买的图书中的故事。
- 制作图片卡，在图片卡下面写上适当的词语（如名词、动词、短句）。这些词语可以是关于某个物品或动作，也可以是相关情景的词语串（如建构、花园种植）。教师大声读出内容时，要指着相应的图片和词语。鼓励儿童自己或与同伴一起看卡片，并大声读出卡片上的词语。同样，鼓励双语学习者使用他们觉得合适的任何语言或语言组合。让儿童用两种语言（英语和母语）写下和读出词语。

（2）字母知识：字母辨认及发音

字母知识指的是知道字母的名称及其发音（字母法则）。虽然知道字母的名称（视觉区分）和发音（听觉区分）是两种不同的能力，但它们通常是同步发展的，因为儿童同时获得了这两种信息，如"这是字母'm'，发 /m/ 音"。

通过合理猜测，以及持续的明确指导，儿童逐渐明白他们说话和书写时喜欢使用的词语中，有的是以同一个字母开头的，如"mom""me""mud"和"motor"都是从 /m/ 音开始的。儿童发现，区分单词的第一个字母更容易，尤其该字母还是大写的时候。例如，名字"Barbara"的首字母"B"比位于名字中间的"b"更容易找到（和听到）。

教学策略。像语音意识一样，字母知识在早期的读写中至关重要。字母表是一种或多种相关语言中独特的字母和发音代码。儿童必须学习他们语言中的规则和惯例，不能自己编造。因此，教师在传授这个知识体系中起着明

教师主导还是儿童主导？

确的作用。与此同时，儿童需要足够的机会亲自尝试练习字母表。教师可运用以下策略。

- 在儿童能看到的地方展示字母表中的字母，不要贴得太高。提供儿童可以把玩、复制、描摹和重新排序的字母或字母形状的积木，如由木头、塑料和厚纸板制成的字母或字母模板、磁力字母、字母形状的饼干模子（儿童可以把它压入沙子或橡皮泥来制作字母）、字母拼图。

- 说出字母的名称，并让儿童在读、写和口述单词时把这些字母读出来。例如，说"那是'b'，发 /b/ 音"。读出儿童口述词语中的字母、字母串和字母组合。例如，如果他们口述了一份聚会菜单，就写下来并说，"/p/ /i/ /z/ /z/ /a 组成了'pizza（比萨）'这个词。我喜欢比萨上的意大利香肠！"注意单词开头、结尾和中间的字母串和字母组合。例如，当西蒙对教师说，"帮我写'daddy'（爸爸）这个词"时，教师会写下这些字母，然后说，"它以 /d/ 音开头，我写上'D-A'。它以 /d/ 音结尾，'D-D-Y，D-A-D-D-Y'，这就构成了'Daddy'这个词。"

- 把儿童写的整个单词中的每个字母都与其发音联系起来。例如，一个儿童写了"HB"，并读作"Happy Birthday"，教师可以说"你写了'Happy Birthday'。我在'happy'这个词中看到字母'h'发 /h/ 音，字母'B'在'birthday'这个词的开头，发 /b/ 音。"读出儿童自创的"单词"。如果儿童问，"这是什么词？"或者"这个词怎么拼写？"教师可按照儿童拼写或组织的顺序把这个词读出来。例如，一个儿童拼写了"KRGMS"，教师就说"这个词的发音像 /k/ /r/ /g/ /m/ /s/，你写了'krgms'这个词。"

- 让儿童根据发音寻找字母，如下例所示：

    全班散步时，教师说："我在找一个发 /s/ 音的字母，你们能找到吗？"孩子们指出了"gas station（加油站）"和"South Street Market（南街市场）"的标志牌以及车牌号"RS 0371"。

- 在上下文中学习字母知识。儿童在游戏、阅读和书写时，要求他们注意相关字母的名称和发音。脱离儿童正在进行的有意义的活动，只提供孤立的信息，远没有以上这种策略有效。

- 辨析儿童名字和其他熟悉单词的首字母发音。儿童学习的第一个字母和发音，通常是自己名字的首字母，或者是他们经常使用并认为重要的一个词的首字母，比如"mom（妈妈）"、他们宠物狗的名字或最喜欢的食物的名字。将儿童的名字与它的第一个字母的发音联系起来。过渡环节是做这个游戏的好时机：

  教师：（举着达伦外套上的名牌）这是"Darren（达伦）"的名字。它的第一个音是 /d/。达伦，我想知道你名字开头发 /d/ 音的字母是什么？

  达伦："D"在"Darren"中发 /d/ 音。

  教师：字母"D"在"Darren"的开头发 /d/ 音。达伦，你可以拿走外套了。

  教师：（举起莉迪娅的名牌）莉迪娅（Lydia），你的名字以 /l/ 音开头。我想知道哪个字母发 /l/ 音？

  莉迪娅："Lydia"发 /l/ 音！

  教师：是的，"Lydia"是从 /l/ 音开始，但我想知道哪个字母发这个音？

  马克斯：我知道。字母"L"发 /l/ 音。

  教师："Lydia"的开头字母"L"发 /l/ 音。莉迪娅，你可以拿走外套了。（举起马克斯的名牌）现在，"Max（马克斯）"，开头哪个字母发 /m/ 音？（改编自高瞻教育研究基金会，2004，p. 25）

- 将单词的发音与儿童名字的第一个字母联系起来。例如，在书写和拼写"box"这个词时，你可以说"它以'b'开头，就像'Brian'中的 /b/ 一样发音。它以'x'结尾，就像'Xavier（泽维尔）'中的 /x/ 一样发音。中间是一个'o'，就像'Olive（奥利芙）'中的 /o/ 一样发音。"

- 确保你和儿童一起使用的任何技术程序都是交互式的，而不只是简单地训练和练习。例如，寻找类似于游戏的软件和应用程序，让儿童选择字母并在屏幕上操作（移动）。确保发声（字母发音）清晰，字母大且明显，便于儿童阅读。

（三）书写

在书写领域的关键知识和技能中，儿童主导的学习经验对于获得精细动作技能、发展对书面文字的目的和功能的意识方面，显得尤为重要。教师主导的学习经验对于培养字母和单词的书写技能，以及培养拼写、语法、句法、标点符号的规则意识方面特别重要。

1. 特别适合采用儿童主导的学习的方面

（1）精细动作技能

书写和阅读一样，需要儿童具有一定的感知运动技能。书写必备的精细动作技能包括：能够握住书写材料、眼手协调地在书写材料的特定位置写出某些类型的记号。

教学策略。书写所需的精细动作技能在很大程度上是随身体发育而发展的。然而，就像阅读能力所需的视觉灵敏度的发展一样，儿童也依赖成人提供材料和机会来发展精细动作技能。

- 在教室的每个区域提供操作性材料，以发展儿童的身体灵巧性和眼手协调性。例如：组装和拆卸物品（如螺母和螺栓、鞋子和鞋带）；复制、临摹的东西；珠子和细绳；拼图游戏；小积木和成套小玩具；有各种扣子的衣服和玩偶服装；可塑艺术材料，如黏土和面团；绘图和绘画工具（蜡笔、画笔和不同粗细的铅笔）；供儿童操作和折叠的纸张；剪刀；打孔机；订书机；各种胶带；炊具；切零食的安全小刀；木工工具和材料，如钉子和木头（需要使用适当的安全防护措施，包括护目镜）；以及带有触摸屏和按钮/开关、学前儿童很容易看到和操作的交互式技术用品。

- 在整间教室内提供各种书写材料（见本章下一节的建议，包括针对有视觉或特殊需求的儿童的建议）。

- 鼓励儿童玩简单的眼手协调游戏，比如用小豆袋或球打靶子（学前儿童需要大靶子，投掷距离也要短）。
- 示范如何握持书写工具、剪刀等，尤其是对于那些自己很难掌握这些技巧的儿童。对儿童的挫折能力要敏感。如果儿童遇到困难，教师却等太久才去干预，儿童就可能对书写产生反感。
- 建议儿童互相帮助。一般情况下，儿童观察和模仿同伴，比起成人的直接指导，能够更好地学习灵巧性和协调技能。

（2）对书面文字的目的和功能的意识

这一领域指的是了解人们书写的各种方式和原因。和阅读一样，书写是为了功能性的目的（比如传达一个想法、记住做某事、发出指令）和获得愉悦（比如发出邀请、表达感谢、讲故事、留住回忆）。

教学策略。幼儿愿意为自己做事，并与他人分享想法和成就。书写帮助他们实现这些个人目标。以下策略可激发儿童的内在书写动机。

- 为整个班级儿童提供各种各样的书写工具和材料。不仅包括书写材料（如钢笔、铅笔、纸张），还包括记录想法（如书写软件）并将其转达给别人的材料（如电子邮件、信封和邮票）。具体包括普通铅笔和彩色铅笔、钢笔、记号笔、蜡笔、粉笔（白色或彩色）、黑板、没有画线的纸、彩色美术纸、文具、横格笔记本、记事本、便笺、标签、用过的礼品包装、壁纸样品、购物袋、登记簿、印泥、印章、订货表、贴纸、适合儿童年龄的绘图软件，以及儿童自己制作书所需要的胶带、订书机、纱线、打孔机。
- 对于视力或动作控制能力有限的儿童，可以提供适当的辅助工具，如放大镜、粗蜡笔和马克笔、书写用的橡胶手柄、可调节的书写平台（如固定在轮椅托盘上且可升降的平台）、大字号键盘和语音识别软件。
- 提供一些情境性的文字，达到"此时此地"的效果。例如，活动区和材料上的标签、儿童制定的规则、一日活动安排、娃娃家烹饪指南、木工区或科学区的设备说明、儿童名单和图书馆的借书单。

- 示范用于不同目的的书面语言，并引导儿童注意。在你书写时，要向儿童指出所写的东西，比如一个待办事项清单、家长简讯或者儿童口述的一个故事。同样，当你使用现有材料时，要让儿童意识到你在做的事（比如参照已有信息或者在书、计算机上查找信息）。
- 鼓励写日志。让儿童制作自己的日志，封面和封底加装饰，中间是空白页。制作一个班级日志，每个儿童都可以在里面添加内容。如果儿童同意，就让他们在早上的问候时间阅读他们前一天的日志。
- 在儿童和家长能够看到的地方展示儿童的书写作品。

2. 特别适合采用教师主导的学习的方面

（1）字母和单词书写

读写能力包括书写字母和将字母组合成单词的能力。儿童在能够书写常规的字母之前，会先画出类似字母的形状。书写字母通常从自己的名字开始，先写名字的第一个字母。儿童非常渴望掌握这一技能，因为他们认为自己的名字体现着个人价值。

儿童在3—6岁时，名字书写从水平方向的连笔涂鸦，发展到字母分开、可辨，且排列位置正确（Hildreth，1936）。虽然儿童有强烈的动机发展这种能力，但是只有当家长和教师不断地在他们的名字发音和相关字母的书写之间建立明确的联系时，他们的这种能力才会发展。成人需要提醒儿童，看看周围环境中是否有文字包含儿童姓名的首字母，或者可以写下来："这是'P'，就像你名字'Paco（帕考）'中的字母'P'。"

教学策略。像字母知识一样，字母和单词的书写也高度依赖明确的指导，但必须以相关的、适宜儿童发展的方式来指导，才能有效果。可以尝试以下策略。

- 让儿童注意字母是怎么构成的，尤其是组成字母的线条和形状。
- 让儿童书写并读出自己写下的内容。把儿童口述的内容写下来，自己先读一遍，再让他们读出来。让他们有目的地书写（例如，儿童之间相互写、给家人和教师写）。

- 让他们每天都写名字。例如，把名字写在签到表、任务单、书签或艺术作品上。无论儿童把名字写成什么样，无论是从上往下写、连续的线条涂画、字母零零散散、字母写不全或顺序写反，还是能够写规则的字母，教师都要给予积极评价。例如：

  "扎里乌斯，你用点和线条写了名字。"

  "安娜（Anna），你的名字里有两个'A'和两个'n'。"

  "李（Lee），我看到你写了名字开头的字母'L'，然后画了两条竖线，又在中间画了许多横线，是'EE'吧？这就是你的名字，'Lee'。"

  "迈尔斯（Myles），我看到了你写的名字，'M-y-l-e-s'。"（高瞻教育研究基金会，2004，p.23）

- 注意儿童名字的书写范例（比如姓名标签和班级名单）和儿童自己签名之间的相似之处。指出儿童名字中的字母，与同样含有这些字母的其他名字和单词之间的相似之处。对于双语学习者，则一定要包括他们母语和英语中的词。

- 像教师和作家一样书写。儿童看到大人书写时，他们也想写。把你正在做的事称为"书写"，并向儿童解释你写的目的和你正在写的字母、单词和句子。

（2）对拼写、语法、句法和标点符号规则的意识

文字惯例指的是某种文化接受或公认的书面表达规则。随着儿童书写能力的发展，他们通常会先构建非传统的规则，然后逐渐向传统规则靠拢。例如，他们可能会使用单词中最明显的发音创造单词拼写，比如把"dog"拼写成"DG"。或者他们可能理解"过去时"的概念，知道要加"ed"，但把这些概念错误地应用到了不规则动词上，如"I goed to the store（我去过商店）"（双语学习者受母语习惯影响也会犯类似的错误）。不能指望幼儿一开始就能遵守所有的规则。随着教师唤起他们的规则意识，他们就会准备好使用规则（双语学习者在掌握英语规则之前，可能会将母语习惯运用到英语中，如复数形式）。我们的任务是以幼儿已知的知识为基础，也就是说，"goed"是否正确，或者名词变复数要在后面加"s"而不是"en"，这些都不如他们理解规则重要。

教学策略。儿童书写是自发的、快乐的，教师不应该反复纠正或要求他们严格遵守书写规则，以免压制他们的积极性。以下这些策略有助于儿童意识到这些规则及其应用，同时又不会抑制他们的书写冲动。

- 记录儿童的口述时，要边写边大声拼出所写内容（无论是用英语还是儿童的母语）。强调中间字母，尤其是元音。儿童往往先关注首字母和辅音字母，所以教师要在其他字母上停顿一下，让他们填补自己拼写上的"空白"。

- 回应儿童的请求，帮助他们正确拼写单词。一旦儿童意识到字母代表声音，就可以帮助他们把听到的发音写成相应的字母。随着他们越来越了解单词的发音，可以帮助他们过渡到规范的拼写。请看示例。

    儿童："我把'today（今天）'拼写对了吗？"

    教师："'T-O-D-A'，你有了所有的发音。只要在末尾加一个'y'，这个词就完整了。'Day''say''hay'，这些词都有'ay'。"（Neuman，Copple，& Bredekamp，2000，p.91）

- 对于年龄大一些的学前儿童，可以提供单词库、单词墙和含有相同拼写特征词汇的图书。张贴"难拼单词"表，要求儿童提供填到该表的单词，并鼓励他们在一年的时间里不断地往里添加单词。

- 与儿童一起阅读或书写时，要注意强调书写规则，例如，"这是一个新句子，所以它的开头字母要大写。"

- 与儿童一起书写时要使用标点符号。当儿童观察你书写时，向他们解释标点及其意义。例如，说："我们正在列一个问题清单，明天要问博物馆的导游，所以我会在每个问题的末尾写一个问号。"

- 儿童在说话中犯了语法和句法上的错误时，要用符合规则的语言重复他们的观点，而不是纠正他们。例如，一个儿童说："I goed to the barbershop yesterday. He cutted my hair.（我昨天去了理发店，他剪了我的头发。）"你可以说："Oh, you went to the barbershop yesterday and the barber cut your hair.（你昨天去了理发店，理发师剪了你的头发。）"儿童把母语规则运用到英语中时，教师也要这样做。例如，母语是德语的儿童让你读两本"buchen（德语，意思是书）"，你就说"You want me to read both books.（你想让我读两本书）"。有时，儿童会把形容词放在名词之后而不是之前，例如，儿童用"doll big"来指"big doll（大娃娃）"，这时教师同样需要运用上面的策略来应对这个问题。

* * *

"教室环境能够让儿童感觉到自己是在集体中学习读写时，学习就得到了加强"（Gambrell & Mazzoni，1999，p. 87）。通过与儿童个体互动和培养儿童之间的合作，教师在构建集体中起到关键作用。有准备的教师会利用自己在儿童发展和读写学习方面的知识，准备材料，提供适时的信息，指导讨论，做出深思熟虑的评论，提出有意义的问题，并设置有针对性的挑战来促进儿童的学习。

幼儿学习读写的动机来自内心对交流的渴望。但是他们需要成人的指导和支持，才能够具备能力且饱含热情地全面开启读写之旅。

四、思考题

1. 幼儿教育工作者应该教给幼儿什么样的基本语言与读写技能，尤其是对于那些由家庭导致阅读困难的儿童？谁来决定基本要求？如何进行评估？
2. 在你的教育实践中，你如何在综合课程中平衡读写学习的时间和其他内容领域的学习时间？你如何将读写学习与其他领域的早期学习结合起来？如果你还没有开始教学，你期待怎样做这些事情？
3. 教师能够做些什么来帮助儿童掌握多样化的词汇？

4. 系统的阅读指导会如何减少（或增添）阅读的乐趣？

5. 我们如何利用儿童的母语知识来帮助他们学习英语？如果儿童家长的母语不是英语，那么我们如何让他们参与进来并向他们提供支持呢？

6. 你如何帮助双语学习者在学习英语的同时，保持和增进他们母语的熟练程度呢？

第七章

数学

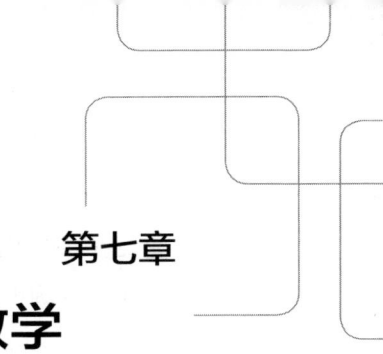

快 5 岁的格蕾琴说:"我需要一个大圆圈为白雪公主做个底座。"她在积木区找到一个大的木质圆圈,把它拿到艺术区,把圆圈临摹到一张美术纸上,然后把圆形剪下来,用胶带将它粘到纸的下边缘。她请求教师再帮她找一个"放在中间的中号圆圈。"教师建议她去娃娃家看看。格蕾琴去了那里,选了两个盖子,一个是咖啡盖,另一个是酸奶盖。"我找到了一个中号圆圈和一个小号圆圈!"她告诉教师。

* * *

教师利昂拿着一条细绳,4.5 岁的路易斯正在用尺子测量。路易斯把尺子的一端放在细绳的一端(但没有对齐),用手指捏直尺子,然后宣布,"Cuatro! La cadena tiene cuatro centimetros de largo(西班牙语,意思是'4! 绳子有 4 米长')"。利昂用数码相机记录下了这一场景,准备以后请同事翻译一下路易斯的话。

* * *

刚过 4 岁的法蒂玛,在她为祖母做的卡片的边缘粘上红、黄相间的方形美术纸。"我做了一个图案,"她告诉教师,"看,它是红—黄—红—黄……这样变的。"

* * *

4 岁的谢尔登坐在计算机前,用鼠标在比萨的图片上画三角形,又在周围画了两个圆表示盘子。"看,"他告诉朋友阿特夫,"我画了两个盘子,你一个,我一个。吃比萨的时间到了!"快 4 岁的阿特夫用鼠标向每个盘子里拖了一块三角形比萨,然后两个小朋友假装咀嚼起比萨。

教师主导还是儿童主导？

幼儿在日常生活中自然、无意识地发展着数学概念。例如，在本章开头的这几个案例中，儿童的话就反映了他们对数学的兴趣，包括对尺寸（高度、宽度）、数量和顺序、设计（规律）、形状（几何）、速度和年龄（测量和比较），以及对简单的量化信息（数据分析）的理解，这些对儿童都很重要。克莱门茨（Clements，2004，p. 11）总结了儿童早期的数学知识基础，指出，"3—4岁的儿童有兴趣和能力练习重要的数学思维和学习"。科普利（Copley，2010，p. 5）也指出，"幼儿根据他们对环境的体验、与成人和其他儿童的互动以及对日常生活的观察，不断地构建数学思想。"

因此，在过去的25年里，由于"幼儿直观的、非正式的数学知识经常让幼儿教师感到惊讶"（Copley，2010，p. 3），所以对幼儿数学发展的研究已经从关注他们不能做什么转向关注他们能够做什么。"事实上，这项研究已经对儿童能够做什么提供了新的有效见解，使我们现在能够列举出一系列的能力，无处不在的能力"（Ginsburg & Golbeck，2004，p. 191）。因此，数学就像10年前的语言与读写那样，已经上升到教育议程的首位（National Research Council，2009），并且有证据表明，早期数学可能比早期读写更能预测以后的学业成绩（Stipek，Shoenfeld，& Gomby，2012）。例如，观察儿童在选择时间的活动时，经常发现他们热衷于数学探索和应用，有时这些探索和应用很超前，令人惊讶（Ginsburg et al.，2006）。此外，因为数学理解不像读写能力那样依赖语言，所以双语学习者在幼儿期就可以在这一重要的学习领域体验到成功（National Mathematics Advisory Panel，2008）。

然而，在典型的儿童早期课程中，很少有经过精心设计的、连贯的早期数学经验（Corpley，2004）。如果课程中包含了数学，也往往只限于数字方面，尤其是计数。然而，幼儿也自发地探索一些问题，如规律、形状以及加减等过程带来的变化（Ginsburg et al.，2006；Tudge & Doucet，2004）。在这些领域，儿童需要发展一些基本的数学理解力。

随着我们对"儿童能够理解什么"这一观念的改变，我们开始重新思考如何培养儿童的早期数学发展。

因为幼儿的经历会从根本上塑造他们对数学的态度，所以营造氛围来吸引和鼓励儿童在早期学习数学，是很重要的。对幼儿来说，提高他们在理解和使用数学方面的信心是至关重要的，换句话说，儿童要认为自己能够把数学学好。(NAEYC & NCTM, 2010, p.4)

研究人员和一线教育者已经制定出不同的体系，对幼儿感兴趣和展示出一定能力的数学领域进行分类（如 Campbell，1999；Greenes，1999）。2000 年，美国数学教师协会（National Council of Teachers of Mathematics）出版了《学校数学中的原则和标准》(*Principles and Standards in School Mathematics*)，其中包括从幼儿园到小学二年级的数学教育标准。2002 年，美国幼儿教育协会与美国数学教师协会发表了一份联合立场声明（2010 年更新），表示支持美国数学教师协会的这些标准，并对早期数学教育提出了建议。美国数学教师协会的这些标准（2000）以及该组织的后续出版物《从学前班到八年级数学课程的焦点》(*Curriculum Focal Points for Prekindergarten Through Grade 8 Mathematics*, 2006)，现已在该领域广泛引用，并被美国许多州的教育部门和地方学区用于开发幼儿园和小学阶段的综合性早期数学课程。同时，它们也影响了"各州共同核心标准"对幼儿园到八年级数学教学的规定。

美国数学教师协会的标准（2000）定义了五大内容领域：数字和运算、几何、测量、代数、数据分析和概率。本章描述了这些标准以及它们在幼儿园的应用。该协会还定义了五个过程标准，这些标准与本章提出的策略一致：问题解决、推理和证明、联系、交流、表征。其中问题解决和推理，正如其立场声明中所说，是数学的核心：

尽管上述内容代表了早期数学教育的内容，但教学过程……使儿童获得内容知识成为可能。这些过程随着时间而发展，并需要精心设计的学习机会提供支持。儿童对这些过程的掌握和运用，就是数学教育中最持久、最重要的成就。当儿童对经验和直觉进行反思，以各种方式来表征，并把它们与其他知识联系起来时，经验和直觉就真正具有数学意义。(NAEYC & NCTM, 2010, p.6)

关于美国数学教师协会过程标准和示例的进一步解释，请见克莱门茨（Clements，2004）和科普利（Copley，2004，2010）的研究成果。各州对早期数学学习标准的更多信息，请见格罗伦德（Gronlund，2006）和"各州共同核心标准"的幼儿园部分（National Governors Association Center for Best Practices & Council of Chief State School Officers，2010）。各州幼儿园入园前时期（pre-K）的标准为其奠定了基础。

一、幼儿在数学领域的发展

就像本章开头的案例一样，幼儿一开始对数学仅仅是直觉性或经验性的理解。他们还没有足够的概念或词汇来运用他们靠直觉得到的知识，也没有能力将自己的知识与学校的数学联系起来。因此，幼儿园教师的任务是：

弄清楚幼儿已经知道的东西，并帮助他们开始从数学的角度理解这些内容。3—6岁的儿童需要通过很多体验，把自己的知识与数学词汇及概念联系起来，换句话说，就是把他们凭直觉掌握的知识"数学化"。（NAEYC & NCTM，2010，pp. 4–5）

早期数学教育的目标就是为幼儿建立"数学能力"（Baroody，2000）。这种能力有三个组成部分：积极地学习和运用数学；理解和欣赏数学的重要性；参与数学探究的过程。将儿童早期自发的数学游戏（儿童主导的学习经验）转化为对数学概念和技能的认识，这是该领域有准备的教学的核心。

在早期的数学学习中，自由探索很重要，但光靠自由探索是不够的。有些概念、原理和词汇是儿童自己无法构建的。即使是非常需要他们进行探索的那些领域，他们也不总是能够从中构建数学意义。克莱门茨（Clements，2001）建议教师思考儿童的思维是处于发展还是停滞状态。"处于发展状态时，教师可以继续观察；处于停滞状态时，教师的干预就很重要了"（Seo，2003，p. 31）。这样，教师主导的学习经验就对儿童主导的探索有所补充。

二、数学的教与学

幼儿需要许多机会来表征、重构、量化、概括和提炼他们的经验性和直觉性理解，它们可被称为"前数学"或准数学的知识。这些过程中的许多学习内容（如表征和概括）可以用物体或书写工具完成，不需要言语表达，因此方便了双语学习者对数学的学习。此外，双语学习者可以使用母语进行计数，这为他们同时学习表示数字的英语单词提供了机会。

为了提供有意义和有效的数学经验，有准备的教师会设计活动，让儿童按照逻辑顺序深入地接触数学概念：

课程的深度及连贯性很重要，所以未经计划的数学活动显然是不够的。有效的课程包括有准备地组织学习经验，让儿童的理解力随着时间的推移而加强。因此，早期教育工作者需要为儿童制订计划，让他们深入学习数学概念……课程应重点关注一些关键的内容领域，而不是对每一个主题或技能平均用力，这样才能达到深入理解的水平。（NAEYC & NCTM，2010，p.7）

美国数学教师协会在其标准《从学前班到八年级数学课程的焦点》（2006）的修订版中，进一步强调很有必要聚焦于几个关键概念和技能。有准备的教师会为此使用各种方法和策略。教师要一直以连贯、有计划的方式，将数学融入日常活动和课程中的其他领域。这意味着，他们提供的数学活动"遵循逻辑顺序，允许深度和聚焦，有助于儿童在知识和技能方面向前发展"，而不是"与某一主题或项目相关的一堆杂乱经验"（NAEYC & NCTM，2010，p.8）。

除了将数学融入儿童游戏、班级日常活动以及非数学的课程之外，有准备的教师还提供精心设计的活动，将儿童的注意力集中到某一特定的数学概念上：

在儿童发现水平或奇偶数这类概念时，教师要帮助他们给这些概念命名，并帮助他们创造出许多体现这些概念的实例，以便他们能够联系和表达这些新出现的概念。教师可以在大组、小组活动和学习区介绍这些概念，并对其进行探索。小组活动特别适合把儿童的注意力集中到某一个概念上。此外，在这种情况下，教师能够观察到每个儿童理解什么和不理解什么，从而让每个儿童都参与适合自己水平的学习活动。（NAEYC & NCTM, 2010, p.9）

研究表明，有些材料和活动能够促进数学概念的发展。因为幼儿是具象的、动手型的学习者，他们需要操作材料来构建关于物体的物理属性及其转换的概念。自发性探究最常用的是拆装式游戏物品，如乐高、积木、拼图，以及可变化的连续性材料，如沙子、水、黏土（Ginsburg et al., 2006）。儿童往往是在建构或制作模型的活动中，最频繁地进行数学探究。这种类型的活动对双语学习者和以英语为母语的人来说，都是容易参与的。如果技术使用得当，交互式媒介在早期数学教育以及其他的内容领域也能发挥作用（Hyson, 2003；NAEYC & Fred Rogers Center, 2012；见第八章）

也许，人们意想不到的是，数学思维是由社会交往培养的。当儿童之间分享假设和解释，互相质疑，并被要求证明自己的结论时，他们更有可能纠正自己的想法（Campbell, 1999）。事实上，与成人授课相比，同伴对话中出现的一致和分歧更容易促使儿童进行反思（Baroody, 2004b），这可能是因为许多教师不太了解儿童在早期对数学知识的掌握情况（Kamii, 2000）。

因此，了解儿童在早期数学领域如何学习，对于有意义的教学至关重要。研究已经表明，以下常规性支持策略在这一方面是有效的。

- 鼓励探索和操作。提供具有多种感知特点的材料，让儿童有足够的时间和空间去发现它们的特征。与此同时，"儿童使用物体的方式经常与我们的所想或规定差别很大"（Seo, 2003, p.30）。教师可能不会把艺术材料或戏剧道具看作数学操作材料，但儿童会这样（例如，他们会数衣服上的扣子的数量或玩具屋的小房间的数量）。事实上，没有什么是他们不能数的！

- 观察和倾听。注意儿童提出的问题。他们对自己或教师提出的问题，为他们的数学思维打开了一扇窗。

- 示范、挑战和指导。演示动手操作的活动，让儿童模仿和修正。许多这样的活动（如组装和拆分成套的物品、创建模型）不依赖语言，因此，双语学习者也很容易参与。提供能够拓展儿童思维的活动。讨论什么起作用（或不起作用）（向双语学习者解释时辅以面部表情和手势，比如满意地微笑、扬起眉毛、挠头），提出问题，并建议寻找其他方法来解决问题。

- 鼓励反思和自我纠正。当儿童陷入困境或得出错误的数学答案或解释时，不要急于替他们解决问题或纠正他们的推理。相反，要提供线索来帮助他们重新思考答案，让他们自己找出解决方法或重新做出解释。
- 提供关于数学特征、过程和关系的术语。向儿童介绍术语，以便他们能够说出所观察到的东西、描述变化、分享他们的结论背后的推理过程。因为术语是在动手操作、演示概念和问题时介绍的，所以双语学习者与以英语为母语的人为伴，也能逐渐学会术语。
- 开展一些含有数学元素的游戏。教师为儿童设计的游戏，或者儿童自己创造的游戏，都可以提供很多学习数学概念的机会，如等价（或不等价）、时空关系以及测量等。许多这样的游戏（如扔豆袋和测量豆袋离基准线的距离）不依赖语言。
- 介绍数学内容。儿童喜欢关于计数的图书，尤其是他们可以参与其中的计数图书。故事书和非小说类图书中提供的有些现实生活问题，也需要依靠数学推理来解决。这也是一个好机会，便于儿童以母语学习数学，打下良好的数学知识基础，从而更容易地掌握其他数学活动中使用的英语词汇（涉及数学概念的故事书书单，以及儿童如何使用，见 Shillady，2012）。
- 鼓励同伴互动。如前几章所述，有时儿童向同伴解释数学概念，比教师解释的效果更好。儿童之间交流观点，尤其是相互冲突的观点，能够促使他们清晰地表达自己的理解，并在必要时做出修正。

总的来说，探究比纯粹的说教更有效。"从一项值得做的任务开始，这项任务要有趣，一般还要复杂一些，并且真正需要儿童学习或实践。在一定

教师主导还是儿童主导？

的情境中体验数学对儿童来说不仅更有趣，而且更有意义"（Baroody，2000，p. 64）。它也更可能使数学学习有效果，儿童的学习更持久。正如金斯伯格（Ginsburg）及其同事所指出的：

不强调理解的填鸭式教学，无法让儿童体会到数学的精髓，即学会推理、寻找规律、进行推测和感知不规则中的美，反而可能导致儿童在很小的年龄就不喜欢数学。很明显，儿童早期教育者不应该在幼儿园和学前班实施美国数学教师协会试图在小学取消的那种活动！（Ginsburg，Inoue，& Seo，1999，p. 88）

促进数学探索的材料

儿童几乎可以使用任何物体或材料来操作、计数、测量和提问。然而，教师应该确保在教室中准备一些材料，用来促进儿童对数学内容的探索和思考。

数字和运算

- 包含数字和数学符号的印刷品，如标志牌、标签、小册子、印有图表和图形的广告。
- 上面带有数字的材料，如计算器、扑克牌、温度计、带有骰子或转盘的简单棋盘游戏，以及用木头、塑料或硬纸板制成的数字（确保它们结实，以便儿童抓握、分类、复制和临摹）。
- 儿童容易点数的离散物品，如珠子、积木、贝壳、扑克筹码、瓶盖。
- 成对的、能够建立一一对应关系的物品，如钉子和钉板、彩色记号笔和笔帽、鸡蛋盒和塑料鸡蛋。

几何和空间感

- 用于填充和倾倒的材料和工具，如水、沙、勺、铲。
- 可以拼、拆的日常物品，如乐高玩具、拼图、盒子、盖子、带有不同扣子的衣服。
- 形状、大小、颜色、厚度不同的特色积木。
- 七巧板。

- 规则和不规则形状的木板或结实的纸板。
- 不同形状和尺寸的容器和盖子。
- 能创建二维形状的材料，如细绳、绒条、纱线。
- 能创建三维形状的可塑性材料，如黏土、橡皮泥、沙子、蜂蜡。
- 有活动部件的物品，如厨房用具、乐器、相机。
- 描述形状和位置的图书，配有不同视角的插图（例如从空中拍摄的农场照片、从街对面六楼观察拍摄的公寓楼）。
- 从不同视角拍摄的班级材料和活动的照片。
- 随着操作或时间变化而改变的材料，如黏土、橡皮泥、计算机绘图程序、沙子、水、植物、动物。
- 探索空间概念（如正上方/正下方、上/下）的材料，以及可以从不同高度和位置观察事物的材料，如攀爬设备、空箱子（装电器、家具的大纸箱）、木板。
- 地图和图表。

测量

- 有序摆放的不同尺寸的成套材料，如积木、测量勺、枕头、画笔、鼓。
- 方便儿童寻找和归还材料的排列有序的标签，如娃娃家挂板上的四种不同大小的勺子的轮廓图。
- 从小到大依次排列的储物箱。
- 能够发出停止和开始信号的材料，如计时器、乐器、录音机。
- 能够设定以不同速度运动的材料，如节拍器、上发条的玩具。
- 自然界中以不同速度运动或变化的事物，如缓慢发芽或快速发芽的种子、缓慢爬行和快速移动的昆虫。
- 非常规的测量工具，如各种形状和尺寸的纱线、丝带、积木、立方体、计时器、鞋子、冰块、容器。
- 常规测量工具，如卷尺、天平、钟表、网格纸、温度计、测量勺、量筒。

规律、关系和代数

- 带有视觉图案的材料，如色彩亮丽和黑白相间的玩具、服装道具、窗帘、坐垫。
- 用于重复和创造序列与规律的材料，如珠子、小棒、小木块、钉子和钉板、书写和拼贴材料。
- 大自然中的贝壳和其他带图案的物品。
- 有特色图案的艺术品或仿制品，如编织品、篮子。
- 带有图案的积木块。
- 有一定规律的生活例行程序。
- 有重复性文字和节奏的故事、诗歌和赞美诗。
- 有重复性旋律、节奏和歌词的歌曲。
- 允许儿童认识和创建序列和规律的计算机程序。

数据分析

- 记录数据的工具，如剪贴板、纸、铅笔、蜡笔、记号笔、粉笔、计算机或平板电脑。
- 用于将数据绘制成图表的材料，如新闻用纸和画架、带有大网格的绘图纸、海报板、交互式计算机程序。
- 表征计数数量的小物体，如纽扣、橡果、鹅卵石。
- 用于将材料分类和捆扎成组的箱子和绳子。
- 用于贴标签的便笺纸和胶带。

三、使学习经验符合学习目标

本章以下部分主要描述的是，学前儿童开始学习数学知识后，在美国数学教师协会（NCTM，2000）所要求的五大内容领域中需要学习什么。这五大内容领域是：数字与运算、几何、测量、代数、数据分析与概率。然而，该协会的一些标准就学前数学而言似乎太复杂了。也就是说，幼儿真的要学大一点的儿童或成人所称的那些几何、代数或概率吗？在制定标准时，美国数学教师协会为每个内容领域命名，并且每个领域都跨越从幼儿园到12年级的整个年龄段。它的目的是想强调，对于每一个内容领域的标准，各个年龄段的儿童都要学习与该标准相关的数学知识。但在本章中，我们稍微修改了其中三个领域的名称，以便更好地描述学前阶段的特定学习内容，因此这些内容领域就变成了：几何和空间感，规律、关系和代数，数据分析，数字与运算，测量（后两个保持不变）。在这五大领域中，数字与运算、几何和空间感以及测量对3—6岁儿童特别重要，因为它们有助于为幼儿的数学学习打下基础：

基于这个原因，研究人员建议，代数、数据分析与概率在幼儿早期不必太重视。但是这两个领域的基本概念应该被纳入课程中，因为这两者联系紧密，并极有可能促进儿童对其他领域的理解。在该内容领域的第二层级中，规律（代数的一个组成部分）值得特别提及，因为它对幼儿来说是可及的、有趣的，是幼儿代数思维的基础，并支持幼儿在数字、空间感和其他概念领域的发展。（NAEYC & NCTM，2010，p. 7）

本章的每一节都分为两部分：一是儿童通过自己的探索和发现（儿童主导的学习经验）最有可能学会或学得最好的概念和技能；二是虽然儿童通过自身努力能够学到，但教师主导的学习经验能够对其起到促进或拓展作用的概念和技能。当然，正如本书所描述的每一个其他领域一样，这种划分并不是绝对的。

（一）数字与运算

这是美国数学教师协会（NCTM，2000，2006）认为对儿童特别重要的三个领域中的第一个。在幼儿园，数字与运算集中在六个方面或所谓的"早期学习目标"：计数、比较和排序、组合和分解、添加和取出、分组和赋值、平分（进一步的解释和实例见Clements和Copley于2004年的相关研究)。计数包括学习数字的顺序，识别一堆东西的数量（知道最后一个数代表总量），以及找到计数的规律（如21—22,31—32,41—42）。比较和排序是确定两组事物在某些属性上的多少（比如根据数量、大小、年龄或甜度进行比较），以及根据一些属性（如长度、颜色强度、响度）对对象进行排列或排序。组合和分解是相辅相成的，组合是在头脑中或现实情境中把小物件放在一起（例如，两块石头加三块石头组合成五块石头），而分解是把一组分成两个或多个部分（例如，5个勺子等于2个勺子加2个勺子再加1个勺子）。

添加和取出就是理解添加物品使数量变多，取出物品使数量变少。当这种理解与计数、组合（或分解）相结合时，儿童就可以更高效地解决简单的问题。分组和赋值是相互关联的，把物体分堆，每堆数量相同，这样每堆就成为一组。每组10个物体，儿童以后就容易理解赋值（也就是说，10个为一组，然后数剩下的物体）。平分就是将一个集合分成相等的部分，这是儿童理解除法和分数的前提。

为了发展这六个方面所包含的数学理解力和技能，需要把儿童主导的学习经验和教师主导的学习经验进行最优组合。因为早期的数学发展在很大程度上依赖操作实物，所以让幼儿有足够的机会使用那些有助于他们排序、分组和再分组的材料是很重要的。同时，要提供代表儿童文化的材料（如嵌套娃娃）。儿童在他们的自发探索中凭直觉了解某些特性和过程，而成人要提供常规的名称来描述儿童观察到的数字属性及其变化过程，也要让儿童尝试其他的变化并反思结果。这些经验以及有准备的教师在这些活动中的作用，将在下面各节介绍。

在数字与运算领域的关键知识和技能中，直觉性的数字及其属性，以及非正式运算，似乎最适合儿童在自己主导的学习经验中学习。而教师主导的学习经验，在计数、计算以及简单的运算方面，被证明是有帮助的。

1. 特别适合采用儿童主导的学习的方面

（1）直觉性的数字及其属性

幼儿在学会数数之前，就对数量和等量有了非正式的理解。例如，他们可以通过目测识别出较小的数目（4或5以内）。他们不需要计数就可以识别出一组或两组。对于更多的数量（3~5个），他们能够挑选出所含物品数量相同的组（Copley，2010）。他们用一一对应来建立等量关系（例如，在每片叶子上放一个橡子，看看它们的数量是不是相等），还可以在每一组中放一个，然后在每一组中再放另一个来建立相等的集合（例如，给餐桌上的每个人分发相等数量的饼干）。幼儿虽然缺乏严格数学意义上的正式的"集合"知识（即不同元素的汇集，如一组正方形与一组三角形），但他们可以创建组，并认识到一个组中的某个物品与其他物品具有全部或部分相同的属性。

数学家、研究人员和一线教师一致认为，早期数学教育的一个主要目标是发展儿童的"数字感"，即对数字及其大小、数字与实际数量的关系以及对数字可以进行哪些运算的直觉。早期的数字感包括目测能力（仅通过眼睛看来识别数量，通常是4以内）和建立一一对应关系（将单个数字与一个且仅一个对象联系起来）。一一对应是计数的基础。

识别等量的能力也是理解数字的基础。大多数3岁的儿童可以识别1~4个物体的集合之间的相等关系（例如，两个心形和两个正方形），而无须一个物体一个物体地数。他们还能够识别排列方式不同的等量集合（例如，上面三个方块和下面两个方块，与上面一个方块和下面四个方块，数量是相等的）。大多数4岁的儿童能够进行视听匹配，比如将三声"叮"的声音与看到的三个"点"在数量上等同起来。这些发现表明，到3岁时，儿童已经发展出了数字的非语言表征，尽管这种心理表征的机制和准确程度尚不清楚。不管怎样，儿童在能够计数之前，就能够清楚地表征和比较物体了（Baroody，2004a；Copley，2010）。

部分—部分—整体的概念，就是理解一个整数（比如7）可以表示为由多个部分组成（如4和3、5和2、6和1）。部分—部分—整体表征是数字运算的前提，有助于儿童理解加法和减法。大多数3岁和4岁的儿童可以描述5以内的数字组成，对较大数字的理解则要到6岁左右（Copley，2010，p. 59）。

教学策略。直觉是随着经验而发展的。教师可以让儿童置身于数字丰富的环境中，为他们提供诸多机会去接触需要数字与运算的材料和过程，从而

教师主导还是儿童主导？

帮助幼儿发展数字意识。

- 在教室四周展示印有数字和数学符号的材料。确保数字字号足够大，让儿童容易看见，并放在与儿童眼睛持平的高度。要包括木质或纸板制作的数字等操作性材料、玩具以及上面带有数字的物品。正如本章前面所提到的，这些材料不依赖语言，因此以英语为母语的人和双语学习者都会觉得它们有趣和容易理解。

- 提供含有数字概念的材料和游戏，如多米诺骨牌和骰子。鼓励儿童进行探索并匹配（"你能找到另一个有相同点数的骨牌吗？"）。对于双语学习者，演示如何匹配（例如，指明两个多米诺骨牌上的点数相同），并鼓励他们找到或创建自己的匹配方式。

- 发现和描述儿童游戏中自然出现的数字现象（"凯蒂的卡车上有四个轮子，达内尔的卡车上多两个，一共六个"或"你找到了另一只手套戴在手上"）。偶尔用儿童的母语和英语两种语言列举数字。但要注意的是，虽然列举数字有助于儿童谈论数学，但学习数字的运算方法更加重要。

- 提供能让儿童探索一一对应关系的材料，如螺母和螺栓、种子和坑（大种子效果最好）。儿童还会利用游戏中的任何一组材料建立一一对应关系，例如，他们可能会给每个毛绒熊一个盘子或球。这里再次说明，不论儿童的英语水平如何，他们都可以探索一一对应的概念。那些因语言发展上有些延迟而有特殊需求的儿童，也可以利用这些材料发展基本的数字感。

- 提供能够拆分成更小部分的材料，如可以捏成很多小球的一块黏土、可以切片或分成小块的水果。成套积木、乐高玩具和其他各部件尺寸都相同的玩具，儿童可以用它们进行组装、拆分。这些玩具效果很好（这些材料和活动也非常适合双语学习者和语言发展延迟的儿童）。

- 提供有些方面相同但也有些方面不同的材料，如粗细相同但笔尖类型不同的画笔。儿童使用这些材料时，要观察它们的突出特征，例如，"所有的画笔粗细都相同，但有的是尖头，有的是扁头"。

（2）非正式运算

非正式运算类似于非数量上的加减运算，也就是说，不使用数字或其他书写符号。学前儿童在接受正式指导之前，一般能够解决简单的非语言的加减法问题（例如，两个儿童在桌边画画，第三个儿童坐下加入时，其中一个去给她拿了另一张纸）。儿童开始是通过操作实物来解决问题的（例如，摆好两颗珠子，然后再"添加"一颗）。之后，他们可以用表征（比如在纸上画记号）来代替实物，形成心理表征（比如想象有两个珠子，然后再添加一个）。教师可以帮助和鼓励他们进行表征（NCTM，2000）。

儿童心理表征的形成，其意义重大，"他们将理解加法这个最基本的概念，认为它会使集合变大。同样，他们也将理解减法这个最基本的概念，它会使集合变小"（Baroody，2000，p. 63）。学前儿童可以获得对运算的基本理解，尤其是当成人支持其发展时，更是如此。这种理解是他们以后在学校的数学学习中取得成功的基础。

在幼儿园，儿童有时通过直接摆弄物体来解决简单的乘法（归类）和除法（分割）问题。在成人的指导下，这些非正式的方法被正式的数字知识和计数策略取代（Campbell，1999）。

教学策略。学前儿童倾向于具象思维，所以操作物体和使用视觉表征能帮助他们理解和进行运算。教师可以运用以下策略来促进这种学习。

- 提供许多小物品，让儿童用来分组、重新分组、进行加减运算。这些物品包括玩具、烹饪和吃饭用具、衣物，以及来自不同文化背景或父母从事不同职业的儿童可能在家中找到的其他物品（如线轴和顶针、纽扣、花卉和蔬菜种子）。请家长将这些物品捐赠给班级。当双语学习者摆弄他们在家能看到的这些熟悉物品时，他们就不用花多少时间去弄清楚物品是什么，而是把更多的时间专注于学习概念或技能。对所有儿童来说，使用实物理解数学概念是一个很好的方法，有助于将学校的学习迁移到家庭情境中。
- 在日常活动中提出简单的加减法问题。例如，在一个儿童摆好桌子后，说，"记住，迈卡今天生病了"或"金老师要和我们一起吃点心"，然后看他是减去还是增加一个座位。或者，在儿童玩积木时，你说："杰尼萨想把她的墙再加高一层。她还需要多少块积木呢？"
- 提出简单的乘法或除法问题，让儿童能够用具体的物体解决。例如，给小组中的一个儿童一堆物品，然后对他说，"给每个小朋友分相同的数量"，或者"有五个小朋友，每个小朋友都想要两条围巾在风中挥着玩，那么我们需要带多少条围巾出去？"

2. 特别适合采用教师主导的学习的方面

（1）计数和计算

对幼儿来说，计数和计算（读、写和给数字命名）需要儿童理解以下几点。

- 数字，即知道数字名称、每个数字在序列中的位置、序数词（如第一、第二）、基数词（如一、二）。
- 记数，即读、写数字和认识简单的数学符号如"＋""－""＝"。
- 计数，即确定数量以及是否等量。
- 集合，包括创建和命名集合体，以及理解"全部"和"一些"等概念。

就像学习字母名称和形状一样，如果没有成人提供相关信息，儿童就无法获得数字名称和数的知识。有时，儿童会问："你怎么写3？""10后面是几？"有准备的教师会积极主动地向儿童介绍他们所需的词汇和符号，帮助他们理解和表达数学概念或符号（Campbell，1999）。在教师的指导下，儿童可以运用这些知识解决问题，包括测量和数据分析方面的问题。

早期的计数是要找出"有多少"，这是一个有效的问题解决方法，也是比较数量的关键。研究（Gelman & Gallistel，1978）已经确定了计数的五个原则：①固定的顺序（2总是在1后面）；②一一对应（给每个物体分配一个唯一的计数名称）；③基数（最后的数就表明"有多少"）；④与排列顺序无关（物体可以在不改变数量的情况下以任何顺序计数）；⑤抽象化（任何一组物体都可以计数）。教师主导的学习经验可以帮助儿童发展对这些方面的理解。

年龄大一些的儿童用计数来确定两组物体的数量是否相等。在3—4岁，随着口头计数技能的发展，儿童获得了一个比早期目测能力更强大的工具，用来表征和比较数字，包括多于4个物体的集合，即"相同数字名称"原则（如果两个集合有相同的数字名称，则两个集合是相等的，不管它们在物理外观上有何差异）。儿童把这个原则推广到他们能计数的任何大小的集合中。同样，通过对两个不相等的集合进行清点和比较，儿童可以发现"更大数字"原则（越在序列后面的数字越大）。到4岁时，许多儿童可以说出和数出10以内的数，比较5以内的数。当有足够的机会学习按顺序数数时，他们通常会在5岁时学会数到20（Clements，2004），也对更大的数字感兴趣，比如100或"亿万万"，尽管他们只知道这是数字名称，并不知道真正的大小。

平分是以相等的概念为基础的，并与之相关。平分是指将某物（如一盘中的八块饼干）分成同等大小的部分（例如，分给四个儿童）的过程。四五岁的儿童开始具体解决这些问题，他们使用的策略包括将物体按要求分堆（4堆），然后数每堆中有多少个（Baroody，2004a）

教学策略。美国心理学家霍华德·加德纳（Howard Gardner，1991，p. 75）说："学前儿童将世界看作一个计数的竞技场。他们想数一切东西。"教师要有创新性，可以创造或利用儿童日常生活中的许多情境，让儿童去点数。

- 注意儿童通常比较的东西（比如从攀爬架到沙箱的步数，或者他们的年龄），并根据这些观察结果提供材料和活动。想出一些有趣、不寻常的事物来计数，比如某人脚踝上被蚊子叮咬的小包数量或手臂上的斑点数量。

- 突出数字。在教室里摆放不同材料、大小和颜色的数字。给儿童提供带有小点和数字的卡片，让他们探索、分类和排序。在签名表上使用数字，这样不仅可以看到顺序，还可以看到他们想玩几轮或者玩多长时间（比如两分钟或翻转沙漏计时器三次）。儿童可以用数字或其他标记来表示他们的偏好（如星号、对号、井号）

- 使用手写的数字，鼓励儿童手写。例如，当他们玩商店游戏时，鼓励他们手写尺寸和价格标签、订单、账单金额。因为双语学习者经常渴

教师主导还是儿童主导？

望进入角色扮演场景，所以写数字使他们无须语言便可加入同伴游戏，同时也给了教师（和其他儿童）一个机会为他们写的数字添加英语名称。

- 利用日常活动进行数字学习和练习。例如，当儿童收集或分发可进行计数的材料时，让他们在整理时间（收集和放置物品）、小组时间（给每个儿童分发一个胶水瓶）和选择时间（分发扑克牌），进行计数。在吃点心或用餐时，让摆桌子的儿童数一数人数，以确定需要摆多少个座位。提出简单的数字问题，如"我们小组有六个人，但是西莉亚今天病了。我们需要多少条餐巾呢？"或者"填这个洞需要多少杯沙子？"。

- 开展自然而有条理的游戏来发展计数技能，如掷骰子的桌面游戏（按骰子显示的点数移动相应的位置数）或身体运动方面的挑战（计算把豆袋投进桶里的次数）。

- 将儿童提出的问题作为教学契机。例如，巴鲁迪（Baroody，2000）想到了这样一件事，一个名叫黛安娜的儿童对教师说：

    "下星期是我的生日，到那时候我几岁了？我会比詹纳大吗？"教师可以简单地回答："你到时候是 4 岁，但詹纳是 5 岁，所以她还是比你大。"或者，教师可以这样回答："同学们，黛安娜有些有趣的问题，需要你们的帮助。如果她现在 3 岁，那么她怎么能知道她的下一个生日是几岁呢？"接下来，教师可以提出一个涉及相邻数字和数字比较技巧的问题，"如果詹纳 5 岁，黛安娜 4 岁，我们怎么知道谁大呢？"（p. 65）

- 阅读并讨论儿童文学作品。吸引儿童的计数书有许多，还有用数学解决问题的故事书。例如，读一些关于公平分享东西的书。在读到书中的解决办法之前，让儿童使用材料或只是通过思考，提出解决方案。儿童可以自己，也可以两个人一起想办法。之后，鼓励他们对书中的解决方案进行评价。随后，他们可能会使用你提供的或他们自己制作的道具，表演相同或相似的情境。
- 鼓励家长和儿童玩计数游戏，比如数地铁车厢里的乘客、超市货架上的花生酱品种，或者洗衣篮里的袜子。游戏不仅让儿童学习数学概念，也会给日常活动带来乐趣，让家庭出游和做家务成为学习的时间。

（2）简单的运算

年龄较小的儿童能够进行具体的简单运算，也就是说，通过用手操作物体在集合中进行加、减。而年龄稍大些的儿童开始对整数数量进行加减，也就是说，用数字抽象地表示物体的数量，而不是用手操作或观察物体。他们之所以能够做到这一点，是因为他们能够在头脑中保持对数量的表征。例如，他们可能大声说，"二加一等于三"或"如果洛根今天不在，我只需要四个托盘"。他们可以很轻松地计算 5 以内的数，但是有些学前儿童能够计算 10 以内的数。

研究表明，儿童也能够对非常简单的分数进行加减。例如，当研究人员把圆圈的一部分隐藏在屏幕后面，然后又隐藏了一部分时，儿童可以看出总数是多少。例如，他们能够理解两个一半构成一个整体，一半加四分之一的圆是四分之三的圆等（Mix, Levine, & Huttenlocher, 1999）。这些研究表明，如果成人提出有趣的挑战，儿童就能够理解简单分数背后的基本知识。

教学策略。运算遵循固定的规则或惯例。就像将字母组合成单词一样，数字运算也要依靠对规则的了解。在教师的支持下，儿童能够解决玩耍和探索中出现的简单的运算问题。他们也有动力像成人一样进行运算。因此，教师可以随时实施以下策略，促进儿童早期对运算的理解和运用。

- 使用实物帮助儿童解决运算问题。例如，一个儿童正在排列动物模型，可以询问他，如果再增加两条狗使队伍更长，将会有多少条狗。或者大声问，如果他从队伍中拿走三条狗，会剩下多少条狗。儿童可以添加或取出实际的动物模型，然后数一数结果，给出答案。
- 设计儿童感兴趣的挑战。例如，儿童画了一朵花，大声问他是否能画一朵是这朵"两倍大"或"一半大"的花。

- 鼓励儿童用算术回答自己的问题。例如，儿童说："我爸爸想知道明天点心时间要带多少个玉米饼。"你可以回答："嗯，这里有 16 个小朋友和两位教师，加上你爸爸，还有你哥哥也会来。我们怎样算出你需要带多少个玉米饼呢？"

- 让儿童反思他们的答案，而不是告诉他们是对还是错。当儿童被难倒（虽然还没有沮丧）或得出错误的答案时，教师要控制住自己，不要给出答案或纠止他们。相反，要给予点评或设置问题，鼓励他们重新思考自己的解决方案。巴鲁迪（Baroody，2000）给出了这个例子：

    卡米得出结论，5 加 2 一定是 6。教师没有告诉她错了，也没有说正确的得数是 7，而是问："你认为 5 加 1 等于多少？"卡米回答是 6，然后，卡米开始重新计算 5 加 2。显然，她意识到 5 加 1 和 5 加 2 不可能是同样的答案。教师的问题促使她重新考虑她的第一个答案。（p. 66）

- 每次从一个分数开始。例如，儿童对"一半"这个概念很感兴趣，如果他们经过反复的体验，理解（真正理解）一半代表相等的两个部分，而两个部分合到一起构成一个整体，那么他们以后就能将这个概念迁移到三分之一、四分之一，等等。

（二）几何和空间感

这是美国数学教师协会（NCTM，2000，2006）认为对学前儿童特别重要的三个领域中的第二个。在学前阶段，几何和空间感的学习主要集中在四个方面：形状，位置、方向和坐标，转换和对称，想象和空间推理。形状是指物体的外形或轮廓（形式），包括识别二维和三维形状。位置、方向和坐标指的是理解环境中物体的关系。转换和对称是指移动（滑动、旋转、翻转）形状以确定它们是否相同的过程，它还包括用较小的形状建构较大的形状，这是幼儿园常见的建构活动。想象和空间推理是指创建几何物体的心理图像，并对其进行检查和转换。最初，儿童的心理表征是静态的，也就是说，儿童不能操作它们。之后，儿童可以在头脑中移动和转换图像，例如，决定椅子是否能塞进某个空间，身体弯到多低才能滑到架子下面，或者如何旋转拼图块使它与旁边的一块契合。

空间概念和语言密切相关。词汇有助于儿童理解顶部、旁边、后面和内部等概念。例如，一个人站的地方决定了他是在另一个物体的前面还是后面。"对数学思想的交流，能够刺激儿童拓展思维，促进数学学习群体的发展"（Greenes，Ginsburg，& Balfanz，2004，p. 161）。因为社会对于各种形状、转换，尤其是方位、位置等概念的命名有特定的惯例，所以教师特别需要充实儿童在这一领域的描述性词汇。许多空间术语对所有学前儿童来说都是新的，在这种情况下，双语学习者可以借助视觉提示和动作（用他们的身体和材料）与说英语的同伴一起学习词汇。一定要同时给双语学习者提供以他们的母语表达的空间名称，这样他们就可以增加词汇量，顺利地使用两种语言。

在几何和空间感领域的关键知识和技能中，在熟悉二维和三维形状及其属性，以及对于自我和物体在空间中的定位方面，儿童主导的学习经验似乎帮助最大。另一方面，对创建、命名和转换形状，以及阐明方位、位置、方向和距离的学习，教师主导的学习经验则是必要的。

1. 特别适合采用儿童主导的学习的方面

（1）熟悉二维和三维形状及其属性

对幼儿来说，形状知识是视觉和触觉探索的结合，它始于婴儿期。在学前阶段，美国数学教师协会（NCTM，2000）希望儿童能够识别、命名、构建、绘制、比较和区分二维和三维形状。尽管大多数成人支持儿童对二维形状的识别，但他们经常忽视让儿童体验三维形状这一需求，而三维形状能够将儿童的注意力集中在几何特征上。例如，探索圆柱体及其他形状的滚动，有助于儿童理解圆和椭圆的特征。这些技能包括感知（区分）属性，比如线条和立方体；圆形、圆柱形和球形；侧面和边缘；角落、角度，等等。学前儿童也探索形状的转换（组合和分解），并展示出对对称的直觉性理解（儿童需要教师主导的学习经验来学习准确地命名、描述转换和对称）。要在不同的情境中，使用不同的材料，向儿童提供这些形状和属性方面的多种多样的示例。对所有儿童来说，尤其是双语学习者，这些术语中有许多是全新的，只看一个示例可能会限制他们对某个术语的理解，认为这个术语只是针对这一个例子。

教学策略。沟通技能在数学的所有领域都很重要，但在几何领域尤其如此。教师可以运用以下策略，帮助学前儿童发展沟通技能。

- 介绍二维和三维形状，给儿童探索的机会，包括规则和不规则的形状。让儿童描画和临摹形状。提供模型（图纸、模具、比例模型）以及儿童可以用来临摹或复制的工具。想象的和实体的形状可以帮助幼儿掌握每种形状的基本属性。
- 鼓励儿童对形状进行分类，并让他们说出分类理由，描述物体为什么不一样。
- 建议儿童组合和拆分形状，并创建新的形状，例如，把两个三角形组合成正方形或矩形（组合），反之亦然（拆分）。让他们参与讨论这些转换。
- 提供垂直对称（左部分和右部分相同）或水平对称（上部分和下部分相同）的材料，如洋娃娃的衣服、跷跷板、玩具飞机和有中轴的树叶。或者提供相似但不对称的材料，如手套、滑梯、玩具吊车和不规则形状的树叶。让儿童讨论物体的两部分（或顶部和底部）为什么是相同的（对称）或者是不同的（不对称）。

（2）自己和物体在空间中的定位

空间关系是指物体在空间中的位置及其相互之间的关系，它是几何学的基础，包括点、线、角、面和物体之间的关系。与学步儿相比，学前儿童对于控制自己的身体和移动物体更有技巧和信心。年龄小一些的儿童仍然倾向于从自己的角度看待和描述空间（以自我为中心），但是年龄大些的学前儿童开始从他人的角度表征和描述事物（换位思考）。

教学策略。因为数学是对关系的探索，所以早期的数学教学应注重实际体验，儿童通过体验建构对空间的理解。要做到这一点，教师需要提供材料和给儿童充足的探索时间。

- 在教室的内外区域创造不同类型的空间，如儿童可以在里面或周围运动的小空间、可以自由活动的开阔大空间，以及可以爬上爬下、爬进爬出、爬来爬去的空间。询问并与儿童谈论他们与物体以及与其他人之间的关系。
- 为儿童提供材料、时间、充足的空间和建构玩具来玩建构游戏。特里和朋友们在用大积木制造"公共汽车"，并邀请同学和教师上车。注意他们使用的所有有关空间和位置的概念：

  > 特里和朋友们很快就认识到这辆"公共汽车"太小，所以他们增加了更多座位，把车变大了。孩子们努力工作，把大积木首尾相接地连起来，使"公共汽车"变得更长。他们在前面做了一个"驾驶座"，并在"仪表盘"的上方装了一个"方向盘"。他们还决定在这辆车尾部加一个"冰箱"。特里说："'冰箱'需要在后车体上，但要在过道的中间。"（Tompkins，1996b，p. 221）

- 为儿童提供可以搬动和重新布置的材料（如玩具屋家具或摆放艺术品的基座）。提供儿童可以用来做拼贴画的材料。
- 寻找能够让儿童移动和变换形状的计算机程序或软件。在屏幕上操作形状，让儿童完成由于手的灵巧性不够而不能做的事，这对那些运动控制能力有限或眼手协调有困难的儿童来说，尤其有价值。

2. 特别适合采用教师主导的学习的方面

（1）创造、命名和转化形状

获得对形状、大小（比例）和体积准确命名、描述和比较的能力，对学前儿童来说非常重要。有了适宜的经验和外界输入，儿童就能够学会转化形状以达到期望的结果，并能描述转化过程（"我在后面添加了更多的积木把这座桥变长了，还在中间做了支撑"）。他们还能够在自己的二维作品和三维作品中创建和命名对称。语言对所有的这些活动都至关重要。因此，随着儿童词汇量的扩大，他们对几何的理解也在深入。

教师主导还是儿童主导？

教学策略。基于学前儿童对形状的探索，教师应该明确地将儿童的注意力集中到形状的特征及功能上（"这些形状中哪一个可以滚动？"），并提供描述这些特征的词汇。儿童应该有机会识别形状的各种变换，包括镜像、旋转、组合、拆分。教师可以尝试以下策略。

- 对于儿童感兴趣的东西，如他们自己的身体、食物分量或石块，教师可以询问这些事物在大小和规模上的差异，并进行评论。鼓励儿童转换二维材料和三维材料，并对转化进行评论，包括他们的操作是否创造了规则或不规则的形状。

- 在儿童的所处环境（教室、学校、社区）中找出并命名形状及其特征。在教室里搜寻形状（比如三角形）。使用越来越复杂的词汇，比如说，"我们散步时，找出所有的方形标志"或"你用立方体和矩形块建造玩具屋"。记得提供二维形状和三维形状的名称。同时用英语和儿童的母语提供形状的名称，例如，对母语为西班牙语的儿童，使用"triangle（三角形）"和"triangulo（三角形）"，"circle（圆形）"和"circulo（圆形）"，"cube（立方体）"和"cubo（立方体）"。在两种相关语言中读音相似的词被称为同源词。向儿童展示这些词之间的联系，对双语学习者是一种有效的教学方法。这一点已经得到证明。

- 鼓励儿童探索传统形状（如圆形、正方形和三角形）之外的形状。幼儿喜欢听到和学习像圆柱形和梯形这样的名字（就像他们喜欢说大数字一样）。即使他们没有完全掌握各种形状的意义和特征，他们也会适应世界上各种各样的空间现象。同样重要的是，不应只提供等边三角形，要提供各种各样的三角形和其他形状。

- 使用印刷材料来学习形状。剪下杂志里的形状图片，鼓励儿童进行分类，寻找其他文化中有显著特点的形状（如传统服装、横幅或标志上的图案所使用的形状）。在图书区做一个形状剪贴簿。鼓励儿童搭建类似于故事书和知识书中的建筑物。参考有关书籍，与儿童讨论如何选择材料，如何符合插图的特点，如何重建、修改搭建物。

- 让儿童想象一下，他们的搭建物如果被改变一两处（如位置或方位上的改变），会是什么样子。鼓励他们表征和验证自己的预测。例如，在《与儿童一起建构积木》(*Building Structures With Young Children*)一书中，查鲁福（Chalufour）和沃斯（Worth）分享了一位学前教师的笔记：

> 阿比盖尔怎么也想不明白，建塔时如果把积木垂直放置，而不是像自己那样水平放置，建起来的塔会是什么样子。于是，我带了块白板和几支记号笔来到积木区。我不仅帮助阿比盖尔看了一幅垂直建造的塔的图片，而且把亚当也吸引到了图片前。亚当指着图片顶部的一块积木说，他认为这块积木和它底下的那块是不平衡的。于是他和阿比盖尔开始仿照这张图片来建塔。你瞧！亚当是对的！明天我要邀请他给大家讲讲这件事。我们可以问问亚当，他是怎么知道垂直搭建的塔是不平衡的。（2004，p.45）

（2）说明位置、定位、方向和距离

在适当的成人指导下，学前儿童可以使用描述位置和定位的词汇，并遵循定位指示找到方向。他们也能够开始突破以自我为中心的观念，预测他人的观点。例如，根据经验，儿童可以描述别人如何站在自己的角度看待问题，并且可以给别人适当的指导或建议。

教学策略。当然，教师需要提供表述位置、定位、方向和距离的词汇。但是学前儿童仍然要通过具体经验和心理意象的结合来掌握这些概念，所以教师需要多提供机会，让儿童用二维和三维的方式表征这些概念。

- 针对位置和方向提出问题和发表评论，例如，"你把一条长线放到两条短线之间，就把短线连接在一起了"或"你走到墙那里后，会往哪拐呢？"对自然发生的位置情境进行评论，如"拉泽洛正在爬滑梯，下一个是科里，杰茜卡在最后"。
- 使用各种类型的视觉表征来学习这些概念。让儿童制作和解释地图，或寻找隐藏的物体。儿童可以画教室、家里的房间和其他熟悉的地方。这个时候，可以使用计算机上的简单绘图程序，它既可以补充手工绘制的地图，还可以方便运动或协调能力有限的儿童。注重视觉表征的活动也能够让表达或英语能力有限的儿童充分参与。询问儿童物体的位置，评论他们绘画中物体的位置时，要使用描述位置的词汇，如"你的床上方有一张大海报"或"窗帘后面露出来的是什么？"。

- 提供以人物或物体相互关系为特色的图书，让儿童仿画、搭建或用身体表征他们喜欢的角色。例如，让他们画出《金发姑娘与三小只熊》（*Goldilocks and the Three Bears*）一书中坐在桌旁的三只小熊，或者让他们像三只小熊一样挨着躺在床上。因为社会对于位置、方位等各种概念有特定的命名惯例，所以教师尤其需要扩展儿童在这个领域的描述性词汇。

- 为儿童提供指认方向的机会，例如，当他们互相帮助或领导大组活动时，让他们使用表示位置和方向的词语，比如"握住顶部，使劲向下压进橡皮泥里面"或者"双臂举过头顶，然后弯腰去够脚趾"。鼓励儿童自愿担当领导者。如果双语学习者还不会用英语单词表示方向，你就需要鼓励他们用母语来表达，并使用翻译和手势帮助他们把方向信息传送给同伴。

- 利用运动学习空间概念。提供可以安全投掷的物品，如豆袋和软球，并与儿童进行远距离互动。在集体活动中，对游戏和舞蹈使用简单的动作方向指令。在游戏和舞蹈中，经常示范添加新动作，创造出变化（例如，"小蜘蛛"可能会"向下"爬进一个洞或"穿过"洞穴，而不是爬"上"水管）。让儿童自己变换动作。

- 与儿童谈论他们和家人一起的旅行，或者和全班一起的散步和野外旅行。例如，"你奶奶住得离你近还是远？"或者"我们坐了很长时间的公交车才到动物园，但是下车后，只需要走很短的路就可以到猴馆了"。

（三）测量

这是美国数学教师协会（NCTM，2000，2006）认为对学前儿童特别重要的三个领域中的第三个。在学前阶段，关于测量的学习集中在两个方面，一是属性、单位和过程，二是技术和工具。属性、单位和过程指的是发展关于大小和数量的概念、排列物体以进行比较、估算差异（如通过目测、手拿），以及使用非标准（如步测）和标准（如卷尺）工具来量化差异。技术和工具是学习测量的规则，如从零开始、对准起点或起点对齐、不允许有间隙。它还包括熟悉标准测量工具，如尺子、秤、秒表和温度计。和空间概念一样，测量探索也受益于语言，尤其是表示比较的词汇。教师同样应该提供以英语和儿童母语表达的基本术语。

在测量领域的关键知识和技能中，比较（排序），即不经过计数或测量的估算，似乎在儿童主导的学习经验中发展得最好。教师主导的学习经验对于通过计数或测量来量化差异，显然是必不可少的。

1. 特别适合采用儿童主导的学习的方面

在不计数、不测量的情况下进行比较（排序）或估算

幼儿能够掌握一个事物相对于另一个事物更大、更长、更重等基本概念。比较是测量的开始。根据美国数学教师协会（NCTM，2000）的标准，学前儿童应该学习比较长度、容量、重量、面积、体积、时间和温度。

首先，儿童通过配对或排序进行一般性的数量比较（"这株辣椒矮，那株辣椒高"或"我的杯子比你的杯子盛的水多"），而不是通过计数或测量进行具体的比较（"我比你多两个橘子"）。他们利用各种感官进行估算，如目测（视觉）、掂量（动觉）或倾听（听觉），也可以把几根小树枝底部对齐，看看顶部伸出来多少，从而比较长度，或者倾听乐器演奏来比较声音大小，或者触摸两块相邻的草坪，一块在阳光下，一块在树荫下，感受哪一块更温暖。

教学策略。教师可以利用儿童对比较的兴趣，将他们的注意力集中在数量差异上（对于质量比较或不可测量物的比较，其差异属于分类的范畴，见第八章）。应用数学的例子随处可见。

- 使用比较性的词汇进行评论或提问（"哪一个更长？""现在每个人的苹果块数都相同吗？"）。问儿童他们是否认为，某样东西比另一样东西更宽（或更软、更重、更响、更冷）。

- 提供不同尺寸且有序摆放的成套材料。在花园里种植花草和蔬菜，植物生长的高度不同。
- 鼓励儿童全天以不同的速度运动，并评论相对速度。在进入下一个活动区或下一项活动时，可以让儿童变化速度，"慢如蜗牛"或"快如火箭"，使过渡环节变得有趣。认可儿童对速度及其影响因素的观察。一位幼儿园教师分享了这样一件事：

  > 在户外活动时间，詹姆斯用玩具出租车推着两个儿童在操场上走来走去。当教师问他是否可以搭车时，他说："当然可以。"载上教师转了两圈后，詹姆斯停下了出租车，说："下车，你太胖了，我的车都跑不快了。"教师承认他的观察是正确的（除了说话不太友好），于是下了车，这样他可以开得更快一些。（Graves，1996，p.208）

- 让儿童注意大自然逐渐发生的变化。评论温度的季节性波动（"现在感觉比我们去南瓜田时更冷了，我们要穿上更厚的夹克"）。开辟一个花园，问儿童种子发芽需要多长时间，蔬菜要长多长时间才可以吃，等等。

2. 特别适合采用教师主导的学习的方面
通过计数或测量来量化差异

许多年龄稍大的幼儿能够理解标准单位的概念，具备良好的学习经验，他们开始通过系统性的测量确定数量上的差异，利用自己的数字知识进行比较。最初，他们使用非标准单位，比如从每个方向穿过校园需要多少步，或者在清理房间不同区域的时间里能够唱完多少首歌。在教师的帮助下，他们能够理解使用传统的单位和测量设备是很有用的，比如尺子上的厘米或者钟表上的分钟。

教学策略。儿童一整天有很多机会进行测量，比如在搭建东西或解决争端的时候。然而，学前儿童通常想不到通过测量或量化事物来解决这些问题。教师可以运用以下策略，积极鼓励儿童进行测量。

- 提供常规和非常规的测量设备，鼓励儿童用它们回答问题或解决问题。常规设备包括直尺、卷尺、表、节拍器、厨房计时器、弹簧秤和天平。非常规设备包括测量长度的细绳、塑料链条或卷纸筒；测量时间的沙漏计时器；测量体积的购物袋（例如，需要三袋积木来搭建一座高塔，但只有一袋积木，因此只能建一座矮塔）；测量重量的无标记的黏土袋或沙袋。儿童也可以自己开发设备。当儿童问与测量相关的问题时（"哪个更重？"）或者有争议时（"我比你高！高多了！"），问他们哪些工具可以帮助他们找到答案或解决办法。
- 设置儿童有兴趣解决的测量问题（"装满12个松饼罐，要用多少杯沙子？"）。问"还要多少……"这样的问题，例如，"你还需要多少节轨道来完成这个圆圈？"下面是一位学前课程开发人员写的一个有趣的挑战：

  > 我躺在靠墙的地板上，身体伸直，说："我想知道这堵墙有多长。"孩子们认为这很好玩，对寻找答案产生了兴趣。有些孩子只是简单地"想象"答案，有些孩子想走直线，让我移动和伸展身子，数我重复的次数。我说躺着真舒服，不想动，于是孩子们不得不想出另外一种解决办法。他们认为，他们两个人加起来等于一个我的长度，所以他们沿着墙躺成一排，然后数有多少人。在我的帮助下，他们把数量除以2，得出了答案。（Stuart Murphy，2004，私人交流所得）

- 与儿童一起解决社会冲突时，问问他们如何使用测量来保证解决方案的公平性，例如，确保每个人在计算机上写东西的时间相同。
- 使用视觉模式，帮助儿童理解和量化差异。例如，制作一张每日活动流程表，其中每个环节的长度（以厘米为单位）与持续时间（以分钟为单位）成正比。对正在适应幼儿园活动流程的双语学习者来说，这种视觉表征特别有帮助，有助于他们用视觉和听觉提示来监督用时（如"5分钟清理时间"）。
- 为小组建造项目提供机会，比如布置花园、在限定的空间内为每个玩具娃娃铺一张床，或者在班级参观活动后建一个超市。在这些情况下，儿童经常会有不同的意见，需要用"测量"找出谁是对的，或者判断出什么样的解决方案有效。有时，你需要提出建议，让他们用测量来解决这种意见分歧。

- 与儿童分享信息时，要包括测量单位（"昨晚我去杂货店花了 1 小时""从我上次带小狗去看兽医后，它长了 2 千克""我们需要把种子间隔 15 厘米，这样豆子才有空间生长"）。

通过测量解决社会冲突

在成人的帮助下进行调查是解决纠纷的一种方式（关于这方面的更多信息，见第四章）。在一些冲突情境下，为了公平地解决问题，需要收集能够量化和解释的信息。在下面的例子中，一群年龄稍大些的学前儿童通过测量身高来解决争议，他们对结果感到惊讶。

朱利安（Julian）、莉莎（Liza）和德文（Devon）在争论绕操场开玩具大卡车的顺序。他们决定个子最高的优先，其次是个子第二高的，个子最矮的排最后。他们会列个名单，并逐一核对名字。朱利安在柏油路面上用粉笔写下了 J、D、L，然后走向卡车。但是冲突还没有结束。

德文：嘿！我比你高，应该我先去！

朱利安：不，你不是，我是最高的。

莉莎：我们量量看谁最高。

儿童靠墙站好，让教师在他们头顶的墙上用粉笔做个记号。然后，他们拿来卷尺，让教师记下每个人的身高。

教师在 J 旁边写了 41，在 D 旁边写了 42，在 L 旁边写了 44。

莉莎：是我！我是最高的！

德文：耶！我是第二个。朱利安是最后一个。

朱利安：但是我能开得时间最长，因为我后面没人了！

（四）规律、关系和代数

在学前阶段，关于规律、关系和代数的学习集中在两个方面：发现规律和描述变化。发现规律包括识别和重复规律，并确定规律的核心单元。规律分视觉、听觉和运动等方面。破解规律需要归纳推理，这也是理解概率的前提。描述变化就是用语言描述事物在变化前后的状态，如"我还是个婴儿的时候，我不会用杯子喝水"或"我们把坡道抬高一点，我的车就能一直开到书架"。

在规律、关系和代数领域的关键知识和技能中，儿童主导的学习经验似乎能帮助他们认识、重复和创造简单的规律，也能认识自然发生的变化。另一方面，对于识别和扩展复杂的规律并控制其变化，儿童似乎从教师主导的学习经验中获益最多。

1. 特别适合采用儿童主导的学习的方面

（1）认识、重复和创造简单的规律

对幼儿来说，这一领域包括对环境中规律的意识（视觉、听觉、时间、运动）。学前儿童有能力重复或创造含有两个元素的简单规律，如 ABAB 或 AABB（例如，在盘子里交替摆放苹果—梨—苹果—梨，或者跳—跳—拍—拍—跳—跳—拍—拍的动作顺序）。甚至在知道"规律"这个词之前，儿童就已经注意到了生活中的常见设计或日常规律了，比如衣服上的图案、小猫背上的条纹、每天活动的顺序。对学前儿童来说，一个规律通常至少要重复三次，他们才能认识或重复它（Clements & Sarama，2009）。

教学策略。世界上存在着大量的规律和呈序列的物体或事件。简单的观察和提问就可以引导儿童注意并创造和重复规律。教师可以运用以下策略积极帮助儿童了解常见规律和序列。

- 让儿童制作包含序列和规律的东西。例如，在小组活动时间，给儿童绘画或雕刻材料，引导他们按照从小到大的顺序表征家庭成员。其他适合创造规律的材料包括：细绳与不同颜色和形状的珠子（比如用来制作项链）、大小渐变且多种颜色的积木（比如用来制造火车）、钉子和钉板（比如用来制作图案）。
- 认可儿童在艺术和建造项目中自发创造的规律。他们忙着建造时，用微笑认可他们的工作，并使用描述性语言，如"我在你的塔上发现了一个规律。首先你用了两个长方体，又用了一个圆柱体，然后你加了两个长方体和一个圆柱体"或者"这让我想起了埃菲尔铁塔。塔底部很宽，在顶部变窄了"（Chalufour & Worth, 2004, p. 38）。音乐也提供了很多机会来唤起儿童对规律的注意，如"你用节奏棒打出这样的节拍：两声响亮、一声柔和、再两声响亮、一声柔和"。运动也是如此，例如，按顺序重复两步或三步（如走、走、跳，走、走、跳）。用语言重复，再加上视觉表征，特别有益于探索新词汇的双语学习者。
- 在大组活动中，鼓励儿童将身体转换为不同的姿势，如躺、坐、站。用慢、中、快三种节奏转换。
- 朗读和表演故事，这些故事中要有大小、声音或其他逐渐变化的特征，如《金发姑娘和三只小熊》或《三只坏脾气的山羊》（*The Three Billy Goats Gruff*）。在小组活动时间，让儿童用橡皮泥为三只小熊制作床铺。在大组活动时间，让他们根据音高或音量的变化选出熊爸爸、熊妈妈或熊宝宝演奏的是哪种乐器。

（2）认识自然发生的变化

注意和描述变化包括识别自然变化发生的原因。例如，儿童看到自己身体的变化（如长高了）或一朵花的生长。尽管幼儿经常不能准确地识别出原因，但他们确实会对看到的变化做出试探性的猜测，当然这种猜测有对有错（"我今天 5 岁了，我长得更高了""花开了，因为风从花的下面往上吹"）。

教学策略。在这一领域，教师可以遵循的最重要的策略是，关注并认可儿童对其环境变化的感知，并创设情境，让儿童可以创造、观察和探索其中的变化。例如，讨论学校花园里蔬菜的生长，或者评论儿童在画架上进行的混色实验。重复和扩展儿童对观察到的变化的看法，让他们知道你在倾听。引导他们注意变化，显示你对他们的反应和解释感兴趣，这也是一种认可。

- 重复儿童的描述,认可他们自发的系列推理。例如,拉图娅说"这些巨兽最饥饿,是因为它们有最大的牙齿"时,教师可以说:"所以牙齿最大的巨兽比牙齿中等大和牙齿小的巨兽能吃更多的食物。"
- 扩展儿童的描述。例如,乔希正在水池边洗手,教师在旁边的水池把水龙头开到最大。乔希说:"我的流得慢。"教师关小了水龙头,说:"我的和你的一样慢了。"
- 用具体的例子引导儿童注意自然界的循环。指出校园植物的季节变化,或儿童夹克厚度从秋季(薄)到冬季(厚)再到春季(薄)的变化。用照片记录变化。

2. 特别适合采用教师主导的学习的方面

(1) 识别和扩展复杂的规律

简单的规律是幼儿自发就能做的。在有了经验和成人的教导后,幼儿还能学会更多。例如,年龄稍大些的幼儿能够分析、重复和扩展具有三个或更多重复元素的复杂规律(如 A—B—C—A—B—C;1—22—3—1—22—3),但他们需要看到或听到几次这样的规律后,才能够做到这一点(Clements,2004)。他们也开始认识到所谓的"生长"规律,即连续的元素不同(不是重复),但仍然按照一个潜在原则持续下去的规律,如隔一个或隔两个数(2—4—6)。同样的原则也适用于自然界的规律。年龄稍小的儿童可能会注意到过去和现在的季节,稍大些的儿童就已经掌握了一年中四季的循环。

教学策略。幼儿自己能够认识到简单的规律,复杂的规律则需要依赖别人向他们指出来,特别是在他们一开始还没有寻找规律的意识时。因此,教师可以发挥特别积极的作用,运用以下策略帮助幼儿识别和创造包含大部分重复和"生长"的规律。

- 创造复杂的规律,然后给儿童艺术和建构材料来重复该规律。鼓励他们用三种或三种以上的元素创造自己的规律和序列。
- 对儿童创造的规律进行评论,找出重复的元素。例如,利娅向教师展示了一幅有"两条彩虹"的画。其中,两条彩虹的颜色序列或规律完全相同。教师指着彩虹说，一条彩虹是绿色、红色、紫色和黄色，另一条也是绿色、红色、紫色和黄色。

- 提供瓦工、景观设计师（砖块和铺路规律）、布艺艺术家（编织、缝制、针织、编篮）使用的带有复杂规律的图书和目录，让儿童阅读。饰品店通常会分发印有不连续的壁纸和地毯样品的图册。有了这些，让儿童描述规律，并从周围环境中找到包含一个或多个类似重复元素的例子，如通往学校的道路或针织的羊毛帽子。
- 引导儿童注意周围的复杂规律和序列，比如他们社区里的植物、动物或艺术品上的标记。鼓励儿童复制和扩展他们看到的规律。例如，在自然界漫步时收集有复杂规律的东西，让儿童在小组活动或艺术活动时间复制和扩展规律（或创造他们自己的类似规律）。
- 提供计算机程序，让儿童识别和创造序列和规律。
- 用音乐唤起儿童对规律的注意。播放带有音高、节拍或音量规律的器乐，鼓励儿童识别其中的规律（如果儿童已经熟悉了音乐，效果就会最好）。演唱有重复规律的歌曲（对唱、合唱交替进行）或有生长性规律的歌曲，如"我知道有个吞下一只苍蝇的老太太"（I Know an Old Lady Who Swallowed a Fly）。对这些规律进行评论，并鼓励儿童识别规律。
- 利用运动学习规律，包括只是简单地重复舞步的传统舞蹈。年龄稍大些的学前儿童能够给三个动作排序。如果儿童能掌握这些，就鼓励他们担任领导者，并建议他们做出包含三个动作顺序的运动模式。

（2）控制变化

幼儿会自发地关注自身和周围环境的变化。年龄稍大些的儿童不仅能观察到，而且能说出这些变化的原因。此外，他们可以有意地操作变量来达到想要的效果。例如，他们可以在拼贴画中选择另外的材料或改变材料的排列，以便更好地表征某种事物，或者改变斜坡的长度和角度，以影响玩具车的速度。

教学策略。教师可以在班级培养儿童的探究精神，增强儿童对变化的意识和好奇心。教师的探究性态度会感染儿童。当儿童想了解材料的属性以及如何操作材料时，他们开始提出类似于科学家探究时提出的问题，然后预测和估计或测量结果来满足他们的好奇心。儿童渴望尝试不同的事情（操作变量）并看到结果。以下是鼓励儿童探索的一些策略。

- 以"我想知道如果……会……"造句（"我想知道如果你把坡道的这一端抬高，会发生什么？"）。
- 问"假如你想……"这样的问题（"假如你想让汽车慢下来，你觉得怎么能做到呢？"）。
- 在解决社会问题的情境中，鼓励年龄稍大些的学前儿童预测他们提出的解决方案会产生什么样的结果（见第四章）。如果他们预见到困难，就让他们考虑如何改变全部或部分解决方案，避开困难。

（五）数据分析

在学前阶段，关于数据分析的学习集中在三个方面：分类或组织、表征、信息利用。分类或组织包括数据的收集和分类（如班上儿童最喜欢的食物）。表征是指用图表、图形或其他方式记录和展示数据（如在一张食物清单上标记每个儿童喜欢哪种食物）。信息利用包括提问问题、决定需要什么数据，然后通过解释收集的数据，回答问题（"吃什么零食"）。

在数据分析领域的关键知识和技能中，儿童主导的学习经验对于儿童根据数量属性进行收集和分类，效果最好。而教师主导的学习经验对于儿童表征和解释或运用收集到的信息，效果最好。

1. 特别适合采用儿童主导的学习的方面

根据属性进行收集和分类

儿童喜欢收集东西并分类。分类包括关注、描述、比较事物（动物、人、物体）和事件的属性。幼儿可以根据一个属性（如形状）进行分类。当他们稍微大一点时，可以根据两个属性（如形状和大小）进行分类。幼儿通常用以对物体或现象进行分类的其他量化（可测量）属性，包括温度、音量、速度、持续时间和重量等。分类也是科学中的一项重要技能。为了区分这些内容领域，数学中强调的分类涉及定量属性，而科学中强调的分类基于定性属性（如颜色、纹理、磁性或功能）（见第八章）。

教学策略。儿童是天生的收集者，他们渴望在数学领域探究，并回应这一领域的问题。教师可以对儿童收集和整理的东西表现出兴趣，并围绕儿童收集的材料的可测量属性问一些技巧性的问题，以此拓展儿童主导的探索。教师可以运用以下策略。

- 鼓励儿童收集教室里的物品、野外旅行中的自然物品以及从家里带来的各种物品。为他们提供容器（碗、盒子、篮子）来给物品分类。鼓励儿童解释和描述他们的收集物，尤其是与时间相关的属性和其他可以测量的特征。

- 让儿童解释为什么有些物品不符合他们建立的分类。例如，拿起一根羽毛，指着一堆金属物体，问："这根羽毛适合放在那一堆吗？"

- 为儿童提供机会，让他们用所有感官探索材料属性，如形状、质地、大小、颜色、音高、音量、味道和香味。虽然这些属性中有一些是不能直接测量的，但儿童仍然可以用量化的方法比较它们，比如一块布料或多或少比另一块布料光滑。

- 认可并重复儿童对属性的描述，包括虚构的表达（"这种水果在我的舌头上感觉黏糊糊的""这些鹅卵石比那些鹅卵石更鼓"）。用常用词来建立儿童的词汇表（"在画的顶部用的蓝色比底部多得多"）。介绍新的语言来扩展他们的描述性词汇（"这块布摸起来更柔软""你先选了一块长方形饼干来吃"）。鼓励双语学习者用母语描述数量属性，同时教给他们如何用英语词汇表达，例如，"是的，这个树干比这块木板更宽（más amplio，西班牙语），wider（更宽）。"

2. 特别适合采用教师主导的学习的方面

（1）表征收集的信息

为了数据分析而表征信息，指的是用数字、图表、图形、计数器（比如每出现一次按一个按钮）和其他符号记录分类和数量。这些活动涉及数学中关键概念的知识。

教学策略。儿童对周围的环境天生好奇，但他们的探索往往范围有限且随意。教师的干预可以使儿童的探索和结论更加系统化和有意义。以下策略可以帮助儿童使用数学回答他们感兴趣的问题。

- 为儿童提供可以用来记录和表征数据的材料，如剪贴板、绘图纸和铅笔，以及简单的计算机程序。
- 提出一些需要儿童通过收集和分析数据来回答的问题，如"喂养小沙鼠一个月，需要多少袋食物？"。关注儿童特别感兴趣的事物，比如自己的身体（如身高、年龄、发色）、动物和自然（如宠物的类型）、搭建的建筑物的尺寸、自己和朋友喜欢和不喜欢的东西（如食物、最喜欢的故事人物）。例如，把什锦杂果中儿童最喜欢的那几种食物列个表，然后根据儿童的口味按比例制作点心。
- 在教室里放一个问题收集箱，帮助儿童写出问题并放到箱子里。对于涉及数据收集的问题，让儿童自己想办法回答。
- 留意那些需要儿童自己收集数据的情境，比如涉及多种材料的建造项目。例如，如果儿童制造了一列玩具火车，那么帮助他们用图表画出轨道上的车厢数量。如果车厢大小不一，就另外列出一栏，并鼓励儿童记录每个车厢的编号。如果儿童经常制造火车，那么调查一下不同日期制造的火车是长还是短，有多少节车厢。

（2）解释和应用信息

解释和应用信息是数据分析的一个组成部分，指的是做出预测、验证预测、得出结论，并利用研究结果确立或澄清事实、制订计划或解决问题。

教学策略。如果没有成人的干预，儿童对数学的探究通常仅限于收集信息。他们可能需要别人的帮助来分析数据，得出一个或多个结论。此外，如果教师鼓励儿童把学到的知识应用到相关的主题和解决问题上，儿童的学习就不太可能就此结束。教师可以尝试以下策略。

- 鼓励儿童检验他们的假设，以解决出现的分歧。例如，如果儿童争论谁跑得最快，教师就可以帮助他们选择一个跑道的起点和终点，用秒表记录他们跑步用的时间，然后讨论结果，得出结论。

- 对儿童收集或展示的数据进行简单的总结和评论（"我们班的小朋友中，5岁的有两个，4岁的有八个，3岁的有六个"）。
- 问儿童如何处理收集到的信息（"每个小朋友都喜欢椒盐脆饼，一半的小朋友喜欢葡萄干，但芝麻条只有两个小朋友喜欢。那么明天散步时，我们带什么零食呢？"）。
- 鼓励儿童预测某事的结果并记录下来，然后与实际结果进行比较。例如，让每个儿童猜一堵墙的长度，记录他们的估计值。测量墙壁长度，然后讨论谁猜得太长、太短或正好。

*　*　*

科普利在她的《幼儿与数学》（*The Young Child and Mathematics*，Copley，2010）一书中，婉转地提出了以下问题：

我们应该立即纠正幼儿在数学上的错误观念吗？我们能期望所有的儿童都用相同的方法解决问题吗？我们能期望一个小组中的所有幼儿同时"得出答案"吗？所有这些问题的答案都是"不能"！作为教师，我们需要记住：幼儿在不同的时间会使用不同的材料，以不同的方式构建对数学的理解。我们的任务就是提供一个环境，让所有儿童都能在其中学习数学。（p.7）

本章说明了幼儿渴望进入数学世界。如果成人营造一种氛围，用英语、儿童的母语以及非言语提示鼓励儿童进行探索和反思，他们就会在日常生活中体验到或大或小的具有数学意义的乐趣。此外，"利用数学解决问题的积极经历有助于儿童发展好奇心、想象力、灵活性、创造性和毅力等品质，这些品质都有助于他们未来在学校以及社会上取得成功"（NAEYC & NCTM，2010，p.4）。

四、思考题

1. 为什么有些幼儿教育工作者低估幼儿的数学能力？这种低估对于一线工作者如何定义这个学科领域，以及他们自我感知的知识和技能有什么影响？
2. 你会把自己看作"数学适应者"还是"数学焦虑者"？你对数学的态度怎样影响你让儿童学习数学的方式？
3. 幼儿教育工作者如何改变公众对早期数学教育的看法，使其不仅仅包括数字和计数等，还包括数学教育工作者认定的五大领域（NCTM，2000）？
4. 数学方面的性别差异（偏向男孩）会在学前阶段出现吗？如果你的答案是否定的，那么我们能从幼儿教学实践中学到什么经验来保持女孩对数学的兴趣，并防止今后出现性别差距？如果你的答案是肯定的，那么我们将如何改变做法，才能激发和增强女孩对数学的持久兴趣？
5. 我们应该如何利用新兴技术来促进儿童的早期数学学习？有没有诸如"有害技术"之类的东西？或者技术的优点（缺点）仅仅在应用时才存在吗？

第八章

科学

4岁的安妮在玩一块磁铁,她把不同的物体吸在上面,比如磁性拼图、钥匙和金属垫圈。她发现有个回形针吸不到磁铁上去,就对教师说:"这是金属,怎么吸不上呢?"同样4岁大的彼特试着吸了另外三个回形针,也没有成功。她用俄语对安妮和教师说了些话,但两人都听不懂。她拿起安妮的回形针,放到自己的那一堆里,然后又都推到一边,摇摇头表示没法吸上。

* * *

快5岁的卡尔把他刚刚完成的绘画放到窗户下面的架子上。他告诉教师:"太阳能把它更快地晒干,今天我爸爸来接我的时候,我就可以把它带回家了。"

* * *

4岁的泰勒和3岁的尤里正在建造一座沙堡。"不要加太多的水,"泰勒提醒尤里,"那样会黏糊糊的。"

* * *

5岁的阿梅莉亚在调配水彩颜料,打算调成和她的衬衫相同的橙色。她告诉教师:"我在做科学。"教师问她是什么意思,阿梅莉亚解释说:"做科学就是想出一些东西。我在想红色里要加多少黄色。"

根据科学研究人员罗谢尔·盖尔曼和金伯利·布伦尼曼(Rochel Gelman & Kimberly Brenneman,2004,p. 156)的说法,"科学就是进行预测、检验、测量、计数、记录、安排工作、协作和交流"。基于这一定义,幼儿总是在"做科学",就像阿梅莉亚描述她对颜料的探索一样。对像她这样的儿童来说,科学不是记忆事实,相反,科学是一个动态的过程,涉及观察、预测、实验、验证和解释（Brenneman，2009）。这种科学方法符合幼儿园至12年级的"下一代科学标准"（the Next Generation Science Standards，2013）。该标准除涵盖了核心内容外，现在还涉及科学实践并强调交叉概念。教师们曾质疑科学是否是学前教育的适宜性主题，但事实上，科学在幼儿班级中是"无处不在"的（Neill，2008）。

"科学在学前教育的内容领域'享有特权'，因为它非常自然地贴合了幼儿自发的经验加工方式，以及他们对世界日常运行的内在好奇心"（French，2004，p. 140）。在这种探究意愿下，幼儿对科学的迷恋几乎与任何其他学习领域都有联系。他们试图理解所观察到的事件的内容、方式和原因，在这个过程中，他们能够发展批判性思维技能。他们运用所有感官充分体验周围的世界，提高自己的感知能力。学前儿童会分享他们的观察和结论，所以科学研究能促进儿童的语言学习。科学上的学习也能支持数学上的学习，因为儿童会对观察到的现象进行计数、测量、寻找规律。表征与科学相关的动作和想法，能够让儿童参与到创造性艺术中。最后，科学探究还涉及社会协作。实际上，为解决同伴之间冲突所做的解释，比成人的评论或提问更能激励儿童改变自己的想法（Tudge & Caruso，1988；Vygotsky，1978）。

案例：幼儿"做科学"的方式

幼儿遇到意料之外的事情时，他们的科学思维会经历三个步骤。在成人的支持下，他们会考虑如下问题。

1. 这里有什么问题？

高西老师班上的幼儿在早上集体活动时间洗了所有布娃娃的衣服，然后挂在外面的绳上晾干。在下午的自由活动之前，他们把洋娃娃的衣服收了进来，惊讶地发现有些衣服是干的，有些还是湿的，有几件甚至几乎和早上挂出去时一样湿。

曼纽尔说："我现在不能把这件蓝衬衫给萨姆（一个洋娃娃）穿上了。"他显得很失望。

"你可以给它穿这件红色的，"伊万对曼纽尔说，"这件是干的。"

曼纽尔从伊万的手里接过了红色衬衫，但眼睛仍盯着蓝色衬衫，依依不舍。

2. 这里发生着什么？

"你们认为，为什么有些洋娃娃的衣服是干的，有些有点湿，而有些非常湿？"高西老师问。

曼纽尔抬起头，脸上的失望变成了好奇。他大胆地给出了一个解释，尽管他的声音透着不肯定，"是不是蓝衬衫更大？所以晾干需要更长时间？"

索莱达摸了摸黄色的裙子，摇了摇头。"呃，呃，这条黄裙子比蓝衬衫还要大，但是全干了。"

"嗯，"高西老师说，"黄裙子和红衬衫在晒衣绳上紧挨着。我想知道是不是与这个有关。"

孩子们绕着晾衣绳走来走去。走到某个地方，伊万说："嘿，我看见我的影子了！"

詹纳站在伊万的身边说："这是因为我们在阳光下。"

"我知道了！"曼纽尔兴奋地说，"在阳光下的衣服干了，在阴凉处的衣服没干。"

3. 证据在哪里？

"所以，你认为太阳晒干了一些洋娃娃的衣服？但是我们挂在阴凉处的衣服还是湿的。你怎么能确定呢？"高西老师问。

"我和伊万在阳光下感受感受，"曼纽尔提议道，"詹纳和索莱达到树荫下感受感受。"孩子们分成两组，大声说出他们的观察结果。

确实，一开始挂在阳光下的洋娃娃的衣服是干的，而在阴凉处的是湿的。但是儿童有了另外一个发现。

"嘿，等等！"曼纽尔说，他的手上缠着一件晒在阳光下的厚厚的棕色格子的洋娃娃夹克。"这件还是有点湿。"

詹纳摸着晾衣绳阴凉一端的一件薄薄的白色洋娃娃衬衫，说："这件几乎干了。"

"所以，有些衣服在阳光下还是有点湿，有些衣服在阴凉处却是干的。"教师说，然后等着看孩子们是否同意她的总结。

> "你把它们换过地方吗?"伊万问高西老师。
>
> "没有,"教师笑着回答,"我整个上午都和你们待在教室里。那么还有别的原因吗?"孩子们给出了不同的解释。一个孩子说是颜色的原因("白色干得最快,棕色干得最慢")。另一个孩子回想起前一天班上用海绵和水做的一个活动,认为干了的衣服都是在挂出去之前就已经被"非常非常使劲"地拧干了。索莱达回忆起最近一次家人游泳回家的情景,她说:"我的游泳衣很快就干了,但是我的毛巾花了很长时间才干。它像毯子一样厚。"
>
> 对于幼儿们的这些想法,高西老师问他们如何才能确定哪一种想法能够解释他们观察到的东西。孩子们决定重新洗两件大小差不多、颜色相似的衬衫,然后将一件挂在阳光下,一件挂在阴凉处,之后在吃完下午的点心后再去查看一下。
>
> 曼纽尔把红色小衬衫拿了过来,说:"我确定萨姆能穿了。"

早期教育课程中的科学学习应该利用儿童"了解世界的自然倾向"(Landry & Forman,1999,p. 133),让他们了解科学过程在日常生活中的用途和益处,并让他们参与科学探索,知道事物是如何运转的。虽然儿童渴望独立探索周围环境,但他们仍然依赖成人提供的丰富的科学探究环境,在自己主导的探索中发展对世界日益深入的理解。

一、幼儿在科学领域的发展

"做科学"包括三个相关的发展方面(Gelman & Brenneman,2004)。第一个是要认识到预期发生的事情并没有发生。对非常小的幼儿来说,他们看到什么就接受什么。然而,随着知识和经验的积累,幼儿会产生期望并意识到差异。他们问自己:"这里有什么问题?"

认识到自己需要调整思维后,幼儿接着会问:"这里发生着什么?"他们可能重复一个动作,或者再看一遍,再听一遍,反复检查自己的观察。接下来,他们可能会略做改变。如果仍然没有观察到期望发生的事情,他们就会产生另外一种想法。幼儿的想法可能不准确,但如果符合他们的经验,他们就会满意。

最后一步是回答"证据在哪里"。幼儿不太可能独自系统地验证自己的想法。他们使用的是直觉和过度概括。然而，在成人的支持下，他们可以更加系统化和完善自己的想法。成人的作用不是告诉幼儿答案，而是提供材料和支持，"这样幼儿就可以自己检验和发现他们的观点是否正确"（DeVries & Sales，2011，p. 2）。

对早期教育研究者来说，这种科学探究的过程是一个自然的研究过程，因为幼儿对观察和思考他们的世界有着明显的兴趣（Eshach & Fried，2005）。幼儿做以下事情时，成人可以从中看到探究技能在发挥作用。

1. 围绕周围的物体和事件提出问题。
2. 通过对物体、材料和事件施加影响进行探索，并注意到发生了什么。
3. 运用所有感官仔细观察物体和事件。
4. 根据观察到的特征和属性进行描述、比较、拣选、归类和排序。
5. 使用各种简单的工具拓展观察。
6. 参与简单的探究，从中预测、收集和解释数据、识别简单的规律、得出结论。
7. 通过多种表征形式，如绘画、简单图表、书写和动作等，记录观察、解释和观点。
8. 与他人合作。
9. 分享和讨论想法，倾听新观点。（Worth & Grollman，2003，p. 18）

二、科学的教与学

为了促进有意义的科学活动，有准备的教师会精心设计物理环境，规划儿童关注的科学领域，依据儿童感兴趣的材料和活动设计学习经验，并设定整体学习目标。然而，一旦儿童开始探索，"他们就会从兴趣和问题、材料以及教师目标之间的动态互动中，获得真正的学习"（Worth & Grollman，2003，p. 158）。为了加强这种交流，教师可以运用以下策略。

- 向儿童介绍科学方法的步骤。虽然学前儿童在探究中比成人随意,但他们也会使用许多相同的程序。为了帮助儿童熟悉这个过程的每一步,教师可以用科学方面的词汇命名他们的行为。盖尔曼和布伦尼曼(Gelman & Brenneman,2004,p. 153)建议向学前儿童介绍"观察、预测和验证这些词及其方法"。他们举了一个例子,儿童在探索一个完整的苹果,教师把他们的话写下来(苹果是红色的、圆形的、光滑的、凉的),因为,正如教师告诉他们的,"科学家会把自己的观察记录下来"。接下来,儿童对里面的东西做了个预测:里面是白色的,有种子(教师告诉他们"预测有点像猜")。最后,在切开苹果后,儿童根据里面的东西验证预测(里面是白色的,有种子,还是湿的)。

- 创造惊讶和差异的机会。当儿童遇到认知差异时(也就是说,当他们观察到意料之外的东西时),他们的科学思维就会发展。"儿童在探索过程中遇到的意外事件,为他们开动思维提供了丰富的机会"(Landry & Forman,1999,p. 147)。教师可以创造自然的(非人为的)机会让他们有这些经历。例如,提供不熟悉的新材料(比如不能像积木那样整齐堆叠的木块)会激发他们的兴趣。为了帮助儿童思考差异背后的原因,教师可以为儿童提供相关的材料来验证他们的想法,偶尔也可以使用"我想知道为什么……"这样的句子表达,或提出"如果……会怎样"这样的问题。

- 鼓励记录。学前儿童关注的往往是此时此地,他们可能会忘记之前观察到的东西,这会限制他们前后联系和得出结论的能力。幸运的是,3 岁和 4 岁的儿童能够表征和解释自己的经历,这样他们就能在教师的帮助下通过绘画、拍照、制作和解释简单的图表来记录数据(Katz & Chard,2000)。儿童构建自己的科学解释时,这些记录就起到了视觉提醒的作用。

- 支持通过合作进行探索和解决问题。社会互动不仅帮助儿童构建思想,还真正加深了他们的理解。当儿童试图描述所看到的东西时,他们会注意更多的细节,并寻找词语来解释他们的推理。

三、使学习经验符合学习目标

如前所述,早期的科学学习主要是执行科学程序,而不是记忆事实。尽管儿童不像成人那样系统化,但他们使用的科学方法能够让他们从自己的经验中探索、发现和得出结论(不一定是正确的)。也就是说,在这个内容领域里有一套适合学前儿童学习的知识体系。例如,儿童在弄清一个机械装置是如何工作的,或者用坡道和路径做实验时,他们就发现了基本的物理原理。他们在花园种植花草或者照料班级宠物时,就知道了什么能维持生命。在今天的社会中,儿童也在不断了解技术,使用交互式媒体学习其他课程。当儿童接触周围环境时,他们问的问题不可避免地会引导他们获得有关周围自然界和物理世界的某些信息。以下内容讨论了儿童科学学习的两个领域:科学程序、学习和分享科学思想。

(一)科学程序

学前儿童以适合其年龄的方式运用科学方法。他们自己观察物体和事件,并根据它们的属性进行分类(当儿童根据可测量的属性,如长度、重量、体积或持续时间,对事物进行分类时,他们主要运用的是数学知识,这一点在第七章已经讨论过)。对儿童来说,一切都是新的,所以许多儿童往往观察到什么,就接受什么。因此,他们需要成人的指导来帮助他们接触科学方法中涉及思考和推理的方面,如实验、预测和从经历中得出结论。

1. 特别适合采用儿童主导的学习的方面

(1)观察

准确观察的能力在科学中至关重要。"观察就是密切关注某个事物,以便对它有更多的了解"(Neill,2008,p. 10)。儿童运用所有感官关注和了解自然界和物理世界。随着时间的推移,随着他们对细节的认识从少到多,从简单到复杂,从孤立到联系,他们的观察技能不断提高。例如,儿童对树叶的观察可能会从"树叶是绿色的,长在树枝上,摸起来很光滑"发展到"树叶也有叶脉和茎,叶子沿着树枝向两边生长,我把树叶从地上捡起来揉搓时,树叶就碎了"。儿童越来越能够用言语表达他们的观察结果,因为他们愿意把自己的感官经历与他人分享和确认(Gronlund,2006)。

教学策略。儿童需要有被观察的物体和事件,需要有安全的地方进行观察,需要描述性的语言来分享观察到的东西。以下策略可以为幼儿提供观察所需的基本条件。

- 在室内外创设感官丰富的环境。设置一个感官桌(可通过学校用品供应公司获得),或使用镀锌金属盆或大型塑料盆。在桌子上或盆子里放上能旋转的材料,如沙子、水、洗洁精、珠子、棉球、鹅卵石、树皮、橡子或碎纸。对于感官敏感的儿童,考虑用他们喜欢的材料为他们设立单独的容器(既不刺激过度又不刺激不足)。如果合适,可以给儿童提供薄乳胶手套,这样他们在摸潮湿或黏性物质时,就不会弄脏手。

- 提供各种感官材料,让儿童在选择时间和小组活动时间进行探索,如具有以下特点的材料:
  - 能够创造光和影(手电筒、贴在窗户上的玻璃纸、围巾、风纺纱机)
  - 具有独特的纹理(树皮、稻草、葫芦、块状羊毛)
  - 具有不同的香味(香料罐、蜂蜡、香草园)
  - 能够制造声音(乐器、计时器、锤子、鹅卵石、吸引鸣禽的喂食器)
  - 具有不同的口味(水果、蔬菜、谷物、调味品)

- 确保环境安全,便于儿童观察。让他们自由探索,不会对自己造成危险,也不会受到成人的禁止。应该允许儿童弄得乱七八糟,通过实验观察自己的行为所产生的影响。与此同时,儿童也必须有权利不尝、不闻、不摸或不以其他方式使用自己的感官。给予他们完全的自主权,让他们决定如何进行观察和观察什么。为最初不愿意接触新材料的儿童提供一种方法,让他们以自己的方式逐渐接触新材料,例如,戴橡胶手套创作手指画、闻稀释过的溶液、品尝小块样品。
- 提供词汇来帮助儿童标记、理解和运用他们的观察结果。"成人的语言能够提供词汇来描述儿童探究中出现的概念，并为儿童发展描述和解释等话语功能提供模板"（French，2004，p.142）。除了为物体（名词）和动作（动词）提供名称外，还使用描述性词语（形容词、副词）提高儿童的观察技能。重复儿童使用的词语（包括他们乱造的词语）。教师介绍的新词语要与儿童的发展水平相匹配。对双语学习者也要这样做，但要同时使用英语和他们母语中的词汇（以音标的方式拼写，这样你和儿童谈话时就能够说出来）。首先要标记容易观察到的属性（如颜色或音量），然后再提及不太明显的属性（如湿度和温度）。最后，在关注了感官属性之后，根据儿童的行为或材料之间的相互作用，谈谈事物是如何变化的（"首先，杯子浮了上来。然后等你把水倒进去，它就沉下去了""太阳出来的时候，人行道上的雪就融化了"）。

（2）分类

儿童在玩耍时会自发地分类（Langer et al.，2003）。在早期，他们就能把属性相同的物体分出来（比如从一堆珠子中选出所有的红色珠子），尽管他们可能在中途会切换类别。儿童发展到下一个阶段，就能持续地进行分类，会使用"相同"和"不同"，然后是"一些""没有"和"全部"等词汇。某个物体不属于一个集合时，他们也能说出来（例如，非红色的珠子不属于红色珠子那一堆）。接下来，儿童分选物品时能够依据多个属性，如颜色和形状。发展到最高水平，即儿童能够描述分类背后的原因，甚至对别人做的分类也能说出原因（如前所述，科学中的分类指的是定性属性，按照数量或可测量的属性进行分类，见第七章）。

教学策略。幼儿喜欢收集东西并分类。从这个意义上说，他们就像一个世纪前的科学家，那时的科学家们主要关注的是收集、分类和描述动植物物种的生活。为了促进和增强儿童对分类的自发兴趣，教师可运用以下策略。

- 鼓励儿童收集物品并分类。通过对教室活动区和材料进行命名（使用儿童使用的所有语言），为儿童对事物分类提供初步基础（如颜料在艺术区，锤子在木工区）。大自然为分类提供了许多材料，如不同形状的贝壳、会飞或会爬的东西。到附近去散步和实地考察，也为收集有趣的物品创造了更多的机会。给每个儿童一个容器（小包或桶）来收集物品。回到教室后，鼓励儿童对收集物进行分类和标记，并将它们融入游戏中。例如，可以将橡子放到娃娃家供做饭游戏时用，或放在艺术区粘到纸上，或者埋在沙桌上的沙子里。

- 引导儿童注意物体之间的异同。就幼儿而言，要从明显不同的物品开始（如纽扣和小汽车），然后将焦点放在一个相同的属性上（如所有的红色纽扣），接着是只有一个属性不同的物品（如红色纽扣和蓝色纽扣）。之后，儿童可以根据两个属性进行区分（如大的红色纽扣和小的蓝色纽扣）。最后，引导儿童注意在某些方面相同但在一个或多个方面不同的物品（例如，所有的纽扣都是红色的，但是有些有两个孔，有些有四个孔）。使用这些类型的材料介绍"一些""没有"和"全部"等概念。对动作也是如此，例如，在圆圈时间介绍相同和不同的动作，或者"一些""没有"或"全部"儿童都做的动作。玩"视觉大发现（I Spy）"游戏，开展"寻宝"活动，寻找相同或不同的物品。提供各种各样的零食，这样儿童可以根据外观、口味、气味或质地来分类。请家长推荐或带来反映不同家庭口味和文化的食物，并与儿童观察、讨论这些食物的相似和不同之处。

- 使用"没有"或"不"这样的语言。例如，在儿童穿衣服去户外活动时，注意谁的夹克有兜帽，谁的没有。吃饭时，评论谁想喝果汁，谁不想喝果汁。儿童收集物品时，鼓励他们从一组物品中找出不具备某种属性的物品（"这些珠子发亮，那些不发亮"）。介绍"不"的通用符号（一个红色圆圈，圈内的物品或动作图像上画着一条斜线）。例如，对儿童还没有完工的项目贴上"正在进行"的标记，或者画一只手，再画条线穿过这只手，表示"不要触摸"，或者将一个物品与已经处理好的物品分开。介绍"没有"或"不"概念的其他方法包括：

当天参加或没有参加项目的儿童

以某个字母或不以这个字母开头的名字

彼此押韵或不押韵的词语

能发出或不能发出噪声的东西

用脚或不用脚的动作

2. 特别适合采用教师主导的学习的方面

（1）实验

儿童做实验有两个原因：出于好奇（想看看某个东西是如何工作的）和解决在游戏中遇到的问题（想让某个出问题的东西正常工作）。实验能让他们观察因果关系。在学前阶段，他们的努力在很大程度上仍然是反复试错，但是有了成人的支持，他们就可以更加系统化。学前儿童也越来越意识到，时间在自然界和物理世界中发挥着作用（Van Scoy & Fairchild，1993）。他们注意到了顺序，也观察到结果能持续多长时间（例如，在水中加入洗洁精后，水一直滑溜，但泡沫会消散）。当儿童意识到这些因素（如因果、顺序和时间长短）时，他们的问题和他们为回答这些问题而进行的实验会变得更加复杂。

教学策略。和对科学（以及数学）的其他方面一样，幼儿有时会接受事物而不去质疑怎么做或为什么，也不会进一步探究。不是因为他们不好奇，只是他们想不到要问为什么或怎么做，或者他们可能想到了但却不知道怎样通过一个简单的实验来回答这些问题。教师可以通过以下教学策略来帮助儿童扩展他们的探索。

- 提问和回答"如果……会怎么样""为什么""怎么做"这样的问题。例如，你可以问："你是怎么把球弹得这么高的？""你认为球为什么不跳了，又开始滚动了？""我们怎样才能让雪橇慢下来？""如果我们把种了种子的杯子挪到窗户这里，会怎么样？"或者"为什么你按下这个按钮时屏幕会改变，但按下那个按钮时屏幕没有改变？"对于双语学习者，教师要学会用他们的母语问一些基本问题。比教师提问的问题更重要的也许是儿童问自己的问题。你如果表现出兴趣或惊讶

("哇！我们在小苏打里放醋，就冒泡了！"），就能激发儿童问为什么或怎样发生的。然后，你可以提供指导并继续提出问题，帮助他们验证自己的想法。

- 鼓励儿童用系统性的实验逐步取代反复试错。为了促进批判性思维，与儿童谈论他们正在做的事情及其行为的结果。进行简单的动手实验且实验结果要易于观察（例如，在室外用水涂刷路面，然后观察路面如何变干，或者倾听装有不同材料的摇动器发出的声音）。建议儿童用熟悉的材料尝试新方法，并评论改变动作后结果会发生怎样的变化。提出需要逐步探索的挑战（"怎么让水车转得快一点呢？怎么能转到中速呢？怎么让它转得飞快呢？"）。

- 提供材料和活动，让儿童探索事物是如何随时间变化的。可指示开始、停止的工具（如计时器、停止标志、仪器），以及轮式玩具、节拍器、球、陀螺、风车等可以运动的材料，能够让儿童知道具体的时间。让儿童关注时间在自然界中的角色，例如，小猫长大，树叶变成棕色，沙子一天天地越踩越紧实。提出一些问题，鼓励他们检验自己对于时间的看法（"你认为小番茄种子和大南瓜种子，哪个发芽更快？我们怎么跟踪验证呢？"）。

（2）预测

预测不仅仅是简单的猜测或说出你希望会发生什么。它需要使用先验知识来预测未来可能发生的事情。学前儿童有足够的经验在许多情境下做出有根据的猜测。他们可以相对客观地区分开他们期待发生的和他们认为可能会发生的事情。因此，预测不仅涉及智力，还涉及情感的成熟。随着儿童能够更加系统地进行实验，他们将预测得更好。他们的预测可能不准确，但遵循了儿童的逻辑。预测也有助于儿童以新的方式思考。他们不仅关注此时此地，还会思考彼时彼地。儿童参与这种思考的机会越多，就越能更好地反思自己的经历和观察结果，并将之用于预测（Church，2003）。

双语学习者能够和只说英语的同伴一样进行预测，但是他们可能无法理解教师用英语提出的问题，也无法和别人交流自己的所知。出于这个原因，最好一开始就把重点放在涉及此时此地的科学探索上，把预测活动往后推一推，等到双语学习者能够更好地理解教师使用的语言时，再练习预测。

教学策略。以下策略将利用学前儿童的知识和逻辑推理，帮助他们拓展预测能力。

- 帮助儿童思考他们过去和现在的经验中的相似之处。运用他们的观察、分类和实验技能培养他们的预测能力。例如，帮助儿童回想观察到的东西，然后问他们同样的事情是否会在类似的物体上再次发生，或者使用分类帮助儿童确定物体的表现方式是相同还是不同的，或者鼓励儿童思考从实验中收集到的信息。教师的作用不是为儿童找出答案，而是帮助他们运用其知识和技能自己做出预测。
- 鼓励儿童说出他们认为会发生的事情（以及原因）。这为他们创造了一个机会，让他们思考自己的知识和经验以及如何将其应用到当前的情境中。例如，教师问拉杰夫为什么他会预测"一会儿到户外活动时外面会有很多树叶"，拉杰夫指着窗外回答说："风太大了，把树叶都吹落了。我帮阿姨打扫树叶时，她还让我跳进树叶堆里呢！"让儿童说出他们的预测，这样你就可以接着询问他们是如何推理的。
- 引导儿童验证他们的预测。儿童通常满足于做预测，但不太可能自己去验证。教师的鼓励会让他们好奇自己的预测是否准确。一些有用的评论和问题，如"让我们核实一下"和"我们怎样才能确定"。为了鼓励儿童进一步思考，可以讨论哪些观察结果与儿童的预测相符（或不符），以及他们为什么会这样认为。

（3）得出结论

儿童基于自己的观察和实验可能会得出结论：他们目前的看法是正确的，或者他们需要改变想法。皮亚杰（Piaget，1950）用"同化（assimilation）"一词描述儿童接受符合他们当前思维的新信息，用"适应（accommodation）"一词描述儿童改变原来的理解容纳对立的信息。一开始，学前儿童的结论是基于直接经验的，但后来他们开始概括（Bruner, Olver, & Greenfield, 1996）。例如，如果玫瑰有气味，而且玫瑰是花，他们就会概括为其他的花也一定有气味。儿童往往会过度概括，但之后的经验与最初的结论相矛盾时，他们也会改变想法。在安全的环境中，儿童可以自由地改变主意，这有助于他们灵活地思考。

教学策略。为了鼓励儿童反思经验，并得出越来越灵活和越来越有逻辑性的结论，教师可以尝试以下策略。

- 提供相似但不完全相同的材料和活动（例如：橡皮泥和黏土随着加水量不同而特性不同；只有某些灌木能结果实等）。这些机会使得儿童能够进行概括，但他们也会从中发现差异，因而改变自己的想法。为了帮助学前儿童从多种证据来源中得出结论，可以鼓励他们广泛收集数据并探索不同的替代方法。例如，教师可以问以下问题：
  - 你还能做什么（或看什么）来找出答案？
  - 有没有另一种方法来验证你的想法？
  - 还有其他看起来（或听起来、闻起来）一样的东西吗？有不同的东西怎么办呢？

- 鼓励儿童思考他们的观察过程和结果。做出评论（"我注意到水没有流进下水道"），并问一些开放式问题（"炉子启动时为什么会发出噪声？"）。引导儿童注意与自己期望相矛盾的事情。儿童自己可能不会注意到，但如果教师能够指出来，他们就可能感兴趣。教师的作用不是传授大量事实，而是培养科学探究精神。教师的惊奇感和好奇心要具有感染力（关于反思的价值性，见第三章）。

（二）学习和分享科学思想

幼儿的好奇心推动了他们对科学的兴趣。在几乎没有外部诱因的情况下，他们能够探索不同类型的工具。在当今世界，他们还探索快速变化的技术。学前儿童渴望了解事物是如何运作的，以及如何利用它们实现自己的游戏想法。受到这些探索的鼓舞，儿童很乐意与他人交流自己的发现。了解自然界和物理世界，也是幼儿非常感兴趣的。然而，和其他知识体系一样，儿童依靠成人来传授关于自然界和物理世界的具体信息。因此，教师要引导儿童关注他们可能会忽略或认为理所当然的科学现象。

1. 特别适合采用儿童主导的学习的方面

（1）了解工具和技术

儿童最初对工具的探索是出于自己的兴趣，怀着好奇心去发现工具如何工作，渴望控制工具。当他们获得使用特定工具（如剪刀）的能力时，他们会思考该工具如何帮助他们实现目标或解决问题（如把假钞剪成纸条）。学前儿童能够创建工具的心理表征，这样他们就可以想象如何在新情境下使用工具来达到期望的结果（例如，剪出不同的形状粘在拼贴画上）。使用工具解决问题可以培养幼儿的概念意识，因为它涉及"计划、顺序思考和预测工具具体可以做什么"（Haugen，2010，p. 50）。

在早期的科学（以及数学）学习中，如果使用得当，技术可以发挥有益的作用。首先，也是最重要的一点是，技术应该起到补充作用，而不应取代使用真实材料动手学习。此外，交互式媒体应"着重于促进幼儿积极、创造性地使用，并鼓励他们与其他儿童和成人进行社会交往"（NAEYC & Fred Rogers Center，2012，p. 1）。虽然美国儿科学会（American Academy of Pediatrics，2011）不鼓励2岁以下幼儿使用电子屏幕，但学前儿童可以从发展数字读写中受益，比如熟悉设备的机制（打开或关闭设备、使用箭头键或触摸屏）。可以使用交互式和开放式软件，软件要能够促进探索而不是强调训练和练习。观看简短的视频片段，可以用里面适宜的语言活动支持双语学习者，并帮助他们理解科学工具和概念（Simon & Nemeth，2013）。计算机也可以作为社会互动的催化剂。儿童喜欢一起在计算机前解决问题，谈论他们在做的事，帮助和指导朋友，并制定轮流和合作的规则（Simon & Donohue，2011）。

教学策略。使用工具为儿童提供了许多机会来探索工具是如何工作的，并促进其他类型的科学学习。适当形式的技术也可以支持幼儿在游戏中探索科学世界。以下策略可鼓励儿童了解其环境中的工具和技术。

- 在教室的所有活动区提供工具。不要局限于典型的科学工具，比如放大镜、磁铁、天平、滑轮或塑料温度计。许多其他物品也能促进科学学习，比如发条钟表、手机（电池已拆除）、胶带、手电筒和木工工具。可以从二手市场购置便宜工具或请家长捐赠小型家用机械器具。
- 鼓励儿童以不同的方式使用同一工具。例如，可以用锤子把不同的物体（如钉子、高尔夫球座）敲进不同的表面（如木头、黏土）或发出不同的声音（如敲打金属或木块）。为儿童创造机会，让他们在其他内容领域学习时也使用工具，例如，使用各种各样的建模工具（创造性艺术），或使用常规和非常规工具进行测量（数学），或者使用计时器计算轮流时间（社会性－情感）。去五金店或厨房用品店实地考察，这样儿童就能发现一系列具有一种或多种功能的机械和电子小玩意儿。

促进科学学习的材料

材料要能够在整间教室和户外游戏空间使用，而不仅仅在指定的科学区促进儿童的科学探究。以下建议可供参考。

艺术区——油漆泵、工艺棒、塑料勺、刷子、印台、印章、订书机、打孔机、剪刀、塑料模具、胶带、胶水、细绳、纱线、丝带、大针孔的挂毯针、纽扣、珠子、毛绒棒、擀面杖、铁丝网或帆布网、小布片、吸管、回形针

娃娃家——烹饪用具（木勺、铲子、勺子、搅拌器、漏斗、压蒜器、量杯、匙子、计时器、锅垫、袋夹、食物碾磨机、擀面杖、饼干切刀、漏勺），清洁设备（扫帚、簸箕、吸尘器、水桶、海绵、橡胶手套、晒衣夹），医疗设备（听诊器、血压袖带、吊索、手杖、腋杖、注射器、纱布垫、胶带），带有各种扣件（拉链、纽扣、搭扣、按扣）的服装，以及钥匙、电话、烤面包机、炉子、邮箱

积木区——木质积木、纸板积木、木屑和垫片、直尺、码尺、卷尺、纸箱、盒子、大橡皮筋、泡沫填料

木工区——螺丝刀、锤子、钳子、夹具、手钻、水平仪、定位销、紧固件和其他五金件（钉子、螺丝、螺母、螺栓、垫圈）

沙水桌——桶和铲子、塑料容器、松饼罐、网状过滤器、滴管、泡沫棒、

> 漏斗
>
> **户外游戏空间**——沙水桌设备（见前面物品）、绳子、马车、锯木架、自卸卡车、独轮车、园艺工具（铲子、锄头、耙子、园艺手套、跪垫、喷壶、软管）、手动泵（给球充气）、收集物品的容器

- 选择合适的计算机、移动设备和交互式软件。虽然计算机和其他电子设备不应该主导学习环境，但技术在当今的生活中现实存在。在教室里使用技术是很重要的，尤其是对于在家里接触技术机会有限的儿童。为了提供适宜的经验，示范安全、谨慎地使用电子设备，就要选择适合儿童的设备和交互式软件。将计算机放置在两个或多个儿童可以一起使用的地方，以此鼓励社交互动，并在儿童使用计算机和其他设备时与他们谈论解决问题的策略。

（2）交流思想

儿童之间交流科学发现，能够鼓励儿童使用"如果""那么"这样的语言，并从因果关系的角度进行思考。交谈这种行为让他们更善于观察。象征性交流（如绘画、书写、演示、搭建和角色扮演）有助于儿童记录他们的观察结果、发现规律和识别关系（Chalufour & Worth，2004）。当成人和同伴对这些不同形式的科学交流展示出兴趣时就表明，儿童感兴趣的东西是值得关注的。

教学策略。因为每个儿童都有自己的交流方式，所以教师应该给儿童提供各种机会分享他们的科学发现。教师可以尝试以下策略，鼓励儿童使用言语或象征性行为表现科学学习。

- 使用科学语言与儿童谈论他们的行动、观察和发现。正如科学研究者兰德里和福尔曼（Landry & Forman，1999，p. 137）所指出的，"科学，无论对于儿童还是成人，都不是在真空中开展的，而是在一个经过讨论、辩论而形成思想的社会王国中开展的"。听听儿童在说什么，尤其是他们关于"怎么"和"为什么"的问题，并耐心地回答。分享你的观察并介绍新词语（"今天早上，我刮掉了挡风玻璃上的'霜'"）。

教师主导还是儿童主导？

在一定的语境中反复使用新词语，帮助儿童理解并最终学会使用这些词语。

- 为儿童提供机会，让他们象征性地表征他们的科学经验。非言语表征对双语学习者来说尤其有价值，因为它们可以让儿童展示自己对哪些科学探究感兴趣。这种表征方式也为教师提供了机会（以儿童母语和英语）介绍科学词汇，因为教师要描述和讨论儿童选择画什么、搭建什么或表演什么。以下是一些例子。

  - 艺术作品。提供绘画和建构材料，让儿童描述他们艺术创作过程中的要素（如使用什么材料，用这些材料做了什么，结果是什么）。他们的描述将为他们打开思维之窗（例如，房子是如何建造的或者动物住在哪里）。

    乔茜把贝壳和弹珠放在天平上，拿起纸和记号笔，对教师说："我要画一幅画，其中的两个贝壳（指向一边），中间画一条线，这里画六个弹珠（指向另一边）。"教师评论说："你要画一幅画，画出你是怎样让贝壳和弹珠在天平上保持平衡的。"

    乔茜的朋友梅林还处在学习英语的阶段。梅林画完贝壳和弹珠后，教师轻轻地牵着她的手，带她拿着画走到科学区。教师把梅林的画放在天平旁边，表示明白梅林画的是什么。

  - 假装游戏。儿童在角色扮演中展示出他们对事物运作方式的理解。为儿童提供时间、道具和用道具制作的工具，并以伙伴的身份加入他们的游戏场景。例如，在娃娃家和儿童假装烤蛋糕时，教师需要一个东西用来搅拌。有个儿童递给她一个电动搅拌器（去掉了电线），说："你真的不能插上电源。你只能假装它能工作。"为了扩展儿童的想法，教师回答说："还需要一根电线，这样电就可以驱动马达，转动打蛋器了。"

  - 书写。写字板和记号笔等书写工具，能够鼓励儿童在游戏时间和野外旅行中记录想法。阅读关于科学和科学家的儿童读物，也会激励儿童通过"写"来交流自己的想法。一定要包括来自不同背景的科学家（文化、国家、语言不同以及身有残疾的科学家，如物理学家斯蒂芬·霍金），这样儿童就会有自豪感，并开始将自己看作潜在的科学家。

◆ 清单、图表和图形。幼儿可以运用他们新发展的数据处理能力（见第七章）来分享他们的科学探究成果。问一些思考性的问题，帮助幼儿记录和解释他们的发现，比如"我们怎样给这一栏命名？""我们应该用阴影标记还是写上数字呢？"或"为什么你认为这一栏比其他栏内容更多？"。

计算机技术

如果使用得当，计算机可以在早期科学教育中发挥重要作用。"有效地使用技术和媒介是有积极作用的，有利于培养儿童的动手能力，对儿童是有吸引力的。给予儿童控制权，提供适当的支持帮助他们完成任务。技术和媒介是支持儿童学习的诸多选项之一"（NAEYC & Fred Rogers Center，2012，p. 6）。对幼儿来说，这包括熟练掌握设备的工作机制，学习不同的软件程序和应用程序。这些程序应该是开放式的，能够促进儿童的探索。好的程序会提出问题，让儿童解决它，并提供反馈。对于能够提出具有"正确"答案的问题的程序，如果其反馈能够让儿童反思自己的推理哪里不行，然后以另外的方式解决问题，那么这样的程序就是有效果的。如果程序不能做到这一点，就需要成人从旁指导。

技术还有一个额外的优势，就是通过操作提高儿童的灵活性。也就是说，儿童移动屏幕上的物体，通常比移动真实物体更容易。屏幕上的物体不会像现实生活中的物体那样，有尺寸上或者搬运困难的问题，而且大多数儿童使用键盘和鼠标或者触摸屏都很顺手。当然，这并不是说计算机应该取代实物，毕竟实物还能提供其他的感官反馈和培养运动技能。但是，计算机可以扩大儿童使用的材料范围，增加他们改造材料的可能性。

最后，"与最初的担心完全不同的是，计算机不会使儿童变得孤僻，相反，计算机可以成为社会互动的潜在催化剂"（Clements，1999，p. 122）。儿童在计算机前一起解决问题，一起谈论正在做的事，帮助和指导朋友，并制定合作规则。事实上，他们在计算机前时，通常更喜欢和朋友一起，而不是自己一个人（Simon & Donohue，2011）。

对于儿童在早期的学习中接触和使用计算机，成人发挥着重要的调节作用。教师在与幼儿一起使用技术时，必须履行以下责任，创造以下机会。

- 选择适合儿童的硬件，如大字号键盘、彩色的键盘按键、小鼠标、触摸屏。通过示范和指导，帮助儿童获得基本的操作技能。布置环境，让儿童能够一起工作，以便能向同伴学习。
- 选择的软件或应用程序应强调开放式的探索性学习，而不是进行练习活动。一次只面向少数几个儿童介绍软件。例如，在小组时间或选择时间开始时，演示你能用一个程序做什么。给每个感兴趣的儿童尝试的机会，然后让儿童全天都可以使用这个程序。
- 使用计算机和移动设备促进社会交流。留出足够的空间放多把椅子。在理想的情况下，可以让儿童坐在屏幕前的两把椅子上，教师坐在屏幕旁的一把椅子上。如果资源允许，那么可以提供多台台式计算机或平板电脑，这样儿童就可以分享想法。把计算机放在从教室其他活动区可以看到的地方，这样儿童在四处走动时就可以加入进来。鼓励儿童一起工作。做好准备，随时调解儿童的社交争端（见第四章）。
- 儿童面临技术问题或程序提出的问题时，鼓励他们说出自己的想法和推理过程。如果程序反馈说他们的答案是错误的，就鼓励他们反思自己的解决方案。此时，有教师在场尤其重要，这样儿童就不会因气馁而走开，从而将错误提示转化为学习机会。
- 平衡计算机和实际生活中的活动，要多创造机会让儿童操作真实物体和应对类似的现实生活情境。

2. 特别适合采用教师主导的学习的方面

（1）了解自然界

自然界包括生命科学（生物学、植物学、动物学）通常涵盖的主题，并涉及我们环境中生物的多样性和多变性。对幼儿来说，了解自然界意味着认识什么是（或不是）有生命的，考察动植物的特征和行为，了解生物生活的地方（栖息地）和它们生存所需要的东西，体验生长和腐烂的过程。学前儿童开始意识到什么能够改变不同类型的野生生物（例如：阳光和水帮助植物生长；天气变冷时，树叶变色，从树上落下来）。他们已经开始能够在脑海中保存某个东西以前的样子，这种能力使他们有可能看到这个东西现在有何不同。幼儿关注的是这些生物生命周期中对自己有意义的方面。例如，种植花园时，儿童会好奇种子发芽的速度有多快，他们的照料对植物生长有什么影响，花什么时候会开放，水果或蔬菜长到什么程度可以吃。

幼儿对自然界的运行方式有很多想法。尽管他们的想法对成人来说可能显得很幼稚，但从儿童的逻辑系统来看，这些想法往往相当复杂（例如：树木长大，夏天他们就可以在树下乘凉；蠕虫生活在岩石下，因为那里很暗，它们可以睡觉）。儿童坚持自己的科学理论，因为这些理论对他们有意义，能够帮助他们进行观察（Landry & Forman，1999）。只有经过反复的体验，且与他们的预期一次次出现差异之后，他们才会调整自己的思维。学前儿童接近自然界时，也开始不那么以自我为中心了。他们不再只是考虑各种现象如何影响他们（如动物是友好的还是可怕的，蔬菜是美味的还是难吃的），而是开始更广泛地思考生物之间的关系。

儿童的问题揭示了他们对自然界的哪些方面感兴趣。例如，以下是一年来一间幼儿园教室里儿童提出的一些问题。

植物吃什么？

蜜蜂为什么嗡嗡叫？

为什么我的狗会死？

我咽下去的食物去了哪里？

为什么吃了药就感觉好些？

为什么你头发的颜色和我的不一样？

为什么沙子会粘在我的皮肤上？

鸟为什么要筑巢？

教师主导还是儿童主导?

乌龟为什么有壳?
为什么灰尘会使你打喷嚏?
为什么我们不能飞?
为什么只有一些花有气味?

教学策略。环境中植物和动物的多样性对幼儿来说都是新颖、有趣的。为了支持他们对自然界的好奇和惊叹,教师在室内和户外学习环境中可以尝试以下策略。

- 为儿童提供材料和活动,以积累对自然界的知识。收集有生命或曾经有生命的东西,让儿童进行检查和比较(如植物、动物、贝壳、种子)。用印刷材料和逼真的复制品来补充实物。鼓励儿童运用所有感官对这些东西进行分类,找出相似之处和不同之处。引导他们注意材料是如何随着时间或由于他们的行为而发生变化的(如花会腐烂并失去气味,干树叶受到挤压就会碎)。利用物品和活动让儿童认识到动植物的基本需求,如空气、食物、水、光、休息。参观附近的农村或城市环境(如水体、森林、农田、沙漠、山脉、城市公园)。去实地考察,为班级相册拍照,并带回有代表性的自然界物体,让儿童进行分类,也可以用在假装游戏中作为道具。
- 鼓励儿童把对自然界的观察结果联系起来。室内外环境中的物体和事件是儿童感兴趣的。提问"怎么做"和"为什么"等问题,引导儿童思考自然界中事物的物理特征或行为("鸟是怎么飞的?""浆果为什么是甜的?""为什么我们年龄越大长得越高?")。你不必知道这些问题的答案,只需要与儿童一起创建理论和寻求答案,倾听他们的解释,了解他们对大自然的理解。

(2)了解物理世界

研究物理世界(本部分指物理科学和地球科学)能够让幼儿探索物体、材料和事件,以理解事物是如何运行的,以及受到不同的作用时会发生什么。

幼儿探究物理世界时会探索如下现象：坡道的角度如何影响玩具车的速度、水流如何绕过障碍物、是什么使积木平衡或倒塌、同样大小的物体为什么重量不同、固体和液体的属性是什么、气泡是如何产生的、什么东西能（或不能）粘在磁铁上、什么能产生影子、如何通过不同的力度吹管子或敲鼓来改变声音、雪在阳光下和阴凉处融化的速度怎么样。和自然界的现象一样，儿童会意识到对他们来说很重要的变化和周期。例如，抽象的天气对儿童几乎没有什么意义（因此，每日天气播报不会引起他们的兴趣），但是雪的到来意味着他们可以去滑雪橇，由此引起儿童的关注。

与在自然界中的体验相似，幼儿对于他们理解的物理世界也会形成自己的理论（例如，太阳使物体变暖，所以如果太阳出来了，一定是温暖的，即使在冬天）。认知差异，即观察结果与期望不相符，会逐渐促使他们重新思考自己的推理。同样，就像对自然界具有好奇心一样，儿童提出的问题也会让我们了解他们对物理世界的哪些东西感兴趣。以下是一群学前儿童问的一些关于物理世界的问题：

为什么大小一样，木棍却比羽毛重？

太阳是怎么照亮天空的？

影子是什么形成的？

冰块为什么会融化？

为什么我可以在冰上滑行却不能在木屑上滑行？

怎么用剪刀剪？

是什么让齿轮转动？

灯泡为什么会烧坏？

为什么磁铁有些东西能吸，有些东西不能吸？

为什么石块的大小不同？

为什么室外冷的时候会下雪？

关掉手电筒后影子去了哪里？

教学策略。教师可以把支持幼儿探究自然界的策略，用于支持他们对于

教师主导还是儿童主导？

物理世界的探究。具体的材料和活动虽有所不同（如用滑轮代替植物，观察速度而不是种子），但是对于帮助儿童思考所观察到的属性和变化，教师同样起着至关重要的作用。为了帮助儿童理解物理世界，教师可以尝试以下方法。

- 提供材料和活动，使儿童能够收集有关物理世界的知识。鼓励儿童探究土壤、岩石和五金紧固件等物体。为他们提供材料，制作形成不同声音、阴影、气泡、斜坡和其他结构的物体。鼓励儿童运用所有感官探索这些物体和他们自己创造的东西，并描述观察到的异同。为儿童提供机会，让他们探索事物在物理上是如何工作的（如机械装置、乐器），以及他们的行为如何改变物体的属性（例如，将毛巾浸在水中时，毛巾会变得更重）。去安全的建筑工地、五金店和天文馆，实地考察适合儿童年龄的展览和项目。就像探索自然界的实地考察一样，拍些照片放到班级相册里，带些材料回来让儿童分类，在搭建或假装游戏时使用。

- 鼓励儿童把他们对物理世界的观察联系起来。问"怎么做"和"为什么"等问题，引导他们思考熟悉的物体和行为的表象和功能（"门为什么会自己摆动关上？""为什么在秋千上晃动双腿会荡得更高？"）。同样，你不需要知道答案，目的是鼓励儿童反思并寻求答案，引导他们相互帮助，拓宽视野，拓展思维。

    伊恩宣布他的家人正在他们家后院造一个溜冰场。"我们要铲雪，浇上水，等1分钟让它变成冰。"教师对小组儿童说："我想知道，雪是怎么变成冰的。"儿童提出各种想法，"水干了，雪就硬了""水使雪变冷了""这可不是1分钟的事，你要等一整夜""水结冰后，会变得很滑"。

* * *

"因为科学对儿童非常有吸引力，所以它是支持儿童学习和发展的理想内容领域。我们，以及和我们共事过的许多教师，除了听他们大声朗读之外，从来没有见过任何其他东西能够像科学活动一样持续地激发幼儿的兴趣和参与，那么为什么会这样呢？"（French，2004，p.139）。本章回答了弗伦奇（French）的这个问题。幼儿对世界如何运行具有天生的好奇心，这驱使他们运用所有的感官探究所感知到的一切。然而，尽管他们天生好奇，但仍需要依靠成人帮助他们思考观察到的东西、认识并处理差异、记录和交流结论。为了促进幼儿更深入的学习，有准备的教师必须和他们一起踏上科学探索之旅。

四、思考题

1. 为什么有些幼儿教育工作者低估幼儿的科学能力？这种低估对于一线工作者如何定义这个学科领域，以及他们自我感知的知识和技能有什么影响？
2. 你会把自己看作"科学适应者"吗？你对科学的态度怎样影响你让儿童学习科学的方式？
3. 我们应该期望学前儿童掌握什么样的科学知识？哪些领域的实质性知识对幼儿来说是适宜、必要的？
4. 科学方面的性别差异（偏向男孩）会在学前阶段出现吗？如果你的答案是否定的，那么我们能从幼儿教学实践中学到什么经验来保持女孩对科学的兴趣，并防止今后出现性别差距？如果你的答案是肯定的，那么我们将如何改变做法，才能激发和增强女孩对科学的持久兴趣？
5. 我们何时以及如何让幼儿适宜地使用技术和交互式媒介呢？如何评估媒介是否具有交互性，是否有助于促进认知和社会性学习呢？

第九章

社会学习

户外活动时，教师谢里芙领着班上的幼儿绕着街区散步。他们经过了小酒馆、鱼店、药店、农产品摊位和二手服装店。在农产品摊前，亚当向摊主托里切利夫妇挥手致意，这对夫妇正把水果堆到手推车上。"他们住在我楼上！"亚当宣称。康塞塔指着水果说："Manzanas（西班牙语，意思是苹果）和plátanos（西班牙语，意思是香蕉）。"谢里芙回复说："是的，是苹果和香蕉。""我认识弗兰克斯先生，"埃德拉大声说道，"我们街区的杂货店就是他的。""我和妈妈去过图书馆。"拉杰夫说。孩子们继续谈论着他们曾和家人逛过的附近这些地方，以及在这里工作的人（"鞋店的人""街角商店的收银员""电影院卖爆米花的人"）。

那天晚些时候，在活动选择时间，亚当建立了一个"水果店"，让其他幼儿来购买。谢里芙老师要了一些在农产品摊上看到的水果（如大蕉、杧果、红毛丹），孩子们谈论着他们家里吃的蔬菜和水果。

通常情况下，幼儿对家庭之外的第一次社群意识来自早期教育机构。他们在学习与他人相处、交友和参与决策时，就在进行着社会学习。一般而言，社会学习会将儿童的视野从学校扩展到周边以及更广阔的世界。

美国国家社会学习委员会（The National Council for the Social Studies, NCSS, 2010, p. 1）表示，"社会学习的目的是增强公民能力，即增进学生积极参与公共生活所需的知识、智力的发展和民主的倾向。"虽然各州对幼儿社会学习的标准各不相同，但都涉及以下主题：①民主班集体中的成员；②位置和场所关系；③个人特征和家庭特征的异同；④与儿童生活相关的基本经济概念；⑤在多元化社会中对本民族文化和其他文化的欣赏（Gronlund,

2006）。幼儿教师帮助幼儿开始理解这些概念，以便他们以后可以将这些概念应用于学校，并最终应用到更广阔的社会中。

社会学习囊括了几个学科，比如历史、地理、经济学和生态学。虽然这些学科对幼儿来说很抽象，但他们已经在用具体的方式与这些学科打交道了（Seefeldt，Castle，& Falconer，2013）。例如，4—7岁的儿童对个人时间有了认识，也就是说，他们已经认识到过去、现在和未来在自己的生活中是如何按顺序排列的。到了六七岁，他们已经初步了解了时钟和日历。同样，地理包括空间关系和人们占据的地方。认识自然，认识到照料周围环境中动植物的重要性，就能体会到生态多样性和相互依存性的真正意义。正如明兹（Mindes，2005，p. 16）所言：

在幼儿园和小学阶段，社会学习提供了一个广泛的、基于主题的内容框架。这些内容是围绕一个主题（或项目）展开的，提供了多个切入点和重要的探究机会。对儿童来说，这些内容是获得问题解决技能的基地，也是发展和完善人际交往技能和策略的实验室。（p. 16）

虽然社会学习与社会性－情感发展有关（见第四章），但这些内容领域在幼儿课程中日益被分化出来。幼儿开始意识到惯例、时代、地方、价值等，而这些正是他们与其他人相联系或相区分的因素。社会学习有助于把儿童与周围广阔的社会联系起来。社会性－情感学习是这种日益增长的意识的基础，例如，儿童需要形成独特的自我身份，然后才能确定自己在一个群体中的位置。然而，社会学习让儿童了解了自己和周围的社区，使他们走上了更宽阔、有更多选择的道路。在社会学习中，幼儿为他们以后理解自己所在社会机构的指导原则和实践奠定了基础。

一、幼儿在社会学习领域的发展

从出生的那一刻起，幼儿就适应了这个社会化的世界。学前儿童已经非常擅长观察和解释别人对自己的行为。幼儿园有助于他们扩展这种能力，获得应对日益复杂、多样化的社会生活所需的知识和技能。幼儿一开始与家人、邻居和学校师生的交往,为他们打下了良好基础,使他们长大一些后能够更好地接触新的人和环境,并最终在成人世界中占据一席之地。除了家庭之外,幼儿教育机构通常是幼儿首先学习成为负责任的公民的地方。

例如,学前儿童通过与各种各样的成人和同伴互动,了解人类的多样性,比如在语言和文化、信仰和行为、生活环境和关系、能力和需求等方面的不同。他们在假装游戏中扮演不同的角色,阅读关于有趣的人和情境的故事书等,探索多个国家的艺术,并在其社区进行实地考察。幼儿在教室里合作解决问题,这就是民主过程的一个缩影(Gartrell,2012)。关注室内和室外的学习环境,为他们成为地球的守护者做好准备。这些类型的技能和理解力在下面的各个案例中表现明显:

教师希娜注意到了娃娃家地板上的大米,她说担心有人滑倒。3 岁的多伊尔拿起笤帚,4 岁的纳迪娅主动提出拿着簸箕来盛多伊尔打扫的大米。"现在没人会受伤了。"纳迪娅一边说,一边把簸箕里的米倒进垃圾桶。

* * *

那天轮到马库斯在点心时间分发餐巾纸时,马库斯没来幼儿园,所以幼儿们决定,让名单上排在马库斯后面的彭妮在那天分发。但是他们一致认为,一旦马库斯回来,就由他分发,即使那时名单上轮到的不是他。

* * *

早上到园时,卡尔告诉其他幼儿:"昨晚我去参加了帕瓦仪式[1],还和约翰爷爷跳了狗熊舞。在很久以前,我还没有出生的时候,他们就这样庆祝。有人还讲了一个关于'mistahi-maskwa'的故事,这个词在克里语中就是'大狗熊'的意思。"

* * *

盖布的妈妈来接他时,他告诉教师:"西奥住在我家附近,今天放学后我去他家玩。"

---

[1] 美洲土著的一种盛宴和舞蹈仪式。——译者注

教师主导还是儿童主导？

* * *

在整理时间，克里丝滕把她以前垫在"狗笼"里的旧报纸放入了废纸回收箱。

社会学习领域的知识和技能的发展，与其他领域的早期学习是齐头并进的。它从简单到复杂，从自我关注到换位思考，并涉及了解社会体系（如社区如何运作）和具体的社会概念（在历史、地理等方面；Seefeldt，Castle，& Falconer，2013）。在学前阶段，有两个认知成分对社会学习特别重要。一个是儿童对社会规范和习俗（家里、学校，以及通过媒体接触到的更广泛的文化中的规范和习俗）的意识越来越强，这也被称为社会化。另一个是对分类技能的使用。学前儿童越来越善于区分相同和不同的东西。他们也开始认识到两个或更多的东西在某些方面可能相似，但在另一些方面可能不同。这些认知和社会性理解，有助于儿童以他们认为有意义的方式参与社会学习，并将自己与其他人联系起来。

二、社会学习的教与学

为了使幼儿理解社会学习，并将这种学习应用到他们的日常经历中，有两个基本策略是有帮助的：一是从具体经验开始，上升到基本原则；二是帮助幼儿从自我意识发展到对他人的意识。

（一）从具体经验到基本原则的构建

因为学前儿童能够形成心理表征，所以他们可以将此时此地的具体知识应用到彼时彼地（Seefeldt，Castle，& Falconer）。这意味着，他们可以想象自己还没经历过的情况，比如见到在某时某地他们未曾见过的真实的人，或者做着他们从未做过的事的想象中的生物。儿童使用具体的标志，如服装、面部特征、家具、植物和交通工具，作为描述"何时何地"发生这种情境的提示。他们利用自己的经历来理解事物会随时间和地点的变化而变化这一基本观点，例如，参观祖父母家时，那里发生的一切看起来和做起来都与自己家不同。

与不同的人互动也有助于儿童学习塑造和解释人际关系的原则。例如，通过交谈各自的家庭生活，儿童可以了解到不同家庭有不同的生活安排、语言、工作、庆祝活动、宗教信仰、晚间活动以及在食物和音乐上的偏好。在成人的支持下，儿童开始形成心理范畴，并在这个范畴内对信息进行分类。教师精心思考且时机得当的评论，可以帮助儿童构建和理解这些相似性和差异性（"胡安的爸爸是教师，马尔科姆的爸爸是粉刷房子的，人们有不同的工作"）。

（二）从自我意识到他者意识的转换

社会学习的一个重要原则是，个人行为能够影响他人，小到认识的人，大到世界上的其他人和系统。知道这一点能够促使人们对自己的行为负责。例如，成人与儿童共同制定适宜的班级规则时，儿童会知道自己的选择和行为很重要。他们能够看到结果。这种共享控制权的模式有助于儿童感到自己被赋予了权利，并能激励他们承担进一步的责任。

关注儿童行为的积极后果尤为重要。成人谈论"后果"时，经常指的是非正常社会行为带来的负面影响（"你把所有的紫色马克笔和蜡笔都拿走了，现在别人没有紫色的笔用了"）。然而，如果我们想让儿童感到被赋予了权利，我们就需要承认他们有能力带来积极的变化。例如，他们帮助别人时，你可以做出评论（"鲁比，艾伯托想要一块松饼，却把松饼这个词说错了，多亏你向桌旁的其他小朋友解释"）；认可合作解决问题的行为（"你们找到了一起使用自卸车的方法"）；赞扬在教室里的主动帮忙（"你擦干了水，这样就不会有人滑倒了"）。这样，儿童就知道自己的行为是对社会负责的。这种简单的满足感会鼓励他们做更多同样的事情。

三、使学习经验符合学习目标

"社会学习""社会化"和"社会"都来自拉丁语词根"socius",意思是伴侣、伙伴、分享、友谊或联盟(American Heritage Dictionary of the English Language,2011)。因此,任何为了群体的共同利益,让儿童和成人一起工作和游戏的最佳实践(见第二章),都可以促进儿童的社会学习。例如,共同参与的每日活动流程创造了一种集体感;小组一起清洁整理时,划分了设备和材料的维护保养责任,以便每个人都可以使用;在入园时,用英语和儿童家庭使用的语言问候儿童,可使所有儿童都感觉自己是班集体的一员。这种经验,目的是帮助儿童在做事和思考时超越自身利益,考虑到自身行为对周围世界的影响。

幼儿时期的社会学习有两个部分:社会系统和社会概念。本章以下部分将对此展开讨论。社会系统是影响我们日常生活中人际关系的规范、价值观和程序。对学前儿童来说,它包括体验人和文化的多样性、意识到人们在家庭和社区中扮演的角色、理解为群体行为制定规则的必要性、开始参与民主程序。在过去,这样的主题通常被归入"社交技能",这种技能在第四章已讨论过。然而,研究人员和教育工作者发现,这一领域的早期经验能够为以后的公民身份奠定基础,所以这些主题被阐释、拓展并转移到新兴的社会学习课程领域。

第二部分是社会观念。它的主题就是我们传统上所认为的社会学习,也是以后学校教授的标准课题。对学前儿童来说,经济学就是要初步理解货币作为人类交易和相互依存的基础是如何运行的;历史侧重于事件的顺序,因为幼儿越来越能够回忆过去和预测未来;地理与位置及其相互关系有关,尤其是方向和距离。学前儿童对世界各地的人的生活感兴趣,只要这些生活是具体的并与儿童自己的生活相关(例如,与食物、住房、儿童喜欢的游戏、家庭关系相关的习俗)。近些年来,生态学也成为课题的一部分。作为一个社会概念,生态学不是指自然界和物理世界是如何运行的(这是"科学"下的主题，见第八章），而是指人类行为如何影响自然和地球的健康。对儿童来说，掌握这些学科似乎是一项艰巨的任务，但有意义的早期经历可以对他们的一生都产生积极影响。

（一）社会系统

儿童天性喜欢观察，对人具有好奇心，所以他们会意识到人类的多样性，但他们还是需要依赖成人的帮助，才能对人们的差异做出敏感性反应。同样，儿童非常适应在自己家中的角色，但当他们冒险跨入新的环境时，也会非常适应在集体中的角色。然而对于制定和遵循规则，儿童并不总是能明白规则背后的智慧或必要性。成人需要发挥积极作用，帮助儿童了解他们为什么以及怎样遵守规则。制定班级管理规则时，让儿童参与做出合理的决策（对于健康和身心安全相关的问题，成人仍然具有决定权），有助于儿童珍惜和自愿遵守规则。与这种做法相关的是鼓励儿童帮助建立和参与班级民主。在教师的指导下，儿童可以学会倾听他人，提出自己的想法，并接受影响整个群体的多数人的决定。

1. 特别适合采用儿童主导的学习的方面

（1）重视多样性

多样性有多种形式，包括性别、种族、年龄、宗教、家庭结构、能力水平、体型、头发/眼睛颜色、文化、语言、思想、审美偏好等。重视多样性意味着接受和欣赏自己与他人的差异，将其视为正常和积极的。这意味着，把每个人都当作个体来看待，而不是模式化的形象，并认识到不能对个人的偏好做价值判断（例如，戴威克带的午餐是咖喱扁豆，拉蒙带的是通心粉和奶酪，但他们不可以说对方喜欢的食物"令人讨厌"或"糟糕"）。

教学策略。我们第一次遇到差异时，都可能会感到不安。如果儿童对多样性的经验是积极的，他们就可能会发展出对多样性的欣赏。尽管如此，学前儿童可能已经遇到并内化了周围文化中存在的有害的刻板印象。有准备的教师可以通过以下方式帮助儿童接受甚至欢迎班级和社区（以及通过媒介遇到的其他文化）中的多样性。

- 通过倾听和接受儿童的想法和感受，树立尊重他人的榜样。让他们看到教师平等公正地对待每个人，包括其他儿童、家人和同事。
- 避免判断性的比较。在评论具体的特征和成就时，不要表明其中一个比另一个好。例如，如果你对约兰达说"我喜欢红头发"，妮科尔就可能推断自己的棕色头发有问题。更好的表达是："约兰达留着红色的短发，妮科尔有扎着辫子的棕色头发。"
- 在教室的每个学习区和活动中都体现多样性。
  - 在装扮区，提供一系列代表儿童及其家庭的文化和活动，以及儿童可能不熟悉的服装，包括日常风格的服装或庆典服饰。
  - 娃娃家可以包含不同类型工作中使用的工作服和工具，以及残疾儿童使用的设备，如拐杖和放大镜。
  - 在点心时间定期提供不同文化和民族的食物（如埃塞俄比亚、美国南部或犹太人的食品），以及家长在节日期间带来的特殊食物。
  - 把空的食物容器和制作各种民族风味食品的炊具放在娃娃家。一定要包括同时用英语和儿童母语标注的物品。
  - 在阅读区放置的图书、杂志和目录，要带有插图或照片，描述从事非传统工作的人、不同结构的家庭以及不同年龄和外貌的人。还要包括用儿童的母语写的图书。要让所有儿童能够在教室里看到自己的语言和文化，展现出他们自己的生活（例如，不是所有有非洲名字的家庭都与部落生活相关，其中也有许多家庭可能来自熙熙攘攘的都市）。了解这些家庭，向他们询问家庭传统、食物和活动，这有助于教师带来每个儿童都能真正识别的元素。
- 多样性不仅仅是人们之间的差异。把代表不同文化的艺术仿制品悬挂在教室与儿童视线平齐的地方。在大组活动时间，探索各种风格的音乐和舞蹈，也要确保包括儿童家庭喜欢的那些风格。在学校的花园里种植各种蔬菜和鲜花。请家长捐赠植物和种子。去社区中展示当地多样性的地方，参加展示多样性的活动，如不同种类的商店、节日、音乐会、汽车、动物、建筑等。
- 确保你的教学中没有偏见和成见。可以提前查看材料和实地考察地点，再和儿童分享，预测儿童对所描绘的个人或群体有什么疑问，回答要简单、诚实。例如，儿童可能会问："这个人为什么是黑的？"你不需要给出关于肤色的复杂的科学解释，你只需简单地说："他皮肤黑是因为他爸爸或妈妈皮肤黑。就像你妈妈有雀斑，你也有一样。"
- 确保更大的环境（幼儿园或学校）没有偏见或成见。与幼儿园管理层合作，制定非歧视性的招聘和录取政策，包括招聘来自不同文化的教育工作者、男性教育工作者、残疾教师等。确保你网站上的信息手册和主要内容都是以儿童家长的语言提供的，并且在可行的情况下，提供翻译人员。来自不同背景的家长和访客感到受欢迎还是不受欢迎，取决于以下因素：幼儿园在哪里推广以及如何推广（例如，仅用英语，仅描绘一个种族或族裔的家庭，仅描绘双亲家庭）、办公家具、员工行为、员工在称呼儿童家人时使用的言辞。例如，在办公室墙上张贴当地多民族博览会的海报、避免陌生男女之间握手等文化禁忌、根据家长的喜好正式或非正式地称呼他们等，这些都是认可和尊重的标志，可以增强他们被接受的感觉（Nemeth，2012）。

（2）了解社区角色

儿童首先意识到的是家人的角色。一开始，他们关心的是对他们有直接影响的角色，比如谁为他们做饭，他们感到伤心或不安时谁提供安慰，或者在睡觉前谁给他们讲故事。他们的基本需求如果得到满足，他们就会开始关注家人在家庭之外扮演的角色，比如他们的工作或志愿做的工作。随着儿童世界的扩大，他们也对家庭以外的人感兴趣，如医生、消防员、警察、教师、公交车司机、动物园管理员、表演艺术家、理发师和发型师。这些角色经常出现在他们的假装游戏中（见第十章）。随着时间的推移，游戏中角色的数量增多，表演的细节也更加详尽。

教学策略。室内外的材料和活动可以激发儿童了解社区角色的兴趣，以下是这方面的一些建议。

- 为儿童创造了解和扮演不同社区角色的机会。以他们最初对家庭关系的兴趣为基础，提供假装游戏的材料（如服装、家居用品、购物和园艺工具、办公设备）。谈论家人在家里做什么（比如"肖恩的爸爸昨天做了晚饭"或者"玛蒂和妈妈一起洗衣服，她还帮忙整理了短袜"），以及家人在家庭之外扮演的角色（"杰尔姆的叔叔是飞行员""夏洛特的祖母在教堂唱诗班唱歌"）。制作一本班级簿，里面有儿童家长扮演不同角色的照片（如打理花园、坐公交车去图书馆）。邀请家庭成员来教室，分享他们的角色，如果他们能带相关的材料给儿童使用最好，比如地铁通行证、扳手、音叉、线轴、有标签清晰标明以前装过什么的空纸箱。鼓励家长带孩子去他们工作的地方，如果可能，教师在课堂上留出时间，让儿童在班上分享他们的经历。也可以使用社交软件联系儿童国内的亲戚，或者与不同地区的儿童交朋友。

- 进行实地考察，邀请访客到教室，这样儿童就可以扩大对社区中的人和角色的认识。在附近散步时，指出正在工作的人，如开垃圾回收车的人、在农贸市场卖农产品的人，或者在街角修车的人。参观各种工作场所，尤其是那些经常出现在儿童假装游戏中的场所，如消防站或超市。带回儿童可以在游戏场景中使用的材料（如购物袋、收据簿）。邀请社区成员到教室，请他们带上工作中使用的工具。提前与来访者交谈，保证他们的经验是亲自实践过的且适合幼儿的。

2. 特别适合采用教师主导的学习的方面

（1）制定和遵守规则

规则是指如何做或做什么的权威指令。就像幼儿园的合法开办必须遵守健康和安全规则一样，幼儿园和教师也有儿童必须关注的规则，比如谁分发零食、谁来喂仓鼠"杜克"、谁坐在教师旁边、圆圈时间时谁选择歌曲、谁使用计算机等。儿童可能会为他们发明的游戏制定规则，比如比赛的起点和终点、扔豆袋的范围等。有时候，班级有必要规定留出免打扰区域，用于放置儿童搭建的积木建筑，或者保护需要第二天继续完成的作品。制定规则也是处理人际冲突的一种方式，尤其是冲突影响到一群儿童或整个班级的时候。让儿童表演遵守规则，并使用他们的表演照片作为非言语的规则提示，这样每个人都能够理解。

教学策略。幼儿在理解、建立和遵守班级行为规则时，需要教师提供明确的信息和指导。他们还需要教师帮助理清什么时候规则可以不固定（例如，什么时候可同意在游戏中途改变规则），什么时候规则必须保持不变（例如，涉及健康或安全问题时）。就像个人道德准则一样，尊重规则和制定规则的能力始于童年，并持续发展到青春期和成年早期。教师可以通过以下策略为儿童的这一发展奠定基础。

- 让儿童认识到日常基本的健康和安全规则。规则要具体、实际。儿童最能够理解的是"什么"行为（"如厕后一定要洗手"），但简单的解释"原因"也有作用（"肥皂和水能够去除细菌，不会让我们生病"）。即使儿童还没有完全理解这个解释，他们也会认为规则是有用的，从而更愿意接受和遵守规则。然而，要避免抽象的解释（"传播可能致病的细菌是不为别人着想的行为"），因为这些对儿童来说毫无意义。与儿童讨论几个简单的规则后，用简短的文字和图片记下来，贴在与儿童视线平齐的地方。重要的规则一定要展示出来，而不能假定所有的儿童仅仅根据你的讨论就能理解。对于双语学习者，可以用他们的母语书写，例如"lávese las manos（西班牙语，意思是洗手）"，有助于他们学习关键词和规则。
- 在小组时间或班会上描述一个影响每个人的问题，然后引导儿童建议一个或多个规则来解决它。典型的例子如儿童在积木区跑来跑去，撞倒了物品，或者清理时间太久导致户外活动时间缩短（儿童也可以利用小组时间或班会让整个小组解决只涉及少数儿童的问题，前提是直接受影响的儿童同意使用这种策略；见第四章）。鼓励儿童讨论每项建议的利弊。把他们决定尝试的规则写下来并张贴，以在适当的时候查阅。几天后，小组儿童重新审视这些规则，看看它们是否有效。让儿童轮流向全班宣布有效的规则。
- 鼓励儿童分担管理教室的责任（如清理、分发零食或饭菜、给花儿除草和浇水、喂养班里的宠物）。与儿童一起制定规则和程序，以便履行这些责任，并决定谁做什么工作。

制定游戏规则

在儿童的游戏变得过于粗暴或危险时，成人需要介入进行限制。但通常情况下，儿童自己就可以制定规则，以确保自己的舒适或安全（另见 Carlson，2011），如下例所示。

4 岁的史蒂文观看过摔跤比赛后，和幼儿园的几个同学对摔跤产生了兴趣，于是在活动选择时间玩起了"摔跤"。他们用一块小地毯当作垫子，卷起袖子，尽情享受这场"混战"。游戏持续了几周，变得越来越复杂，例如，他们把摔跤手的名字用到自己的身上，并开发了一个计分系统。

但在第二周时，一些儿童开始觉得这个游戏太粗暴了。摔跤游戏显然是很多儿童喜欢的，并且在很多方面能够促进学习，教师并不想制止。所以在一次选择时间刚开始，"摔跤运动员"们正在准备比赛时，教师把他们召集起来，说出了自己的担忧："我们可以制定什么规则来保证不会有人受伤呢？"然后，她把孩子们的想法写下来，贴在垫子上方的墙上：

1. 脱鞋（但不脱袜子）。
2. 不准用手打。
3. 不准用拳打（孩子们争论用手打和用拳打是否一样，但最后决定这一条规则也应该单独列出来）。
4. 不准掐。
5. 不准骂人。
6. 不准对人吐痰。
7. 不准用头撞。
8. ~~只有男生才能玩。~~（有几个女生抗议，所以这条规则被撤销。）

9. 游戏至少需要三个人，其中一个人做裁判，保证比赛公平。
10. 裁判必须有能力数到10（数到10后，比赛宣告结束）。
11. 没起摔跤手名字的人不能摔跤。
12. 不能和别人使用同一个摔跤手的名字。
13. 每个想摔跤的人都轮流来，裁判决定谁是下一个。
14. 想看的人必须站在线后（经过一番辩论，他们决定把放积木的架子的边缘作为界线）。

接下来的几周，孩子们对摔跤的兴趣一直持续，他们也随时查看规则。如果有谁违反了哪一条，其他孩子（而不是教师）总是能很快指出其违规行为。

- 教师为自己制定一些规则，然后遵守这些规则，以此示范规则的使用。在适当的时候引导儿童说出想法（例如，在每天的讲故事时间，怎么决定谁坐在教师旁边）。把规则写下来，与儿童分享，指出你什么时候在遵守这些规则。偶尔给儿童一个机会来提醒或纠正你。让儿童成为负责任的规则维护者，即使这些规则是适用于成人的。

（2）创造和参与民主

幼儿园教室里的民主意味着平等和尊重个体。"儿童对公民社会做出贡献所需要的技能，来自教育。这种教育最开始就表现在相互包容、相互尊重的班级交流中"（Gartrell，2012，p.5）。民主意识是从制定规则和解决社会问题的经验中发展出来的。对幼儿来说，这意味着每个人都有发言权，即使是那些持有少数意见的人。民主需要妥协和协商。我们并不总是能如愿以偿，但民主过程让我们的意见得到表达，使我们知道解决方案、政策、决定等可以在需要时进行审查和修改，从而让我们在这方面获得满足感。

教学策略。参与民主的社会和参与民主的班级活动需要类似的技能，都需要"反思问题的解决和决策，管理自己的情绪，采取多种视角，对既定的目标持续关注"（Elias et al.，1997，p.8）。学前儿童还难以理解抽象的公民课程，但可以用适当的、具体的方式培养他们这方面的技能，为成为有责任、有成就的公民做好准备。教师可以运用以下策略，以儿童能够明白的方式让他们理解这些。

- 让儿童想出不同的方法来达成同一目标，例如，"如果……你认为会发生什么？"或者"你能想出另一种方法吗？"鼓励儿童准备不止一种方法来完成任务。提出问题，帮助他们预测并反思结果，例如，"用冰箱盒子制造飞机的那些儿童如果明天不遵守你今天提出的规则，你会怎么做？"

幼儿园活动中的民主行为

下面的例子展现了3岁和4岁的儿童帮助解决教室安全问题。有些儿童的观点或想法被采纳，他们获得了满足感。有一个儿童的意见属于少数人的意见，他有点失望。最后，所有人都为自己对集体做出的贡献而感到欣慰。

许多儿童喜欢从水槽取水，带到教室的各个兴趣区，比如他们"煮意大利面条"的娃娃家。教师支持这个做法，但发现有大量的水洒在地板上。因为这个情况涉及几乎每个人，所以教师决定在班会上提出这个问题，并向儿童征求解决方案。教师把儿童的建议写下来，然后在小组内逐条讨论，最后投票决定选用哪一个。

塔米卡：告诉他们不能再取水了。

教师：那他们想往锅里加水做饭怎么办？（有几个儿童说他们喜欢能够"像在家一样"做饭）

多米尼克：关掉水。我们家厨房发水的时候，妈妈就这么做。

莉萨：我们可以在娃娃家放条毛巾。谁洒了水，就拿着毛巾回去擦干净。

利娅：我们可以在每个区域都放条毛巾！然后，我们就可以把水带到那里，只要我们能清理干净就行。

莉萨：我们可以放两条毛巾，这样就可以两个人一起擦了。

教师：（把写在纸上的所有建议又看了一下）我们该试试哪条建议呢？（多米尼克支持关掉水，但其他小朋友都赞成放置毛巾）

> 教师：我们教室有五个学习区。如果每个区放两条毛巾，就需要十条。我们从哪里能弄到这么多毛巾？
>
> 塔米卡：可以在商店里买。
>
> 教师：我们没有那么多钱。还有其他办法吗？（孩子们想不出别的办法，于是教师提出了一个建议）如果我们问一下父母，你们认为，他们能让你们带来一些家里不用的旧毛巾吗？
>
> 所有的儿童都认为这是个好主意。教师在家庭公告栏发布了一个请求，第二周收到了 10 多条旧毛巾。他们端水的次数在一段时间里实际上还增加了（可能还有一些故意泼洒），因为儿童喜欢自己擦干净。他们发明了不同的擦拭方法，比如在地板上用毛巾"滑冰"或两个儿童各握住毛巾的一端。多米尼克的建议虽然被否决了，但他是最热心的擦水者之一。

- 帮助儿童发展换位思考和轮流等候技能。提醒儿童在讨论时先倾听，然后提出自己的想法。让他们重复听到的内容，并与说话者核实。鼓励儿童发挥想象力。角色扮演有助于他们接受别人的行为和观点。因为儿童不是天生会轮流等候的，所以要使用工具来帮助他们发展这种技能，这样他们就不必争抢谁先说话和先听谁说。例如，教师可以使用计时器或"说话棒"。这种工具可以有效地鼓励羞涩或不善言谈的儿童参与小组活动。

- 当儿童集体工作时，要给予评论。大声说出一个团队比一两个人能完成更多的事情。儿童自发地根据能力划分任务时，要予以关注（"莉莎个头高一些，所以她把拼图放到最上面的架子上。约瑟夫矮一些，就把拼图放到最下面的架子上"）。

- 公平对待有霸凌行为的儿童和受到霸凌的儿童。给他们同等的关注，尊重双方的情感。首先，立即制止伤害行为，无论是身体上的还是语言上的伤害行为，并提醒儿童遵守有关保护所有儿童安全的班级规则。让儿童参与冲突解决（见第四章）。同样，要时刻关注在解决社会问题时过于胆小或不愿直言的儿童，并为他们提供安全舒适的方式来参与制定和实施解决方案。

- 介绍有关民主原则和民主行为的核心思想和词汇。开展数学活动，帮助儿童发展更多/更大、更少/更小等概念，为"少数服从多数"原则打下基础。例如，让儿童举手表明他们的偏好（如颜色或食物）。用适当的词汇在表格纸上计数并记录结果。我们在早期的数学或科学探究中使用的许多相关术语也适用于民主过程，如"是/不是""相同/不同""全部/一些""其他/其余""之前/之后""现在/以后""时间/地点/人物"。将这些概念应用到人和行为以及具体的物体上（例如，儿童在教室里说的语言，儿童家庭的结构，儿童来园是乘公交车、地铁、轿车还是步行）。帮助儿童形成对人际互动模式和行为准则的整体意识。
- 扩展儿童主动谈起的关于其父母选举投票的对话。如果你所在的地方有投票站，争取获得准许在下班时间带着儿童去参观投票站。对投票过程的解释要简单，比如"每个人都可以说自己认为谁做得最好。谁被大多数人选中，谁就赢得这份工作"。

（二）社会概念

一些社会概念，如经济学和历史学，往往是儿童从自己的观察和经验中获得的。例如，儿童和家人出门时，会遇到人们用钱交换商品和服务。儿童看到家庭度假或回国旅行时的照片，就开始回忆过去某个时间在旅途中发生的事。他们也开始预测事件，比如即将到来的生日，尽管他们的时间感仍然不稳定。儿童要理解典型的社会学习主题，如地理，就需要更积极的成人干预。例如，儿童习惯于被成人带到某个地方，但只有当成人提醒他们注意时，他们才会意识到自己从哪里来，到哪里去。同样，儿童通常把大自然看作理所当然的存在，天生以自我为中心，不会考虑自己的行为会如何影响周围的动植物，更不用说别人的行为了。因此，儿童对大自然的欣赏和对简单生态原则的认识取决于成人的指导。

帮助所有儿童参与班级的民主活动

我们从本能上可能会孤立那些对别人有攻击行为的儿童，但对有准备的教师来说，他们会发现并利用这些机会，帮助儿童学会如何以更民主的方式解决社会问题。为此，理解这些挑衅行为背后的原因，是很有用处的。对别人采取攻击行为的儿童，有时是出于恐惧或不信任，这些儿童可能需要保证自己的需求得到满足，权利得到尊重。教师要帮助他们理解，通过非威胁性、非攻击性的行为也可以实现目标。教给他们恰当的社会行为，引导他们关注行为带来的积极结果。

例如，福克斯和伦蒂尼（Fox & Lentini, 2006）描述了这样一个情况：有个儿童经常强行加入他人正在进行的游戏，教师准备对他进行指导。在参观一个动手操作博物馆时，教师看到这个儿童走近另外两个在磁铁区玩耍的儿童。教师预见到有潜在的冲突，就蹲在这名儿童身边，确认了他想加入游戏后，同他一起回顾了班里用来解决社交问题的步骤。之后，这个儿童走近磁铁区，问两个小朋友他是否也能一起玩。一个小朋友在长凳上挪了挪，腾出地方，另一个小朋友给了他一块磁铁。这个儿童看向教师，教师朝他眨眨眼，笑了。几分钟后，教师回来查看时，发现三个儿童正在一起使用磁铁，交流着哪些材料能吸，哪些材料不能吸。

对于受到霸凌行为侵害的儿童，也要鼓励他们表达出自己的需求和感受，或以其他可接受的方式表达自己的想法，捍卫自己的权利。对于在解决社会问题时胆小或不愿说话的儿童，无论是由于他们缺乏词汇表达还是担心更擅长交谈的同伴不理自己，这种鼓励都特别必要。尤其重要的是，首先要确定这些儿童的感受，然后在他们表达感受时，你要通过手势、面部表情和话语等向他们表明，你在耐心倾听，并确保他们的需求得到满足。对他们的肢体语言保持敏感，帮助他们识别自己的情绪（经常与他们核实，确保你能正确地解读他们的情绪）。让他们提出解决方案，给他们足够的时间做出回应，重复他们说的话，以便其他参与者能够倾听他们的观点。在他们和其他儿童就解决方案达成一致并付诸行动后，要尽快回头检查并定期检查，确保信心不足的儿童的愿望得到尊重。同时，可以含蓄地鼓励（如微笑、点头、描述性的评论，比如"我看到沙漏计时器快流完

> 了，不知道下一个轮到谁了"）。
>
> 　　关于儿童社交问题的解决，更多信息请参见第四章；关于如何帮助具有挑衅行为的儿童，更多策略请参见加特雷（Gartrell，2012）、凯泽和拉斯明斯凯（Kaiser & Rasminsky，1999）的研究。

1. 特别适合采用儿童主导的学习的方面

（1）理解简单的经济学

　　即使对成人来说，经济学领域看起来也很抽象，但学前儿童对于社会学习的这个方面实际上知道很多。儿童通过观察家人和其他人在社区中的角色发展了关于互惠的基本观点，包括金钱交换（Seefeldt, Castle, & Falconer, 2013）。例如，他们可以理解人们工作是为了赚钱购买食物、药品和电影票，他们知道钱或其等价物有各种形式（如纸币、硬币、支票、塑料卡）。学前儿童能够就如何花钱做出简单的选择。他们无意中听到成人或媒体的评论时，会认为某些商品和服务比其他商品和服务更有价值。然而在这个年龄，他们判断一件物品的价值时，更可能依据的是对自己的重要性，而不是它的实际市场价值。

　　教学策略。在儿童的假装游戏中，金钱往往扮演着突出的角色。例如，爸爸付钱给医生，让医生给生病的孩子打一针。儿童在餐厅付饭钱时，他们点的食物越多，花费就越多。而儿童在进行这些交换的时候，往往只是在模仿成人的做法，不太可能考虑金钱（或其等价物）为什么会成为诸多复杂社会交往背后的基础，但成人的指导可以帮助学前儿童思考社会经济体系背后的联系。教师可以尝试以下策略。

- 提供材料和道具，让儿童可以将金钱以及商品和服务的交换融入假装游戏中。以典型的家庭经历为基础，比如去杂货店、给医生或保姆付钱，或者购买新鞋。儿童喜欢在这些场景中使用游戏币，也喜欢自己制作钱币。给儿童提供纸条、石子、珠子和其他小物品，用作假币。

　　在娃娃家，5岁的杰里米假装自己是超市收银员。他在桌子上摆放了游戏用的食品、购物篮，还有一个带有纸和铅笔的小积木。教师问他积木、纸和铅笔的用途时，杰里米解释说这是一台划卡收银机，并演示了它是如何工作的："你沿着边划一下，然后在上面签下名字。"

- 当你以同伴身份和儿童一起游戏时，可以发表评论，偶尔提出问题，从而帮助他们思考简单的经济学原理，比如工作和金钱的关系。例如，你可以问："医生，给我的宝宝打一针，我要付多少钱？""我点的是大沙拉而不是小沙拉，需要多付多少钱？"在你阅读的图书里有买卖东西的故事时，让儿童简单地讨论书里的交易。大一点的儿童可能喜欢思考"如果……会怎么样"这样的问题，如："如果没有杂货店，买食物怎么办？我们去哪里找食物呢？"

（2）理解历史

儿童对历史的理解与他们对时间的观念密切相关（Wyner & Farquhar, 1991）。起初，这是一种高度个人化的理解，与他们日常生活中的事件相关联。然而，到了学前阶段的后期，儿童开始运用逻辑来理解时间。他们知道时间在前进，知道能够往回看，也理解了过去和现在可以影响未来（比如今天可以穿昨天买的夹克去上学）。儿童创造心理表征的能力越来越强，这使得他们能够进一步描绘过去和未来的事件（Povinelli et al., 1999）。他们利用视觉线索，如服装风格或交通方式，判断一幅图像是来自很久以前还是更接近现在（Seefeldt, Castle, & Falconer, 2013）。词汇的日益扩大（如"之前"和"之后"，"第一"和"最后"，"那时"和"接下来"）使学前儿童能够理解和谈论时间（Thornton & Vukelich, 1988）。他们开始明白，一分钟比一小时短，一天比一年短。

教学策略。有了连续一致的每日活动流程表，儿童就能认识到教室里每天的活动顺序。然而，如果教师偶尔指出"我们刚刚做了什么"或"接下来会做什么"，尤其是对刚加入这个群体的儿童来说，是有帮助的。材料和图书也提供了许多机会来帮助儿童发展时间感。以下策略可供参考。

- 张贴并讨论幼儿园的一日活动流程，帮助儿童认识现在、不远的过去和不久的将来中的事件。使用图片、照片、卡片和物体帮助儿童表达和排列一天中的各个环节（例如，早餐后是自由游戏，然后是圆圈时间）。有些幼儿园每天一开始就在留言板上提醒儿童不远的过去和不久的将来。例如，你可以附上一张你昨天介绍新材料时的照片，这样儿童就知道今天可以用这些新材料玩游戏了。如果计划要进行实地考察这类的重要事件，你就可以把剩下的日子一天天划掉（倒计时），直到考察那一天。

- 在小组活动时间玩排序游戏。比如在圆圈时间，让儿童按顺序做两个动作（"先摸摸耳朵，再拍拍肩膀"）。给儿童机会担任领导，向同伴展示或讲述他们的想法。利用声音做同样的事情。例如，对两种动物的声音进行排序，或者唱两个音高或响度不同的音符。在儿童熟悉这些活动后，将排序从两步增加到三步或更多。

- 提供具体的表征，如图书、艺术品、音乐，让儿童认识到遥远的过去和遥远的未来。以其他时代为背景的家庭老照片或老电影，经常会引起儿童对人们过去如何穿衣、做饭、旅行或建造房屋的好奇心，例如，有个幼儿园受《小木屋》（*Little House*）一书启发，在教室里建了一个老式综合商店（见 Miles，2009）。媒体上的图像同样能鼓励他们思考未来的环境，比如人们拥有超能力、乘坐奇异的车辆旅行、使用神奇的设备来实现他们的目标。幼儿可能认为这些已经存在，但是大一点的儿童逐渐开始理解，它们还没有被发明出来。为了支持儿童对时间段（他们所处的时间之外）的兴趣，就要阅读插图明显是另一个时代的图书，演唱提及遥远的过去生活的民谣，或谈论人物（如童谣中的人物），以及他们的生活与今天的生活相比如何（"朴素的西蒙穿着短裤，但他和你一样喜欢馅饼""苏珊娜乘坐有篷货车而不是轿车旅行"）。与儿童谈论以未来为背景的故事，尤其是里面有宇宙飞船、机器人、奇形怪状的房子和车辆的故事。

- 使用并鼓励儿童使用更多表示时间和顺序的词汇。一开始是"之前"和"之后"、"首先"和"最后"、"昨天"和"明天"等词语，对双语学习者来说，也包括他们母语中的相应词汇。然后介绍"从前""当时和现在""很久很久以前""等你长大后"等词汇。听到并使用这些词汇有助于儿童思考时间的流逝。你甚至在他们的假装游戏或口述故事中能够听到他们的这些表达。
- 对于最近从另一座城市、另一个州或国家来到这里的儿童，可以鼓励他们描述在搬入新家"之前"和"之后"的生活。鼓励家长分享他们曾经生活过的地方的照片，并与儿童谈论这些地方的相同或不同之处。

2. 特别适合采用教师主导的学习的方面

（1）理解地理

地理是"使我们能够了解周围世界，了解世间万物在哪里，以及如何和为什么到达那里的一个研究领域"（Geography Education Standards Project, 1994, p. 11）。早期教育工作者面临的挑战是向儿童介绍对他们有意义的地理概念。早在1934年，露西·斯普拉格·米切尔（Lucy Sprague Mitchell）颇具影响力的著作《年轻的地理学家》（*Young Geographers*）一书就强调，有必要在儿童当前所在的世界里拓展他们对宇宙各处的理解。研究表明，儿童能够参与三个有关地理的学习：阅读简单的地图（Liben & Downs, 1993），识别熟悉的地点和地标（Mayer, 1995），指出风景的突出特征（Seefeldt, Castle, & Falconer, 2013）。

教学策略。允许儿童使用材料与同伴从不同的视角一起解决问题，这同样也可以帮助他们获得简单的地理概念。和这个年龄段的任何学习领域一样，儿童从他们熟悉的具体事物开始。因此，教师帮助儿童学习地理时，首先要从日常经历开始（如去哪，在那里做什么），然后扩展到更大范围的地方和特征。以下策略将增强学习地理的趣味性且适合儿童。
- 与儿童谈论他们及家人熟悉的社区中的地方。这包括他们的家、朋友及其家庭成员的家、学校、公园、图书馆、商店、公共交通场所、餐馆和影院。在学校大楼周围散步，寻找对儿童来说重要且有意义的地方，比如前门、办公室、其他儿童的教室、厨房。到学校附近走走，

指出与儿童的日常生活以及你自己的生活相关的地标（"明天是我女儿的生日，我要去这家面包店给她买蛋糕"）。
- 对教室、学校和周围地区画幅简单的地图或示意图。要包含明显的特征，如门窗、操场、停车场、长凳、公交站、商店。和儿童谈论地图，强调各个地方是如何联系在一起的（例如，从一个地方到另一个地方必须要走的方向和距离）。向儿童提供旗帜、贴纸或其他可以在地图上标记地点的符号。年龄稍大些的儿童可能会开始绘制简单的地图（例如，展示不同学习区及某些材料的教室示意图）。
- 在积木区附近展示一张本社区的地图，鼓励儿童使用积木和车、人、动物、标志等其他道具（见 Colker，2013），协同努力，根据地图创作社区模型。
- 使用具体的表征，如图书、照片、艺术品、歌曲和拼图，将儿童与其自身经验之外的地方联系起来。就像儿童对其他时期感到好奇一样（见本章"理解历史"一节），他们也很感兴趣了解自己居住地之外的地方的食物、衣服、房子、玩具和动物等。如果道路和等高线地图、地球仪、航空照片和罗盘与儿童的经历有关，那么他们也喜欢看。教师若看到其他地方照片上的风景与所熟悉的风景有相似的特征（如学校后面有小山，河流蜿蜒穿过小镇），就可以与儿童一起进行讨论。

（2）重视生态学

了解生态学，涉及理解我们作为地球守护者的角色。对幼儿来说，首先要经常愉悦地接触大自然。正如世界自然协作论坛（World Forum Nature Action Collaborative for Children）在其"儿童与自然界联系的普遍原则"（Universal Principles for Connecting Children with Nature，2010）中所述：

我们相信，经常与自然界联系，能够鼓励儿童发展：
- 对当地文化和气候的尊重，以及对自己作为自然界一分子的尊重
- 作为全球公民而拥有的团结、和平和幸福感

第九章 社会学习

儿童对生态的看法，随着他们新萌发的社会性-情感技能一起发展。作为班集体的一员，他们可以承担体力活，比如捡垃圾、喂养宠物或打理花园。他们不断增长的移情能力使他们能够表现出对野生动植物的关心。儿童对自然的情感、态度和价值观是在一生的早期形成的（Kellert，2002）。他们必须培养出对自然的热爱，然后才能抽象地思考环境，成为环境的守护者（Sobel，2008）。因此，"在幼儿时期，环境教育的主要目标应该是培养儿童与自然界之间的共情能力"（White & Stoecklin，2008，n.p.）。这包括在大自然中玩耍、照顾植物和培养与动物的关系。

教学策略。将儿童与环境联系起来就像走进大自然一样简单。但是，儿童可能认为这些经历是理所当然的，所以帮助他们认识到周围动植物的多样性是很重要的。室内提供的许多机会，也可以帮助儿童了解关照事物的重要性，因为只有这样，自己和别人才可以随时使用这些东西。教师可以运用以下策略激发儿童关心环境，并使生态学成为对他们有意义的学习内容。

- 帮助儿童认识和重视自然。幼儿越是享受在自然界中的感觉，对生态的关注就会随着年龄的增长变得越有意义。除了在极端的天气条件下，日常生活中每天都要留出户外活动时间，引导儿童领略沐浴阳光、微风拂面的感觉，观察本地区特有的动植物。让儿童参与一些项目，如打理花园或制作一个简单的喂鸟器挂在外面。在附近走走，进行实地考察，体验附近不同的环境（如公园、农场、森林、海滩、湖泊、瀑布或屋顶花园）。

- 帮助家长理解，为什么少让孩子看电子屏幕、多去户外活动是非常重要的。虽然不是所有的家庭都同样关心环境，但他们可以体会到大自然为孩子身心健康带来的好处。如果附近的安全存在问题，可以帮助家长成立一个吁请团，游说公民领袖建立安全的游戏区，或者家长之间相互联系，在学校外开辟游戏场地。

- 鼓励儿童爱护教室内外的学习环境。儿童对每天玩耍和互动的环境进行有意义的照料时，就支持了他们移情能力和集体意识的发展，而这又进一步增强了他们的生态意识。确保儿童有机会在室内外承担责任。

适合学前儿童的活动和机会包括：

- 照看材料，并正确使用以避免损坏（给马克笔盖上笔帽以免变干，小心穿脱服装以免撕破，安全、小心地操作锤子、钻头、剪刀等工具或电子设备）
- 将材料放在指定的地方，以便其他人可以找到
- 帮助进行简单的修复（在零食单的破损角或书的封面贴上胶带）
- 照料宠物（喂食、换水、给笼子垫纸）
- 给班级花园种花、贴标签、浇水、除草
- 捡拾走廊和操场上的垃圾（要有成人监督，并采取适当的安全措施，以避免碎玻璃、污染或其他危险）
- 户外活动结束时，将带有轮子的车送回工具房
- 不要破坏操场上的植物或动物栖息地

* * *

就幼儿课程的内容领域而言，社会学习是张"新面孔"，但总体来讲，它也是最古老的研究领域。幼儿园班级是大社会的缩影。随着人们越来越关注社会结构中的公民行为，幼儿教育工作者，尤其是他们与家庭的合作，有助于儿童为未来奠定基础，保证我们所有人都有机会发挥自己的潜力，同时尊重他人的权利，维护地球的可持续性。

四、思考题

1. 对于幼儿在家里、社区和媒体上观察到和了解到的不宽容现象（基于种族、民族、文化、社会阶层等），幼儿教育在抵制这些方面能发挥什么作用？
2. 随着美国人口在文化和语言上越来越多样化，家庭和学校之间在社会价值观和信仰方面发生冲突的可能性也在增加。幼儿教育专业人士如何预测和解决这一差距呢？

3. 审视你自己的偏见和固有成见。作为一名有经验的老教师或新手教师，你怎样有意识地确保这些态度不会影响你公平、尊重地对待幼儿园中的所有儿童及其家庭？

4. 在早期社会学习中，消费者教育（consumer education）是否是一个必要且适宜的新内容领域？如果是，那么适宜的消费者教育课程和教学方法包括什么？

5. 什么样的班级规则适合学前儿童的制定和实施？当儿童提出一项可能危及自己或他人健康或安全的规则时，教师该如何应对？

6. 由于媒体上的大量广告和其他影响，学前儿童可能会意识到他们的家庭之间存在着经济差距。教师如何处理儿童对家庭收入或购买力差异的评论（正面或负面）？

7. 对于学前儿童，教师能够提供哪些具体方式来表征时间的流逝？

8. 在撰写本书期间，生态是一个重要的话题，在新闻中占据着显著位置。那么，幼儿教育工作者如何关注与幼儿相关的自然和环境呢？

第十章

创造性艺术

4岁的西莉亚在木偶舞台后面操纵她的轮椅。这个舞台已被改装,她可以在下面滑动轮椅。她右手拿着木偶女巫,左手拿着木偶狗。然后,她向坐在前面的瑞安老师和另外两个儿童兰斯和瓦伦蒂娜讲述了下面的故事:"从前有个坏女巫,她想毒死所有的狗。"西莉亚挥动着右手转来转去,让女巫飞来飞去,扑上扑下。

"你必须说'嗨!嗨!嗨!'"5岁的兰斯说,"这样你就知道它是个坏女巫,不是好女巫"。

当西莉亚说"嗨!嗨!嗨!"时,教师重复了她的话,并鼓励其他儿童也这样做。兰斯用最低沉的声音说:"好坏好坏的女巫。"3岁的瓦伦蒂娜刚刚会说英语,她一开始只是看着、听着。然而,在第三次重复时,她加入进来,说了声"嗨",看起来很高兴能成为快乐氛围中的一分子。

"我想知道,你们还能从哪里看出这是一个坏女巫?"教师凝视着他们说。

"她鼻子上有个大肿块!"兰斯说,"你们看!"

西莉亚看着木偶,它的鼻子上确实有个肿块。西莉亚把木偶向前推了推,让每个人都能看到。然后她继续讲:"有一天,坏女巫想毒死瓦格斯(西莉亚家的狗的名字),但是瓦格斯跑了,女巫没抓到它。"西莉亚把木偶狗推到舞台下面,藏在自己的腿上。"然后其他的狗都跑出来把女巫赶走了。"西莉亚把木偶女巫从手上解下来,绕过头顶扔到身后。之后,她把木偶狗拿回来,弯曲自己的手指让木偶狗鞠躬。她摇动轮椅从前台返回来时,教师带头鼓掌。

创造性艺术包括视觉艺术、音乐、运动、舞蹈、戏剧(假装)游戏,以及对这些艺术形式的欣赏。发展儿童的艺术知识和能力,从一开始就是早期教育的一个主要特征。例如，学前教育家罗达·凯洛格（Kellogg & O'Dell，1967）的开创性著作和维果茨基的建构主义理论（Vygotsky，1978）都注重，艺术在感知、认知和社交发展中的作用。瑞吉欧·艾米莉亚（Reggio Emilia）提出的利用表征来支持学习（Gandini et al.，2005），在当前世界中广泛流行，这种方法也注重艺术在这些方面的作用。哲学家和教育家约翰·杜威（John Dewey，1934）认为，艺术学习不应该仅限于少数有天赋的人，而是应该从幼年开始就对所有儿童开放。他认为，艺术是经济和社会的伟大均衡器。

虽然在某种程度上，人们对入学准备的关注已经取代了早期艺术教育，但大多数教育工作者仍然认为艺术对幼儿的发展至关重要，应该在幼儿课程中占有一席之地：

艺术可以引导儿童发挥想象、解决问题、表达想法和情感、理解自己的经历。创造性艺术是幼儿课程中有意义的一部分，因为它可以推动儿童在读写、科学、数学、社会学习等方面的技能发展。（Koralek，2005，p.2）

一项针对科学、技术、工程和数学（science，technology，engineering，and mathematics，STEM）毕业生的研究，证实了这一观点。该研究发现，日后成为企业家或拥有专利的毕业生中，他们在幼儿期学过艺术的可能性是普通人的8倍（LaMore et al.，2013）。研究人员指出，这种艺术经验激发了非常规思维。

艺术学习对儿童的价值既有情感方面的，也有智力方面的，本章开篇故事的主题和互动就证明了这一点。艺术是有内在奖励的，也就是说，为了艺术而艺术，是很重要的。在不受评判的环境中体验艺术时，艺术提供了一种能力和控制感。对语言技能刚刚发展（有年龄、双语学习、特殊需求等原因）的儿童来说，艺术为表达和交流开辟了新的途径。尤其是对不同语言和文化背景的儿童来说，视觉艺术、歌曲、诗歌、舞蹈、讲故事等有助于将家庭和学校连接起来，在他们的家庭生活和外部生活之间建立联系（Espinosa，2010）。因为所有的文化和大多数宗教在其传统和习俗中都使用艺术，艺术能够使儿童将他们的文化背景融入学校的课程中（Wardle & Cruz-Janzen，

2004）。对于还不能用语言表达的儿童，艺术能够让他们表达自己内心的想法。对于有特殊需求的儿童，艺术使他们不需要专门的设备就能参与到教育活动中（West，2005）。以下内容是本章开篇故事的延续：

"轮到我了。"兰斯说。他选择了木偶熊和木偶非裔美国男孩。"马戏团的笼子里有一只熊，"他的故事开始了，"男孩把它放了出来，那只熊'嗷'的一声就开始追他。男孩很害怕，但后来他们成了好朋友，还一起去了麦当劳，直到男孩的爸爸喊他回家睡觉。"兰斯讲完后，把木偶都放在舞台上，然后从附近的洋娃娃马车上拿了一条毯子给木偶们盖上。

"爸爸允许熊在里面和男孩一起睡觉吗？"教师问道。

"是的，"兰斯回答说，"男孩把熊藏起来了，这样他爸爸就看不见了。"

这一次，瓦伦蒂娜是第一个鼓掌的。教师问瓦伦蒂娜是否想进行下一个木偶表演。瓦伦蒂娜摇摇头说"不"，但她伸出手拿起了木偶熊。西莉亚操纵着轮椅回到舞台后面，拿出木偶女巫，递给瓦伦蒂娜。瓦伦蒂娜没有到舞台后面去，而是和大家坐在一起，双手各拿一个木偶，试探性地挥动它们。"Bruja（西班牙语，意思是女巫），女巫，"教师指着其中一个说，"Oso（西班牙语，意思是熊），熊。"又指着另一个说。瓦伦蒂娜说："Bruja，嗨！嗨！"然后，她又试着用英语说"熊"。

"嗷！"兰斯叫着。"嗷！"西莉亚和瑞安也叫着。瓦伦蒂娜笑了。"嗷！"她平静地叫着，然后放大了声音，"熊！嗷！"

艺术能够增强所有儿童的能力。儿童学习与艺术特别工作组（The Task Force on Children's Learning and the Arts，1998，p. 2）指出，"在儿童参与艺术过程时，他们知道自己能够观察、组织和解释自己的经历。他们能够做出决定，采取行动，并监控这些行动的效果。"多样性是通过艺术表达出的一个重要的、具有内在激励性的概念：

人类一直使用艺术来分享和阐述他们内心最深处的快乐和恐惧。当我们把影子带出山洞，把它编成故事、舞蹈、歌曲或图片时，我们就把自己的情感转化为与别人分享的东西。在那些罕见的日子里，所有的星球都排成一条

线时，我们的反应方式会使所有人都有更好的理解。（Matlock & Hornstein, 2005，pp. 7–8）

为了帮助儿童增强能力，有些机构，比如伍尔夫特雷普早期艺术学习研究所（Wolf Trap Institute for Early Learning Through the Arts），向教师、家长和幼儿提供了基于艺术的教学策略。

研究表明，艺术具有外在价值，能够促进儿童在其他领域的发展。例如，艾斯纳（Eisner, 2004）在其发展审美智能的研究中，将艺术中的批判性思维应用于许多学科的教育实践。艺术教育合作委员会（The Arts Education Partnership, Deasy & Stevenson, 2002）也认识到了这种关联性，总结了艺术教育和学习可以提高儿童的认知和社交发展的研究，并得出结论：儿童要取得高成就，就需要发展所需的关键思维技能和动机，而艺术就是促进这些方面发展的一个重要环节。

研究已经证实，在儿童从婴儿期到青春期的发展中，艺术发挥着重要的推动作用。例如，探索模式对大脑的早期发育很重要（Healy, 1994）。

我们从对大脑的研究中知道，对意义的搜索是与生俱来的，这种搜索是通过模式化进行的。艺术提供了寻找模式的直接路径：分层体验和创造意义。有意义的学习需要感觉、体验、关系，还要有用眼睛、手和身体看清事物的能力。丰富的艺术环境会激发儿童不断提出问题。他们调用自身的意象和经历来解决……词汇、数字或人的问题。（Pinciotti, 2006，pp. 11–12）

多年来，人们一直在努力将自我表达和智力因素纳入所有年龄段儿童的创造性艺术教育中。在这方面，一个有影响的运动是"基于学科的艺术教育"，这是由格里尔（Greer, 1984）提出的一个概念，并在格蒂艺术教育中心（Getty Center for Education in the Arts，后来更名为"Getty Education Institute for the Arts"，但最终停办）的支持下进行了实地试验。这场运动的立场是，艺术教学应该整合艺术史、艺术批评、美学和艺术创作。美国艺术教育协会（National Art Education Association, 1982）更早的一份目标声明也支持一种类似于"基于学科的艺术教育"的综合方法,该方法包括艺术分析和艺术创作。美国艺术基金会(National Endowment for the Arts,1988)的教育目标包括培养创造力、提高交流技能、根据批判性评估做出选择、学习世界文明的重大成就。

美国教育部后来颁布的《美国艺术教育标准:幼儿在艺术领域的应知应会》(*National Standards for Arts Education: What Every Young American Should Know and Be Able to Do in the Arts*,1994),就体现了对这些的广泛关注。美国国会通过的《2000年目标:美国教育法案》(Goals 2000: Educate America Act, National Education Goals Panel,1994)中的强制性改革就包括艺术。该法案设立了0—8岁儿童学习与艺术特别工作组(Task Force on Children's Learning and Arts: Birth to Age Eight, Arts Education Partnership,1998)。工作组明确认可了艺术在促进语言和读写方面的作用,并得出结论,艺术有助于实现教育目标1,即"所有儿童都要为入学学习做好准备"(p. vi)。现在,许多州的标准都体现了创造性艺术在早期学习中的重要性(Gronlund,2006)。"各州共同核心标准"的制定者和艺术教育合作委员会经过共同努力,最终将艺术纳入幼儿园到12年级的"各州共同核心标准"(Riley & Munson,2013)。

一、幼儿在创造性艺术领域的发展

学前阶段发展上的变化使儿童能够在许多方面受益于艺术经验。由于幼儿的语言技能不断提高,艺术为表达和交流开辟了新的途径。幼儿形成心理意象的能力对创造性艺术的发展十分重要,因为这种能力使他们能够在不同的媒介上表达自己的经验。他们可以为自己的家画一幅画(视觉艺术),创作一首关于小狗的歌曲(音乐),像巨兽一样跺脚(动作),或者表演一个喜欢的故事(戏剧或假装游戏)。

儿童利用各种模式和媒介表现表意的能力,在范围上有所增加。到学前阶段,这些模式可能包括口头语言、手势和身体动作、视觉艺术(绘画、雕刻)、搭建、戏剧游戏和书写。他们努力用这些形式表达自己的想法和概念，增进知识。(Copple & Bredekamp, 2009, p. 13)

虽然儿童的艺术技能在早期有了显著的发展，但艺术增长阶段并没有明显的开端和结束标志 (Fox & Schirrmacher, 2012)。儿童往往在不同水平之间徘徊，就像成年艺术家在使用新媒介时那样。艺术欣赏水平也有起伏，这取决于儿童的认知和社会经验。尽管有这些波动，相关理论和研究还是可以确定儿童艺术创作和艺术欣赏的总体进展。这些进展与儿童在语言、表征、抽象化和复杂性方面的成长能力有关 (Epstein, 2012b)。

以下四个基本原则描述了早期创造性艺术的发展。

- 表征来自幼儿的经验。为了形成心理意象和运用艺术进行表征，幼儿首先需要真实地亲身体验物体、人和事件。然后，他们通过绘画、制作模型、复制和创作歌曲和动作、编造故事和假装游戏场景来描绘这些具体的经验。

- 儿童的艺术表征能力与他们的感知、认知和社会性-情感能力一起发展。开始时的表征很简单，但随着时间的推移，实践经验的增多，表征变得更加复杂。儿童逐渐观察和描绘更多的细节（感知），对艺术要素进行排列和建立联系（认知），用艺术表达情感和思想（情绪），并让他人参与自己的艺术工作（社会性）。

- 每个儿童的表征都是独特的。儿童利用艺术以自己易于理解的方式表达自己。他们的艺术创作和反应体现了他们的个人兴趣、经验和个性，包括他们的母语和文化。当儿童能够自由探索，且无须被迫展示特定技能或创作特定作品时，他们的艺术能力就会蓬勃发展。

- 幼儿能够欣赏和创作艺术。幼儿的观察能力和精细的感知能力，使他们能够欣赏和分享艺术想法。成人可以谈论儿童感兴趣的艺术方面，提出开放式问题，介绍新的艺术词汇，谈论创造性（即不怕失败的实验过程）这一概念，通过这些方式支持儿童发展能力。(Burton, 2000)

艺术创作和艺术欣赏阶段

艺术创作阶段

1. 从偶然表征到有意识表征。年龄小一些的幼儿偶然创造了一种形状或动作，然后决定它像什么东西。例如，他们把黏土捏成长方形，称它为汽车，或在地板上滚圆，说它是一个球。这个顺序以后就会颠倒过来：幼儿先在脑海里形成具体形象，然后寻找材料或行动来匹配他们的心理意象。

2. 从简单到精细。最初，儿童在画画、唱歌、运动或假装时，脑海里会有一两个特征。以后，他们的表征变得更加精细。例如，年龄小一些的幼儿可能会假装成婴儿，发出"哇，哇"声。而年龄大一些的幼儿可能会扭来扭去、做鬼脸、爬行、吮吸奶瓶，或者伸手要人抱。

3. 从随意到有意。把一种艺术媒介介绍给儿童时，他们会探索媒介的可能性，而不考虑他们的创造会产生什么效果。随着他们对材料和工具的控制能力越来越强，他们的行为也变得更有意识。例如，儿童在试过所有音阶之后，会试图再现特定的音高（音符）。

4. 从不相关的元素到建立联系。儿童越来越认识到标记、声音、动作和游戏主题是如何相互关联的。例如，最初他们会在手够得着的地方做标记，但以后他们会考虑如何标记相邻的颜色。他们把动作组合成一个序列，或者把一个游戏场景按照一定的逻辑引入下一个场景。

艺术欣赏阶段

1. 感觉阶段。学步儿和年幼的学前儿童喜欢吸引他们感官的艺术品。他们对颜色亮丽的醒目图案、节奏强烈的音乐、动作为主的运动、具有清晰特征和个性的角色，会做出反应。他们带着情感参与艺术，专注于艺术作品的某个方面（图像、声音、动作或行为），而排斥其他方面。他们不区分艺术形式，如绘画和照片。

2. 具体化阶段。年龄大一些的学前儿童开始使用符号，他们的偏好更多地取决于主题。他们喜欢现实的以及思想与自己的经验有关的艺术。处于这个

> 中间阶段的儿童根据主题是否吸引他们，发展出关于美的概念。他们认为，艺术的目的是通过图像、声音或动作讲述一个关于真实的人和事件的"故事"。这个阶段的儿童可以根据媒介对艺术进行分类。
>
> 3. 表达阶段。到了幼儿园后期或学前班早期，儿童会思考艺术家的观点（"他们想展示什么或想说什么？"）。他们仍然偏爱现实主义，也会注意艺术家如何利用媒介的特征（颜色和构图、声音和速度、大动作和小动作、人物和情节）表达想法或情感。这个阶段的儿童开始认识不同的艺术风格，并理解文化如何影响艺术作品。

二、创造性艺术的教与学

发展艺术知识和技能就像掌握其他内容一样，需要时间、材料和鼓励。成人必须重视从艺术中获得的价值，并有意识地在课程设置中开设艺术教育。没有管理者和教师的支持，幼儿的艺术发展只会停留在肤浅水平，不会超出常规。儿童的态度以及行为都会受到影响，从而失去在早期将艺术视为合理学习领域的机会。

艺术教育工作者认为，有目的地教授和尊重艺术，对于创设艺术学习蓬勃发展的环境至关重要，但对于如何才能最好地为幼儿打下艺术基础，他们却持有不同的观点。艺术表达理论的追随者认为，儿童的日常生活为他们提供了灵感，他们通常支持主要由儿童主导的教学策略。这些理论家认为：教师通过讨论、小组活动、实地考察等帮助儿童对日常经验深入探索得越多，儿童用于表达这些经验的创造性艺术就越精细。

有些理论家和实践者认为，艺术的发展与感知的发展紧密相连，他们往往提倡更直接的、教师主导的教学策略，包括引导儿童注意周围环境中事物的特定属性，以提高他们的视觉和听觉辨别能力。研究表明，尽管高度指导性的方法，比如通过临摹来教授绘画或通过重复音符来教授音乐，对幼儿是无效的，但这种训练确实有助于儿童发现物体和声音的更多细节以及它们之间的关系。这些方法可以帮助儿童更快地度过表征阶段（例如：包括更多细节或更准确地呈现比例；更适宜地伴随音高），但没有证据表明，他们的学习超越了眼前的任务，或者整体上来说能够让他们呈现出更复杂的艺术作品或艺术欣赏。

然而，这两种艺术教育观点可能会造成一种错误的二分法：

当我们将艺术视为一门拥有必须教授和掌握的独立知识体系的独立学科时，我们就不会担心教授技能和技巧，以及艺术欣赏和艺术史……我们可以根据儿童的想法准备一个结构化的艺术教育方案，允许共享权利和责任，允许这种有关儿童、艺术和艺术教学的观点所涉及的一切，并将儿童定位为艺术家。(Wright，2003，p. 154，p. 156)

鉴于以上两种观点，以下支持幼儿创造性艺术发展的基本教学策略可供参考。

- 提供开放式艺术材料和工具。包括在整间教室中提供支持艺术创作的材料，如：颜料、蜡笔、黏土、蜂蜡、积木；天然材料，如贝壳、树叶；计算机绘图程序、再生纸和塑料（视觉艺术）；简单的打击乐器和其他发声器（音乐）；围巾和飘带（动作）；服装、道具和木偶（戏剧游戏）。鼓励儿童以多种表达方式使用这些材料和工具，帮助儿童以开放的方式探索材料之间的联系（Drew & Rankin，2005）。
- 营造一种支持创造性冒险的氛围。当儿童知道自己的言行不会受到评判时，艺术就会蓬勃发展。如果儿童不必以教师认可的某种方式进行创作，他们就会感觉受到了支持，从而愿意尝试新的材料和表达形式，也更愿意对别人创作的东西发表意见（艺术欣赏）。
- 和儿童一起创作。研究表明，独自探索的儿童倾向于以重复或刻板的方式使用艺术材料。然而，当成人与他们一起工作和创作时，只要成人不是指令性的，儿童探索艺术的时间就会更长，更有可能对材料、工具和想法进行试验（Kindler，2005）。
- 重过程轻结果。给儿童留出时间进行实验、重复和反思，这样儿童就可以发现材料的特性并练习使用它们。缩短这个过程或同时引入太多的材料，可能会妨碍他们的创造力（Wright，2003）。

- 鼓励艺术合作。不要担心儿童抄袭别人的作品。创造力通常是社会性的（Matlock & Hornstein，2005）。研究表明，儿童一起工作能够提高他们在艺术上的独创力，因为他们会彼此分享和借鉴观点（Taunton & Colbert，2000）。
- 和儿童谈论艺术。鼓励儿童描述和讨论他们创造的视觉艺术、音乐、动作或戏剧场景。利用这些对话增加他们艺术方面的词汇量。永远不要假定知道儿童创作了什么，或者他们对自己或别人的创作有什么感觉。询问他们的创作，对他们的回答表现出真正的兴趣。教师在艺术活动中使用的词语"有巨大的力量唤醒儿童对艺术材料的想象、观察、研究、探索、计划、利用、深思和反思"（Burton，2000，p. 330）。
- 融合儿童家庭和社区文化中的艺术。有意识地在教室的日常陈设、材料和活动中加入各种媒介的代表性艺术。邀请艺术家（包括儿童家人）来分享他们的作品，并进行实地参观，让儿童观察和亲身体验艺术。确保这些经历会凸显多种文化的艺术形式和内容，比如来自东亚和拉丁美洲的纤维艺术，来自非洲和加勒比海的音乐和舞蹈，来自中东的建筑和镶嵌图案，以及印第安人的故事。

三、使学习经验符合学习目标

关于艺术教学的表达理论和感知理论都是有效的，但同样，在这一课程领域，儿童主导的学习经验和教师主导的学习经验最好也能够达到平衡。有效的艺术教师"模糊了自发学习和引导学习之间的界限，也模糊了创造力和技能培训之间的界限"（Wright，2003，p. 156）。在创造性艺术的各个领域，如视觉艺术、音乐、动作、戏剧游戏和艺术欣赏，儿童最有可能自己探索材料、工具和表达形式。他们不需要被督促捏黏土、敲鼓、随着音乐跳跃、扮演喜欢的书中角色，或者表明自己是喜欢一幅画还是一首歌。然而，为了理解每种艺术媒介的多种可能性，并进入更复杂的表征形式，儿童通常依赖成人的指导来促进艺术发展。

（一）视觉艺术

在视觉艺术领域的关键知识和技能中，儿童主导的学习经验对于操作平面和立体的艺术材料与工具，以及根据经验进行表征、进行偶然表征和简单表征等，显得特别重要。教师主导的学习经验对于命名艺术材料、工具和动作，熟练使用平面和立体的艺术材料与工具，运用想象力进行表征，进行有意识的表征、复杂的表征等，尤其重要。

1. 特别适合采用儿童主导的学习的方面

（1）操作平面和立体的艺术材料与工具

在处理平面材料时，手要灵活，能够使用合适的材料和工具进行绘画和着色。操作立体材料时，手要灵巧、有力，能够用手或工具利用材料来压模、雕刻或搭建。

教学策略。教师在鼓励幼儿创作视觉艺术方面的主要作用，是提供丰富多样的材料，以及时间和空间。

- 建立一个宽敞、有吸引力、固定的艺术区。贴有标签且有吸引力的固定艺术区会让儿童知道那里发生的事情很重要。确保艺术区有足够的空间，方便儿童单独或合作工作，并放有容易拿取的材料。将艺术区设在靠近水的地方（如室内水槽或室外水龙头）。确保地板易于清洁（如瓷砖、油毡、大塑料块），并且附近有清洁材料。艺术区应有垂直和水平的工作空间（如画架、墙壁、桌子、通道），并提供自然光和灯光（可以使用暖色而不是冷色的荧光灯来模拟白炽灯）。为完工的作品留有晾干区（如晒衣绳、平整表面、小房间），为保护未完工的作品留有安全区（如"工作进行中"的标志）。最后，确保有与儿童视线平齐的充足展示空间，包括墙壁、公告板、架子、基座、盒子和框架。
- 提供多种多样的工具和材料。儿童需要的材料不仅仅是早期教育环境中通常提供的蜡笔、颜料、橡皮泥和制模黏土。许多便宜的材料，如回收物品、地毯废料、从大自然收集的物品，都提供了创造的机会。对于感知或身体有问题的儿童，可以提供辅助工具，如自适应剪刀、大号画笔和手柄、聚光灯、放大镜等。教师要注意，不要一下子给儿童太多材料，要循序渐进地引入新材料。让儿童容易拿取这些材料，这样他们就可以独立地找到和使用它们，并将未使用的物品归还到原处。还要提供额外的材料和经验，让儿童发展精细动作和眼手协调能力，如剪刀、拼图、小型操作性玩具。

- 将艺术活动融入每日活动安排。视觉艺术不应仅限于选择时间或小组活动时间。例如，儿童可以在集体活动时间带着丝巾和旗帜运动，看看光和风是如何改变颜色和形状的。户外时间通常是探索自然界视觉多样性的绝佳机会。在点心和正餐时间，对食物的颜色、形状和质地做出评论。此外，如果文化上适宜，那么可以利用特殊的场合，如节日和生日，展示艺术的作用，如邀请家庭分享艺术在这些庆祝活动中的作用。

- 鼓励深入探索。教师对儿童正在做的事情进行评论和观察，并通过自己操作艺术材料来引起儿童的兴趣。鼓励儿童对材料进行分选和归类，以发现它们的基本属性。在引入工具之前，让儿童用手工作，这样他们就能感受到每种材料及其属性，以及它们在自己的行为下是如何变化的。每次介绍的内容量要适度，例如，让儿童在混合两种或两种以上的颜色之前，先让他们探索一种颜色与黑色或白色混合会怎样。

- 鼓励合作。让儿童分享他们对材料和工具的发现。他们的见解将激发同伴的进一步创新。记住，艺术是一种奇妙的自我表达方式，它对整天面对许多交流障碍的双语学习者来说，尤其有帮助。

- 重过程胜过重结果。儿童需要一遍又一遍地使用相同的材料，以便发现它们的特性和掌握使用方法。只有让儿童自由探索，他们才能最终创造出新颖、独特的艺术。"以产品为中心的手工艺活动使用成人设计的模板，不利于儿童发展和使用象征性表征"（Wright，2003，p.157）。向家长和学校管理者解释，为什么让儿童以某种方式制作某种产品对其艺术发展不利。抵制要求儿童展示"完美"作品的压力。
- 鼓励儿童创造性地使用材料。例如，一群学前儿童正在把纸裁成方块和条形。教师问："我想知道我们怎么办才能不让纸平躺在桌子上？"儿童把纸做成环形、卷形、手风琴似的褶皱形。有个来自日本的男孩折了一艘纸船。教师后来邀请这个男孩的爷爷来到班级教孩子们简单的折纸。

（2）根据经验进行表征

这个学习领域是指幼儿通过运用各种材料来表征熟悉的物体、人、地方和事件。儿童可能会进行各种表征，如家人、宠物、家庭和学校环境、食物、生日聚会或他们生活中的其他事物。

教学策略。只要知道儿童的经历和兴趣，就能为他们的视觉艺术表征提供无数种可能性。善于观察的教师可以运用以下策略建构和扩展这些可能性。

- 建议儿童表征他们熟悉且反映他们母语和文化的特定物体、地方、人和经历。画出熟悉的地方（如家里厨房或教室），有助于儿童发展地图制作技能（见第九章）。
- 在谈话过程中，儿童的经历自然出现时，教师可以说："我想知道我们是否可以在小组时间把这些画出来或搭建起来？"让儿童推荐表征物体或想法的材料。例如，在为户外活动做准备时，一场关于新冬装的讨论引起一组学前儿童用织物、地毯样品和回收来的纸板表征他们的夹克、手套和靴子。
- 利用其他图像和经验作为视觉表征的主题。例如，拍下儿童玩耍和建造的物体的照片，将其张贴在艺术区，激发他们在艺术作品中表征事物的灵感。利用自然环境激发艺术表达，比如到花园散步或者带插花去上课。悬挂展示熟悉经历的艺术复制品（如一幅母亲给孩子洗澡的画作）。鼓励儿童表征自己生活中的相似经历，以及对他们家庭很重要的其他经历（例如，参加帕瓦节、在亡灵节装饰祖先的墓地）。实地考察后，给儿童各种各样的艺术材料，让他们表征所记得的东西。

（3）偶然性表征

偶然性表征指的是某物在被创造之后才被认识。例如，一个探索黏土的儿童把黏土碾平，然后说："嘿，看我做成了什么？是个饼。"

教学策略。因为偶然不能是有意识的，所以有准备的教师在这方面的作用就是创设环境，让这样的偶然性有可能发生。教师可以运用以下策略。

- 提供各种各样的材料和工具，让儿童用来表征事物。一定要为有特殊需求的儿童提供适应性工具（见本章前文的策略）。
- 在儿童宣布他们做了什么时，认可他们。鼓励儿童描述从自己作品中看到的属性（"它是圆的，像饼一样松软"），儿童就是凭借这些属性总结出自己创作的是什么的。
- 在儿童没有进行艺术创作的时候，可以鼓励他们观察事物的属性。当观察技能有所提高后，他们也能在艺术创作活动中进行观察。为了照顾到双语学习者，教师可以用英语和他们的母语给这些属性贴上描述性标签。

（4）简单表征

幼儿刚开始进行创作艺术时，只会呈现一两个细节。他们不关心空间或其他表征的准确性。例如，整张脸上只画一张嘴，或者用长方形表征房子。

教学策略。在支持儿童最早期的表征方面，教师能做的最重要的事情，就是认可他们的创作并对其感兴趣，不管表征有多简单。在适当的支持下，儿童会逐渐阐释自己的艺术想法。如果我们向儿童施加压力，让他们添加更多细节，就意味着儿童此时的表征是不充分的。儿童可能会因此变得气馁并停止创作。下面是一些支持儿童进行创作的策略。

- 接受儿童创作的作品。不要求他们添加更多细节，否则他们可能会将这种要求理解为对他们工作的负面评判，从而失去兴趣或动力，或者以后开始依赖成人告诉他们如何创作。
- 认可儿童艺术作品中的细节。对细节表现出兴趣，以鼓励儿童详细阐述创作的形象或过程。举个例子，一位教师评论说："你画了一个大圆圈，里面有一个小圆圈。"儿童说："那是我们的鱼缸和新出生的小鱼。还有更多，但是大鱼把它们都吃光了。"手边放一个录音设备，录下儿童告诉你的关于艺术的事情，这样就不会错过双语学习者的一些关键解释了。稍后，你可以请同事、儿童家长或其他说该儿童语言的人进行翻译。

- 不要假装你知道儿童要表征什么。他们的表征很容易被曲解，尤其是在细节很少的时候。因此，应该让儿童告诉你他表征的是什么。奥尔特豪斯、约翰逊和米切尔（Althouse，Johnson，& Mitchell，2003）讲述的一件尴尬的事对我们是个提醒。

    一年级教师艾伦对玛丽亚说："我在你的画里看到了一只狗。"玛丽亚用沮丧的语气回答："那不是狗，那是我妈妈。"艾伦意识到自己的错误，马上回应道："多跟我说说你妈妈的事情。"这就给了玛丽亚一个机会，让她给画添加更多细节。

2. 特别适合采用教师主导的学习的方面

（1）命名艺术材料、工具和技法

学习视觉艺术中物体和操作的名称时，与其他领域没有什么不同。也就是说，儿童需要从教师那里明确地听到这些名字，无论这些词汇是字母A、减法还是雕刻。在教师的帮助下，幼儿学会命名，并能够区分不同的材料（如蜡笔、颜料、粉笔、黏土、木头、纱线）、工具（如照相机、画笔、织布机、陶器轮子、画布、画架）和创造性技法（如着色、运笔、绘制、纺织、编织、制模、镶边）的鉴别性特征。

教学策略。拓展儿童在视觉艺术领域词汇的策略，与其他内容领域相似。如果教师是在儿童积极投入艺术活动，而不是在无关的时刻提供这些词汇，那么这些词汇对儿童来说更有意义。

- 在特定的语境下，向儿童介绍艺术材料、工具和技法的名称，并使用英语和儿童的母语。将这些名称与儿童体验的具体物品和技法联系起来。陈述要简单、真实。

- 接受儿童用来描述工具、材料和技法的语言。然后添加词汇，扩展他们的词汇量。例如，当玛莉莎说"我把纸压扁了"时，教师可以说："是的，我看到你把纸压扁了。我也准备把我的纸揉皱。"当埃斯特法拿着剪刀大声喊"Tijeras! Puntiagudos!（西班牙语，意思是'剪刀！尖尖'）"时，教师可以说："是的，剪刀又尖又锋利！"写下儿童对自己作品的看法，也把儿童想让你写下的其他观点记录下来（见第六章）。例如，标注他们如何描述自己作品中的部位、技法或主题。一定要用儿童的家庭语言介绍关键词汇，以鼓励家长与儿童讨论艺术作品。如果儿童不希望你直接写在他们的画上，那么可以写到背面，或者使用便利贴，或者像博物馆那样用标签夹在一侧或下面。

- 提出关于材料、技法和效果的开放式问题，鼓励他们使用艺术语言回答。例如，问："你往杯子里加入大量红色颜料时，发生了什么"或者，如果儿童正在触摸比较干的和湿的橡皮泥球，教师可以问："摸起来感觉怎么样？把他们碾平，会怎么样？"对于语言或英语水平有限的儿童，教师只是带着感兴趣的表情坐在他们旁边，就会鼓励他们使用所学到的词汇描述他们的艺术作品和创作过程。

（2）熟练使用平面和立体的艺术材料与工具

随着年龄的增长和更多地练习使用艺术材料，幼儿的控制力得到了增强。他们能够使用较小的材料和更具灵活性的工具，如珠子、小金属片、纱线、胶水、订书机、打孔机和剪刀。

教学策略。儿童需要时间和练习来提高艺术创作技能。然而，单凭儿童自己，他们的专业水平可能不会得到提高。教师在示范技法、提出建议和帮助儿童解决问题方面起着重要作用。如同应对任何挑战一样，教师应该对儿童的挫折程度保持敏感。有时，一个暗示就足以帮助儿童越过障碍。但在有些情境下，儿童需要更明确的指导。

- 向儿童表明，他们可以使用越来越复杂的艺术材料、工具和技法。确保这些材料和工具在全天随时可用，这样儿童就有很多机会练习和提高技能。例如，在早上的问候时间，让儿童画出这一天要进行的活动，在集体活动时用粉笔画幅壁画，在户外活动时用纱线和树枝编织栅栏，或者用磁力贴（由纸、乙烯基或陶瓷制成）制作马赛克。先让儿童有充足的时间用手和简单的工具进行探索，然后提供多样化的工具（如凿子、机架式织机）。一旦儿童熟悉了新的材料，他们就可以探索使用传统和非传统的工具和技法进行更复杂的转换。提供一些精细的艺术材料。例如，较细的画笔使儿童能够在绘画中融入更多的重要细节，就像在绘画中用铅笔代替马克笔一样。不要为了新奇或者多样性，每隔一两天就换工具。让儿童长时间使用某些艺术材料，在他们充分试验并熟练掌握之后，再换成其他材料。

- 鼓励儿童把各种艺术材料结合起来，并以非传统的方式使用工具。把他们以前使用过的艺术材料重新拿出来。鼓励他们将新技法应用于熟悉的旧材料，如下例所示：

   幼儿园的儿童在新年伊始开始了对纸的探索。他们尝试撕扯、扭转、揉搓、滚碾和其他操作，然后使用剪刀和打孔器，最后是胶水和颜料。在下半年，教师向全班儿童介绍了纱线和纺织品。儿童再次开始用手工作，然后使用剪刀、折缝机和大的编织针等工具。他们查看了关于编织和缝制的书。最后，他们试着染色。几个星期后，教师又把纸拿出来了。儿童看到这位"老朋友"很兴奋，现在他们把以前用过的织物缝合和染色技术应用到了纸上。有些儿童把纸撕成或剪成条，织成"纸挂毯"，有些则把方片纸涂色，塞进"纸被子"。

- 教师用材料进行试验，以鼓励儿童探索。不要引导他们模仿你正在做的事。更确切地说，教师示范的只是好奇心和探究态度。

（3）运用想象力进行表征

创造性活动是指描绘不存在的或儿童从未经历过的事物。它包括描绘虚构的（幻想的）物体、人物和事件，以及用改变比例、颜色、空间关系等新奇的方式表征真实的东西，以此突出某种特征或观点。

教学策略。想象力对所有艺术创作都至关重要。教师可以使用来自读写、戏剧艺术、数学、科学、运动、音乐或几乎任何其他领域的材料和活动，运用多种技能激发儿童的创造性表征。事实上，使用艺术表征来整合跨学科的学习是许多课程的特点。

- 通过阅读、编故事或其他活动，激发儿童的想象力，表征自己的奇思妙想。戏剧游戏通常包括创造艺术作品（道具和布景）来推动儿童的角色扮演。让儿童画出想拥有的东西或经历，或者想结交的人。他们的想法可能天马行空，比如奇特的外来宠物、月球旅行、卡通人物。

- 鼓励儿童用自己的话谈论创作过程。不要求儿童说出他们所创作东西的名字或告诉你他们创作了什么。有时候，他们并没有创作某个"东西"，只是一个念头或感觉。你要说，"告诉我你是怎么做出这个的"，或者说，"我看见你拿了很多颜料杯和画笔放到桌子上"。这样就能够引导儿童谈论自己创作时使用的不同颜色、画笔等，如下例所示：

    肖老师对托尼说："你混合了一大碟的蓝色和黑色颜料。"托尼回答说："我在做一种悲伤的颜色，我奶奶住院了。"托尼在整张纸上画满了一圈一圈的暗黑色，肖老师表示认可："你的画很悲伤，是因为你为奶奶感到伤心。"

- 介绍非写实或抽象艺术作品的复制品（如中东的几何图案、阿巴拉契亚人的床罩或日本的纱线扎染布）。鼓励儿童谈论他们在作品中看到或感受到的东西。为儿童提供类似的材料和工具，让他们把非真实或想象中的概念、图像和事件创作成艺术品。

（4）有目的地表征

在练习这项技能时，儿童事先决定他们要描绘什么，然后准备创作所需的材料和工具。为了实现这一目标，儿童必须对他们的最终作品有一个心理意象，之后再修改或完善艺术作品，以达到更高的表征准确性，有时这需要极大的毅力。例如，儿童为了给雕塑制作头发，可能要花很长时间黏合纱线。

教学策略。儿童的目的性是指他们正在使用心理表征来回忆以前的经历、制订计划、预测问题和结果。这些认知行为是重要的工具，不仅丰富了最终的艺术作品，还可以迁移到其他内容领域的学习。教师运用以下策略鼓励儿童事前多想、事后反思，就会增强儿童在艺术创作上的目的性。

- 鼓励儿童对艺术项目制订计划。问他们将要做什么以及如何做，包括使用什么材料、工具和技术，是单独做还是和别人一起做，需要多长时间，作品会有多大，要不要展示，在哪里展示。
- 让儿童参与讨论作品，包括他们在使用材料和想象时做出的有意识的（有目的的）决定。
- 鼓励儿童有准备地运用来自其他领域（包括自然界和儿童家庭文化中的艺术品）的灵感。提供材料和艺术品，让儿童观察并在自己的作品中融入这些元素，就像成年艺术家使用模型来获得灵感一样。重点不在于精确地复制模型，而是让每个儿童观察模型的特征，然后以自己的方式把它表征出来。鼓励儿童互相谈论自己画的或雕刻的是什么。儿童借鉴彼此的想法，不是抄袭，而是以自己的方式阐释相似的经验。

（5）复杂表征

正如儿童的语言随着发展变得更加复杂一样，他们的视觉表征也是如此。随着年龄的增长，儿童艺术作品中的细节会越来越多，包括面部特征（如眼睛、眉毛、鼻子、嘴巴、耳朵、头发、珠宝饰物、雀斑）、建筑构件（如门、窗户、楼梯、人行道、窗帘、砖块、植物）和自然元素（如叶脉、豆荚、蝴蝶翅膀上的图案）。儿童在创作作品时力求在尺寸、空间关系、社会关系、时间、情感等方面达到实际上的准确性。为了达到所需的细节和复杂性，他们可能在一个项目上花费几天甚至几周的时间。

教学策略。任何促进儿童观察的活动都会转化为他们的艺术活动。此外，儿童需要时间和空间来精心制作作品，教师不要让他们感到匆忙或受到限制。以下策略可供借鉴。

- 鼓励儿童详细观察和描述事物，即使不是在创作艺术的时候，也要这样鼓励。为他们提供机会从不同的角度观察物体和活动。给正在进行中的艺术或建造项目拍照，鼓励儿童谈论每个阶段，比如使用的材料和工具，用这些材料和工具做了什么，最后如何改变了项目的外观或功能。观察和描述会增强儿童对细节的关注，这些细节会反映在他们的艺术作品中。这一点同样适用于其他内容领域，比如回忆一个故事中更多的元素（读写），或者用复杂的数据从不同的角度分析一个问题（数学和科学）。

- 鼓励儿童在表征时相互分享观察结果。别人的提醒会增强儿童的认识，然后他们会添加自己的细节。例如，汤顿和科尔伯特（Taunton & Colbert, 2000）发现，儿童在一起描绘盆栽植物时会分享各自对植物结构的观察结果，并讨论他们在表征植物的艺术手法上的差异。赫尔姆和凯兹（Helm & Katz, 2011, p. 47）提出了另一种方法，即"项目法"，建议教师在"激励性对话"中提出一些问题，以鼓励儿童关注和阐述他们在画作中观察到的细节，例如，"你知道这叫什么吗？你知道它是干什么用的吗？"或者"你会先画哪一部分？你要怎么连接这个部分？"通过学习用儿童母语提出一些多用途的问题，教师可以为无数种活动开启对话。

- 鼓励小组合作开展艺术项目。每个儿童都能观察到一些特征，这让其他儿童看到了更多的可能性。他们可以相互借鉴各自的想法。将双语学习者与母语为英语的儿童搭配在一起，为他们提供机会和动力，让他们彼此分享材料、技艺和创作成果。

- 将作品贴上标签并存放在安全的地方，这样儿童就可以在接下来的日子里继续完善。未完工的作品也可以成为关注点，儿童可以与同伴、教师和父母分享他们努力做出来的细节。

- 经儿童的许可后展示和讨论他们的艺术作品。看到自己和别人的作品，会促使儿童思考画面形象和创作过程，并在未来的艺术作品中加入更多的细节。

（二）音乐

幼儿会主动、热情地探索音乐的诸多方面。他们从整体上探究和试验声音，特别是他们的嗓音。他们也喜欢演奏简单的乐器。教师的指导有助于进一步提高学前儿童的歌唱能力，增进他们对音乐节奏和音质的理解。

1. 特别适合采用儿童主导的学习的方面

（1）探索声音

对声音的探索始于婴儿期。婴儿对周围的声音很敏感，首先是主要照看者的声音，然后是其他的环境声音，比如家里、早教机构和社区。渐渐地，儿童能够区分人、动物、动作、机器和工具发出的声音。学前儿童能将声音及其来源联系起来，开始使用声音作为分类的基础（如响亮和柔和、快速和缓慢、重击和叮当响）。

教学策略。为了帮助幼儿更加了解环境中的声音，并鼓励他们尝试创造自己的声音，教师可以运用以下策略。

- 与儿童一起倾听和识别声音。引导他们注意室内和室外的声音，如鸟鸣声、雨声、车辆声、学校铃声或风扇声。帮助儿童预测声音（例如，在外出之前，说："我想知道，如果我们保持安静，会听到什么？"）。对于有听力障碍的儿童，可以使用辅助设备来放大声音，包括他们用手、脚和全身感觉可以得到的振动声（如地铁车厢的隆隆声或大提琴弦的嗡嗡声）。

- 提供能发出声响的材料，如乐器、音乐播放器、计时器、上发条的钟或有语音指示的计算机程序。命名和描述儿童从这些材料听到的声音，并鼓励他们也这样做。

- 和儿童一起创造声音。学前儿童在假装游戏时会使用自己的声音进行角色表演（如模仿婴儿的"哇"声）或伴随动作（如发出铃铛的"丁零零"声）。而且，幼儿只喜欢探索他们自己发出的声音。倾听并模仿儿童的声音，鼓励他们接触更多的声音，如："汽车还能发出什么声音呢？""你在操场上听到了什么声音？"

（2）探索嗓音

幼儿探索嗓音的不同品质，包括音高（音符的范围）、音量（从小到大）和情感（传情）。学前儿童喜欢哼唱，从低音到高音，然后再回到低音。他们显然喜欢发现自己的声音能够有多大，但是也会尽可能轻柔地说话或唱歌。幼儿对嗓音的情感成分特别敏感。随着社交技能的提高，他们会专注地倾听，捕捉话语或声音背后的情感。他们用嗓音表达自己的感受。在假装游戏的过程中，他们改变嗓音来模仿与表现动物和人的感受。

教学策略。为了鼓励幼儿探索嗓音的发声潜力，教师可以尝试以下策略。

- 教师以不同的方式使用自己的嗓音。和儿童一起看书、讲故事的时候，用自己的嗓音做实验，并在戏剧游戏中扮演不同的角色。例如，编造一些故事，故事中的人物必须大声说话才能盖过嘈杂的引擎声让别人听到，或者必须轻声说话，以免吵醒睡着的怪物。教师在表演不同的场景时，要发出机器、动物和不同年龄的人的声音（如哭声渐渐柔和直至入睡的婴儿、汽油耗尽时发出噼啪声的汽车引擎、嗓音低沉的巨人、声音高亢的鸟、悄声低语以免吵醒金发姑娘的熊）。

- 模仿并评论儿童使用嗓音的多种方式。儿童通过发声来表达热情和不快、模仿人类和机械的声音、交谈、哼唱。他们通常会无意识地动嘴唇和舌头以及改变呼吸，进而创造出不同的声音效果和模式。然而，如果你对儿童在游戏时发出的声音进行评论，他们就可能做更多的尝试，并关注自己的声音所产生的不同效果。

（3）演奏简单的乐器

演奏乐器时，手要灵巧，能控制呼吸，而这些是幼儿刚刚开始发展的技能。由于这个原因，简单的打击乐器、管乐器和弦乐器最适合这个年龄段的儿童。儿童喜欢独自或与别人一起（"乐队"）演奏这些乐器，并有现场或录制的音乐伴奏。音高、节奏准不准都不重要，乐趣在于创造出悦耳的声音。

教学策略。教师可以运用以下策略鼓励儿童探索简单的乐器并享受乐器发出的声音。

- 为儿童提供简单的乐器,既有购置的,也有自制的。能够让他们积极使用手和身体的乐器,如梆子、节奏棒、鼓(用手或鼓槌敲击)、铃铛、木琴、手鼓、三角铁、沙槌、洗衣板、罐子、勺子、卡祖笛(或其他没有指孔的木质管乐器)、适合儿童尺寸的吉他(比如有四根弦的吉他)。能够反映儿童文化的乐器,如简单的弦乐器、葫芦丝或长笛。儿童也可以把珠子、鹅卵石、沙子、金属垫圈或木片填充到容器中(金属、木头、纸板或布制的容器),用来制造声音。确保盖子已盖紧。可以在选择时间使用这些器具发出活动过渡信号,或者在集体活动时用于表明游戏的开始和结束。

- 提供不同乐器的录音。录音要一次演奏一种乐器,这样儿童就可以专注于每种乐器发出的声音。为录音提供相应的图片,让儿童看到乐器的样子,最好是音乐家演奏该乐器时的图片。在活动过渡环节可使用乐器的声音,或者让儿童选择播放哪种乐器。例如,说:"你听到鼓声的时候,就应该去地毯上做圆圈游戏了。"然后,在播放鼓声之前先播放另外两三种乐器的声音。鼓励儿童主动要求听某种乐器的录音,例如,在他们安静下来休息时或在清洁整理时,可提出听录音的要求。

2. 特别适合采用教师主导的学习的方面

(1)唱歌

歌唱能力是逐渐发展的。三四个月大的婴儿已经试图把自己的音高与一系列声音相匹配,比如与照看者来回游戏。学步儿能够重现旋律的音程,配合演唱一个音符,然后是更高或更低的音符。3岁时,儿童可以以抒情的方式歌唱,领悟所熟悉歌曲的基本旋律和节奏。到了幼儿园年龄,儿童便可以很好地掌握歌唱的音调和节奏。

教学策略。一般来说,唱歌是快乐的,对于儿童和成人都一样。为了帮助儿童发展歌唱能力,教师可以运用以下策略。

- 在一天的不同时间和儿童一起唱歌。幼儿喜欢唱各种类型的音乐,包括童谣,如《雨,雨,快走吧!》(Rain, Rain, Go Away);传统儿歌,如《山谷里的农夫》(The Farmer in the Dell);简单的民歌,如《她将绕山而来》(She'll Be Comin' Round the Mountain);特殊场合的歌曲,如《生日快乐》(Happy Birthday)。一定要包括代表儿童文化的歌曲,如不同国家的摇篮曲,还有歌词是他们母语的歌曲,或者以他们母语代替英语歌词的歌曲,如《老麦克唐纳有个农场》(Old MacDonald Had a Farm)。利用歌唱来提高儿童的注意力,如唱《五分钟后该打扫卫生了》(Five Minutes' til Cleanup Time),或者用歌唱来描述他们正在做什么,例如,在分选积木时,以《划呀,划呀,划大船》(Row, Row, Row Your Boat)的曲调唱"蓝色,蓝色,蓝色方块在这,红色方块在那"。阅读带有熟悉歌曲的图书。在集体活动时玩唱歌游戏,如跟着音符唱歌或唱一个高于或低于前一个音符的音符。播放歌曲录音让儿童跟着唱可能会很困难或分散注意力,但如果播放的是儿童已经熟悉的歌曲,他们就喜欢用自己的声音和手势随着录音一起唱。

- 鼓励儿童自创歌曲。儿童可以编一些简单的曲调和歌词,用于角色扮演(比如唱摇篮曲让婴儿入睡),或者为游戏伴奏(比如在摸树时唱一句歌词),或者描述他们的动作(比如在把水倒进沙坑制作泥巴时)。

(2)理解韵律和音质

韵律包括节拍(潜在规律)、节奏(音的长短)和速度(节拍的快慢程度)。对这些品质的意识始于学步儿时期,但对于韵律结构的感觉是在学前时期才更加确定,尤其是当儿童经常接触具有突出和稳定节奏的音乐的时候(Geist, Geist, & Kuznik, 2012; Weikart, 2000)。音质包括音高(音调的高低)、旋律(曲调)、和声(音高之间的音程)。儿童对音质的理解要晚于韵律(Kim & Robinson, 2010),而简单的旋律和有限的音高范围可以增强这种理解,如歌曲《划呀,划呀,划大船》。到了幼儿园后期,大多数儿童可以哼唱出可识别的旋律(一首非常熟悉的歌曲的旋律),甚至可以编一首简单的曲子来伴随他们的游戏。

教学策略。帮助儿童理解音乐的特征会越来越难,教师可以尝试以下策略。

- 播放韵律和音质有变化的音乐录音。儿童从各种各样风格的音乐中受益匪浅，如来自世界各地的民间音乐（如东欧的波尔卡舞曲、图瓦人的喉音演唱或南非的黑人流行音乐）、古典音乐、爵士乐、默朗格舞曲、芭蕾、进行曲、华尔兹或探戈。演奏来自不同文化和传统的音乐（如印度拉格舞、中国西藏唱经、墨西哥马里亚奇音乐、西班牙弗拉明戈乐曲等）。
- 使用不同类型的乐器（如美洲土著长笛、西非科拉竖琴、印度锡塔尔琴和塔布拉手鼓、澳大利亚迪吉里杜管）。播放时，以器乐而不是声乐为主，这样儿童就不会被歌词分散注意力。儿童的大脑首先会注意语言，这可能会阻止他们听到音乐的其他方面，如节奏或曲谱。此外，在游戏或其他活动中不要播放音乐作为背景，否则会使儿童很难专注于自己的想法和行动，并且会干扰谈话。在你能够鼓励儿童积极倾听音乐的时候再播放音乐。
- 现场演唱或演奏韵律和音质有变化的音乐。现场音乐对每个人来说都是一种享受。选择不同的歌曲和音乐流派，进行教学、演唱和与儿童一起游戏。邀请幼儿园员工、家长和当地音乐家到班级分享他们的音乐。安排儿童到当地的初中或高中实地参观，听他们的乐队、爵士四重奏或管弦乐队演奏。组织儿童去充满音乐氛围的当地街头集市和文化节参观。

（三）运动

尽管运动在一定程度上取决于大肌肉的发展（见第五章），但创造性运动强调的是表达而不是身体发展。儿童喜欢以不同的方式活动身体，进而表征他们的观察和经验。他们自发地模仿别人做的简单动作（包括一两个组成部分）。在教师的指导下，学前儿童可以模仿更复杂的动作。最终，他们能够创造动作序列或舞蹈，让自己获得快乐的同时，也让别人模仿和拓展。

教师主导还是儿童主导？

1. 特别适合采用儿童主导的学习的方面

（1）以不同的方式活动身体

随着幼儿对肌肉控制能力的提高，他们将不仅仅以功能性的方式使用身体。例如，他们不再只是简单地从 A 点运动到 B 点，而是开始研究运动的方式（如爬行、滑行、滚动、向后退、跳跃等）。事实上，尝试创造性动作的乐趣，可能已经超越儿童到达某个地点这一最初目标！儿童喜欢自发地测试自己身体运动的极限，而支持他们的成人也可以从中分享到快乐。

教学策略。为了增强幼儿在活动身体时的快乐体验，教师可以尝试以下方法。

- 为儿童提供时间和空间，让他们在室内和室外活动身体。包括他们可以自由活动的开放空间，以及可以练习控制性动作的密集空间。为了鼓励儿童变换创造性动作，教师可以提供简单的设备（如低矮的平衡木、台阶和梯子、内胎和呼啦圈），以及不同类型的材料（如丝巾和飘带）。

- 提出简单的挑战，激励儿童尝试动作。只专注于动作（即没有音乐），问儿童一些问题，比如："在脚趾不接触地板的情况下，怎样能到小房间去？""怎么能在一个很大的水坑周围活动？""你能用什么方法进出这个呼啦圈？"

- 鼓励儿童以简单的创造性动作随着音乐运动。播放不同风格的音乐，或快或慢，或流畅或断续，或紧张或放松。了解不同文化中的节奏和气氛，从轻快的柴迪科音乐到哀怨的日本古筝音乐，再到洪亮的南非巴甘加音乐。调节音量或使用特殊的耳机，让有听觉障碍的儿童可以用身体听到或感受到音乐的振动。评论儿童的动作是如何与音乐联系到一起的（"米格尔随着欢快的节拍来回摆动手臂""利娅随着轻柔的华尔兹来回滑动轮椅"）。

- 提供道具，包括丝巾、飘带、纸盘、韵律棒和其他打击乐器，进一步鼓励儿童在聆听节奏、音高和音量不同的音乐时创造动作。

（2）模仿简单的动作

幼儿经常模仿人、动物或机械装置的简单动作。他们这样做可能是假装游戏的一部分，也可能是对音乐的回应。例如，他们可能会开车、拿着软管来回喷射"灭火"或像马一样跳跃。表征能力使儿童能够将动作和其他创造性艺术作为一种语言来使用。模仿简单的动作也是一种社会参与形式。例如，当儿童在集体活动中模仿教师或同伴的动作时，运动就变成了一种表达形式，等于说"我是班集体的一员"。

教学策略。为了鼓励儿童模仿多种动作的自发倾向，教师可以尝试以下策略。

- 演唱包含简单动作的歌曲和赞美诗。使用包含动作的歌曲，如《如果感到幸福你就拍拍手》（If You're Happy and You Know It），或者为其他歌曲创建简单的动作序列，如找一首有两个部分的歌曲，如《扬基歌》（Yankee Doodle），让儿童为每个部分建议一个不同的动作（如随主歌行进，随副歌挥舞手臂）。在过渡环节和开始新活动时引入简单的动作（例如，儿童聚在一起准备圆圈活动时）。鼓励儿童在融入活动时模仿教师的动作，然后再创造自己的简单动作。引导他们注意每个儿童的动作，这样其他儿童就可以观察、模仿和提出自己的想法。
- 教师描述并鼓励儿童描述他们一天里使用的创造性动作。例如，在自由游戏中，教师可以说："你走得很慢，这样头巾就不会从头上掉下来。"在清理时间，注意儿童收拾东西的方式（"贾斯廷正踮着脚尖向拼图架走"）。在集体活动中，给儿童的动作命名，并鼓励其他人模仿（"乔西和卢克像小鸟一样拍打着手臂，我也要试一试"）。与儿童谈论他们的创造性动作有助于他们意识到自己在做什么，并让他们的动作更加有目的性。

　　在集体活动时间，教师朱尔斯弹了一会儿吉他，停下来，然后再弹。教师弹奏时，儿童随着音乐挥动胳膊。教师停下时，他们也不再挥胳膊了。教师继续弹奏，儿童又以不同的方式挥动胳膊。停止时，教师说："你们用了各种方式挥动胳膊！"孩子们的回答各种各样，"我是转着圈挥动的""我像你弹吉他一样是上下挥动的""我的胳膊像吸管那样弯着""我挥动得比什么都快""我挥动着向你招手呢"。

2. 特别适合采用教师主导的学习的方面

（1）模仿复杂的动作

虽然儿童以不同的方式活动身体，但他们动作的多样性实际上是非常有限的。例如，在听音乐时，3岁的儿童可能会原地活动（弯曲膝盖或挥动手臂），而4岁和5岁的儿童会重复有限的动作模式（上下、左右或在一个圈内活动）。然而，如果教师有意识地引入新的想法，比如不同的身体姿势、动作和手势，儿童就会随着音乐尝试更多的动作，从而成为一种普遍的创造性表达模式（Dow，2010）。

教学策略。为了拓展儿童模仿和创造的动作，教师可以尝试以下策略。

- 全天逐步引入新的姿势、动作和手势。一定要包括身体有残疾的儿童可以用身体不同部位进行的动作（如坐轮椅儿童的上身动作，平衡有问题的儿童以坐姿进行的动作，胳膊、腿有困难的儿童进行的头部动作）。一旦儿童掌握了一个基本动作，教师就演示这个动作的各种变化，让他们自己尝试。比如大、小步伐的交替，以不同的角度或方向弯曲身体，或者一只手放在身侧，只活动另一只手。在不同的位置上活动胳膊、腿和整个身体（如侧卧）。鼓励儿童模仿这些不断变化的动作，然后创造他们自己的动作。用新的词汇介绍他们复杂的新动作（"一只手的手指保持不动，摆动另一只手的手指"）。对于双语学习者，教师可以同时用英语和他们的母语说明身体部位和动作，如"向空中伸展手臂，海地语是'Rale bra ou nan le a'"。

- 为儿童提供机会用动作表征经验。鼓励儿童用身体表达情感，比如难过、疯狂、害怕、勇敢、友好、害羞、傻气（"你开心的时候做什么动作？""我们假装又累又困，看看怎么走到小饭桌那里"）。让儿童用动作模仿故事人物在关键时刻的感受，例如，当《野兽国》（*Where the Wild Things Are*）中的迈克斯回到家发现他的晚餐仍然是温热的时，他会做出什么动作，或者当《索菲的南瓜》(*Sophie's Squash*)中的索菲看到妈妈试图把她喜爱的南瓜做成晚餐时，索菲的反应如何。让儿童用动作表征，包括往返的旅途和他们在现场的经历。

（2）创建动作序列

一旦儿童掌握了简单的一两步动作，他们就可以复制和创建三步或更多步的动作序列。学前儿童喜欢这一更具创造性的动作表达，即"掌握一个熟悉的动作，然后以某种方式改变它"(Sawyers, Colley, & Icaza, 2010, p. 32)。成人的指导和鼓励可以帮助儿童考虑多种可能性来扩展熟悉的动作。例如，在一个儿童创造了一个两步的动作序列后，教师可以问："我们还可以用手轻拍身体的哪个部位呢？"然后根据儿童的建议，创造一个三步轻拍动作序列。此外，教师可以在集体活动时间引入复杂的创造性动作，间接地鼓励儿童在选择时间和户外活动时间将其添加到他们精心创造的动作序列中。

教学策略。运用以下策略，增强儿童不断发展的创造动作序列的能力。

- 引导儿童连续做三个以上动作。比如在圆圈时间，把一个两步动作重复几次（确定所有的儿童都能做到），然后说："再加一个动作吧。"征求儿童的意见。慢慢示范这三个动作，给儿童时间练习。最好先引入没有音乐的复杂动作序列，这样儿童就不会一下子面临太多的因素。之后，在儿童熟悉了一个音乐—动作组合后，再在序列中加入一个或多个动作。

- 鼓励儿童在一天的不同时间解决动作难题。这些想法可以来自任何地方，比如来自对儿童如何自发做动作的观察，图书和童谣中不寻常的动作，或者对机械物体和自然界事物如何运动的观察。例如，让儿童只用胳膊肘把积木放好，或者鼓励他们像某种动物（如蛇或兔子）一样进行下一项活动，或者想知道儿童有多少种方法可以"进、出、越过和绕过"一排轮胎。动作难题特别适合在集体时间、户外时间和过渡环节提出。儿童可以将这些想法融入他们的游戏中。

（四）戏剧（假装）游戏

戏剧游戏（也称为假装游戏或社会戏剧游戏）是幼儿期的标志，涉及模仿和想象。儿童通过再现与人、物体和事件的经历表达他们对世界的理解。假装游戏增强了注意力、记忆、推理、语言和情感理解等技能（Tomlinson & Hyson, 2009）。比起其他形式的游戏，比如与表演无关的建构游戏或拼图，儿童在假装游戏中的社会互动更高级（Chafel, 1984）。

戏剧游戏背后的动机似乎是普遍的、自发的。幼儿会自己模仿手势、声音和词汇。他们使用简单的道具，独自或与他人一起创造场景。但是在成人的支持下，他们就能从父母和教师那里听到和读到的故事中受到启发，用自己、洋娃娃、其他玩具人物或木偶讲述和表演自己的故事，这样戏剧游戏就变得更加复杂了（Bodrova & Leong, 2007）。成人的指导能够使儿童想象的角色和事件超越自己的直接经历，创造更复杂的道具来支持他们的游戏场景和故事讲述，并与更多的人一起进行戏剧游戏。

1. 特别适合采用儿童主导的学习的方面

（1）模仿手势、声音和词汇

戏剧游戏的第一步是简单模仿周围环境中的人、物体和动作。幼儿通过使用自己的身体（如手势、面部表情）、模仿声音（如人、动物或机械的声音）、重复话语（"去睡觉吧，宝贝"）来表征自己了解的世界。假装游戏从大约18个月大开始，随着儿童观察和再现细节能力的提高，在整个学步儿和学前阶段变得更加复杂。

教学策略。为了支持幼儿在早期戏剧游戏中模仿手势、声音和词汇，教师可以尝试以下策略。

- 培养儿童的自发模仿能力。儿童轮流再现周围的动作和声音时，教师可以模仿他们。例如，如果儿童把一块橡皮泥碾平，假装"翻转比萨"，教师就可以在儿童旁边使用同样的动作碾平橡皮泥和"翻转比萨"。模仿儿童的动作可能会引起"动作对话"，在这种对话中，教师和儿童用手势而不是言语进行交流。

- 全天都鼓励儿童模仿。例如，你读完一本书后，让儿童模仿书中角色的动作（他们自己或者使用玩具人物和木偶进行模仿）。他们还可以模仿歌词中的动作。利用模仿让整理环节变得有趣（比如收小地毯时像螃蟹一样倒着走）。实地考察，让儿童模仿看到和听到的新东西。观察自然界中的动作和声音（如雨滴的啪嗒声、干燥的秸秆在微风中的沙沙作响声、昆虫的嗡鸣声）。重新创造动作和声音，对儿童记忆和加工观察结果以及经验来说，也是一种有意义的方式。

（2）使用简单的道具

在假装游戏中，最早使用的道具是现成的物品，比如真实的或适合儿童使用的工具或器具（如用木勺搅拌"粥"，在操场上驾驶多座位"公共汽车"）。一旦儿童开始形成简单的心理表征，他们就会用一个东西（如积木）代表另一个东西（如电话）。起初，儿童往往会使用他们能看到的或手边的物体。之后，他们可能会为游戏场景使用的物体寻找有类似属性（如大小或形状）的东西（如用小木钉代表生日蜡烛）。

教学策略。教师可以运用以下策略支持儿童使用简单的道具。

- 提供儿童可以轻松融入游戏当作简单道具的材料。一般来说，幼儿会使用他们可以轻松操作，且不需要以某种方式进行转换的东西。这包括积木和其他搭建玩具、娃娃家的物品（如砧板或洗碗布）以及独立的艺术材料（如记号笔或纱线）。
- 教师使用简单的道具。在师生互动中加入道具（比如用一块积木当作电话，说"所有小朋友都来吃点心"）。在小组时间，向儿童介绍可以用作道具的新物品，这样他们就可以探索这些材料，然后在戏剧游戏中使用。教师和儿童一起游戏时，要使用简单的道具完成儿童分配给自己的角色（例如，用马克笔作为"针"给婴儿注射）。

（3）独自或者和他人进行假装游戏

非常小的幼儿往往独自一人进行社会戏剧游戏。例如，他们可能沿着桌子"驾驶"一块积木。平行游戏（与别人并排游戏）在第二年开始，社会性游戏（与别人一起游戏）在3岁左右出现。然而，在学前阶段的早期，社会性游戏通常仅限于假装与另一个人游戏。对大多数3岁的儿童来说，与更多的伙伴在游戏场景和角色之间来回切换，从认知上和社交上来说都太复杂了。

教学策略。为了支持儿童早期的假装游戏，教师可以采用以下策略。

- 以伙伴身份参与儿童的假装游戏。儿童发展和故事讲述专家薇薇安·佩利（Vivian Paley，2004）说，成人在儿童游戏中充当伙伴，是个更好的观察时机，能够更理解儿童，更有效地与他们交流。然而，建立伙伴关系必须谨慎。要先进行观察，了解儿童的意图后再加入。等到自己被儿童邀请加入，或者寻找欢迎你的线索。遵循儿童确立的游戏主题，让你的游戏水平与他们一致，偶尔建议一下拓展游戏（"面团需要更多的水和盐吗？"），但要尊重儿童拒绝你的建议的权利。

- 时不时地问个问题，或者稍微做些修改，让儿童习惯于解释自己的想法，并最终将他人的想法融入游戏中。这样，你就示范了如何与他人合作进行游戏。儿童与一个成人开始游戏，比与另一个儿童更容易，因为成人更灵活，更愿意赞同儿童的想法。然而，通过温和地提出游戏的其他玩法，你可以帮助儿童学会在合作时听取和扩展他人的想法。

2. 特别适合采用教师主导的学习的方面

（1）想象中的角色和事件

儿童会模仿熟悉的人、动物和动作，但要发挥他们的想象力创造假装游戏的场景，还需要更积极的成人干预。想象游戏是关于"假设……"和"如果……会……"的世界。成人和儿童搭档游戏时，可以温和地提出这样的问题，前提是教师要让儿童在不断演变的场景中发挥主导作用。随着儿童能够更好地记住故事和歌曲，成人可以在他们表演自己的想象游戏主题时，促使他们重新创造和拓展角色及事件。

教学策略。以下策略将会鼓励儿童在参与戏剧游戏时发挥想象力。

- 支持班级中富有想象力的角色扮演。为假装游戏和角色扮演提供空间和材料。将教室布置成几个开放区域，这些区域可以成为丛林、宇宙飞船或购物中心。允许戏剧游戏从教室的一个区域发展到另一个区域。例如，玩娃娃家的儿童可能会在积木区"建造"一个后院进行烧烤。通过将这些区域挨在一起，教师可以促进这种类型的创造性游戏。教室要多布置些支持想象游戏的材料。例如，娃娃家的设备和服装可能会激发儿童表演家庭餐桌上的场景、开一家餐馆，或者设立一间医生办公室。操作区的人形玩具和动物小玩具，以及图书区的木偶，都适用于创作和表演故事。

- 支持富有想象力的户外角色扮演。轮式玩具（如自行车、马车）可以被当作公共汽车、火车、飞机、宇宙飞船或船只，而攀爬结构可以被当作房屋、堡垒、帐篷和冰屋。来自大自然的小物品，如鹅卵石和树叶，是宴会上的"大餐"。可以将室内材料（如丝巾、洋娃娃、炊具）带到室外，以进一步拓展儿童的想象游戏。

- 参观社区的一些地方，拓展儿童可以在游戏中参考的经验，并带回材料（如收银机收据、硬件），增加他们戏剧游戏的真实性。参加图书馆的讲故事活动或面向学前儿童的当地节日。邀请讲故事的人到班级，包括那些专门讲不同国家、文化和传统中的民间故事的人。

（2）创造复杂的道具

学前儿童创造越来越复杂的道具以支持社会戏剧游戏。他们不依赖具有相似特征的现成物品，而是以独特的方式寻找和组合材料（例如，他们不使用未经修饰的洋娃娃毯子作为魔毯，而是给它系上飘带，让它可以在空中飞行）。有时，他们需要用这些道具简单地表征游戏场景中的一个物体或生物（例如，消防员需要一根末端绑有喷嘴的软管，龙需要尾巴）。其他时候，道具是为了解决一个问题（两个宠物主人需要一辆车来运送四条狗到兽医那里，但超载了）。你可能会发现，儿童如此投入地创作道具，以至于戏剧游戏都退居其次了！如果儿童在假装游戏中偶尔被一个问题困扰（"公交车容纳不了我们所有人"），成人就可以鼓励他们考虑使用更多的材料和工具来解决这个问题。

教学策略。教师可以提供以下支持，拓展儿童制作道具的数量和类型。

- 提供材料，让儿童在游戏中可以组合成复杂的道具。随着儿童的手的灵活性提高，并能够从多个部分思考表征，他们更有可能对材料进行组合和转化来支持他们的游戏场景。组织良好的艺术区、积木区或教室的其他学习区，有助于儿童探索可能性，发现如何创造新东西来满足场景的需要，甚至为他们的游戏建议一个新的方向（例如，一卷蓝色的纸可用作潜水器去观察海底生物）。

- 教师使用复杂的道具。在与儿童的互动中，加入一些可以组合或变换材料的道具。例如，用彩带和小金属亮片装饰手电筒，将其称为你的"魔法计时器"，用这个手电筒发出过渡环节的信号。你以伙伴身份与儿童一起游戏，有助于示范制作复杂的道具来推进假装游戏。例如，儿童如果邀请你在他的"办公室"工作，你就可以问他你的桌子上需要什么，然后请儿童使用各种材料帮助你制作道具。

（3）与两个或更多的人一起进行假装游戏

社交冲突在社会戏剧游戏中经常出现。儿童越多，出现问题的机会就越大。儿童往往在谁扮演哪个角色、情节（故事）应该如何发展以及需要什么道具等问题上意见不一。在这些情况下，成人可以教给他们解决冲突的技巧（见第四章），帮助他们解决社交问题，继续游戏。与两个或两个以上的同伴进行假装游戏，这种能力通常要到4岁或5岁时才会出现。到那时，在成人的指导下，儿童可以创造出更复杂的故事情节，涉及他们自己、人形玩具或动物玩具、木偶等多重角色。此外，他们的互动时间持续更长，比其他社交场合更能体现合作精神（Nicolopoulou & Richner，2007）。

教学策略。为了帮助儿童与更多的小朋友进行假装游戏，教师可以尝试以下策略。

- 提供促进儿童合作的材料和设备。这包括能够容纳几个儿童的摇摇船或轮式玩具（如公共汽车）。也要备有需要三个或三个以上儿童搬运、移动或布置的大木板、箱子、毯子或其他设备。合作这一行为本身就能激励儿童开发需要多种角色的游戏情节。
- 促进社交问题的解决。鼓励儿童想出大家都能参与游戏的角色或场景。例如，你可以说："贝萨尼、秀仪和玛尔塔都想当妈妈，我们怎么解决这个问题？""你们两个都想使用消防员木偶扮演好人，我想知道有没有其他木偶也能扮演好人呢？"这样，你不仅会促进冲突的解决，儿童还会提出创造性的主意来扩展戏剧游戏的主题。例如，他们可能会决定让贝萨尼当母亲，秀仪当阿姨，玛尔塔当满足她们的愿望并烤了生日蛋糕的仙女教母。或者更有趣的是，把医生木偶变成一个坏角色，让消防员拿走她的"针刺机"。

（五）艺术欣赏

在创造性艺术欣赏所涉及的关键知识和技能中，儿童主导的学习经验对于关注艺术作品的某个方面、做出简单的审美选择、认识和理解艺术表达的情感方面，显得特别重要。而教师主导的学习经验对于命名艺术材料、要素和技法，关注艺术作品的多个方面，阐明审美选择的理由，描述和解释艺术表达的情感，了解文化和时间对艺术的影响等方面，都特别重要。

1. 特别适合采用儿童主导的学习的方面

（1）关注艺术作品的某个方面

年龄小的学前儿童往往关注艺术作品的某个主要或显著特征，比如视觉艺术中的颜色或线条，或者音乐中的节拍。即使有复杂的图像、音乐作品、动作或故事场景，他们也可能只关注某个方面，而不是作品整体。

教学策略。儿童对一件艺术作品的特定特征或特定部分的浓厚兴趣，为教师提供了深入探索该主题的机会。重视儿童的特定兴趣，不要把他们的注意力或兴趣强行转移到别的地方。随着时间的推移，如果成人允许幼儿对细节的关注自由发展，幼儿的关注范围就会更加广泛。教师可以尝试以下策略。

- 提供特征有限的艺术作品，如色彩亮丽的绘画、节奏强烈的录制音乐、可用于模仿动物的单一动作或具有重复动作的故事。鼓励儿童描述所观察到的东西（"你注意到他是怎么到达山顶的吗？"）以及这件事与他们的关系（"你曾经那样活动过吗？"）。

- 认可儿童只对一件复杂艺术品的某个方面感兴趣。鼓励他们谈论注意到的第一个或主要元素。询问是什么特征吸引了他们的眼睛或耳朵。比如，儿童把注意力集中在一幅画的右下角，教师就要了解儿童为什么对这个地方感兴趣。模仿儿童学到的动作，或者重复一首歌中儿童最喜欢的歌词。当儿童准备好了，他们就会把注意力转移到另一个艺术特征上。

- 策划活动，让儿童深入关注单个艺术元素，如颜色或线条、节拍、假装游戏中的角色。例如：观看日裔美国艺术家野口勇（Isamu Noguchi）的雕塑复制品，他的作品侧重于抽象的形状，而不是颜色或可识别的图像；思考非裔美国艺术家罗马雷·比尔登（Romare Bearden）的拼贴画；播放两种弦乐器的录音，比如一把西非科拉琴和一把印度锡塔尔琴，这样儿童就可以比较声音，并随着音乐富有表现力地活动他们的身体；如果儿童一直假装自己是小猫，教师就可以讲述或阅读以猫为特色的民间故事，并在娃娃家增加碗和空牛奶盒来拓展他们的假装游戏。

（2）做出简单的审美选择

儿童用言语和非言语的方式表达审美选择。例如：他们看一张图片的时间可能比看另一张图片的时间长；每次轮到他们选择时，他们会挑自己最喜欢的歌曲；在圆圈时间表演一个特定动作让其他人模仿，或者在戏剧游戏中总是选择同一个角色。然而，即使选择十分明确，他们往往也无法解释自己这种偏好背后的原因。

教学策略。儿童需要机会做出选择、表达自己的偏好和愿望。一般而言，教师通过提供多种选择和认可儿童的选择权利来支持他们的审美发展，鼓励他们决策。教师可以尝试以下策略。

- 提供各种各样的艺术作品和艺术材料，让有不同偏好的儿童找到至少一种他们喜欢体验和创作的材料、风格或技法。

- 提供培养艺术欣赏的材料，材料要有文化包容性。例如，提供呈现水墨画、拼贴画、陶器、编织、马赛克、书法、风景建筑和摄影（视觉艺术）的物体和图像。播放来自多个国家的多种风格的乐器录音，如印度拉格旋律、非洲鼓、印度尼西亚甘美兰音乐和墨西哥马里亚奇音乐。观看短视频或邀请不同流派的舞蹈和杂技演员来表演，如芭蕾、萨尔萨舞、弗拉门戈、嘻哈舞、巴厘岛舞、肚皮舞（动作）。阅读来自不同文化的插图民间故事，并和儿童一起表演（戏剧游戏）。

- 鼓励，而不是恭维或赞扬儿童的审美选择。例如，说"我看到你的画使用了很多蓝色"，而不是"蓝色是我最喜欢的颜色"。不要发表评论，比如，"我喜欢你随音乐运动的方式"，而是模仿儿童的动作或鼓励他人模仿或扩展这个动作。我们表扬一个儿童时，没有受到表扬的儿童可能会认为自己做得不如别人好或者没有价值。

- 为班级中的所有活动和选择，以及所有背景和能力水平的儿童，营造温馨、支持性的氛围。一个在情感上安全的环境同样有助于儿童创作和欣赏创造性艺术。

- 分享自己的审美喜好（不贬低别人），表达自己体验不同类型艺术的乐趣，这样有准备的教师就传达了艺术给生活带来的快乐。

- 运用所有的感官观察自然中的艺术。艺术在形式上的特征，如光、颜色、形状和质地、音高和节奏、动作的范围和速度、情节、主题和人物等。自然界中的一切事物都有对应物，例如，花有多种颜色，鸟有不同的叫声，云以不同的速度运动，动物在不同的栖息地生活和玩耍。帮助儿童从美学的角度思考自然，不仅拓展了他们对创造性艺术的欣赏，还增强了他们对环境的敏感性（见第九章）。此外，身处大自然能够促使儿童使用所有感官，这对于培养他们对广泛世界的艺术欣赏至关重要。

（3）认识和理解艺术作品表达的情感

幼儿可以认识到并理解艺术家在艺术作品中试图表达的潜在情感。例如，他们可以识别一幅线条画是表达快乐还是悲伤，一首歌曲听起来忙碌，一个动作显示出疲劳，或者一个戏剧性事件非常可怕。他们可能还无法向别人说出或解释这种情感，但他们可以通过身体和面部表情（如耷拉脸或皱眉来传达悲伤）、舞蹈动作（如兴高采烈地跳跃）或他们自己艺术作品中的类似表征（如用红色蜡笔画出的紧密的能量圈）来传达他们的情感理解。

教学策略。无论是社交、解决智力问题还是创作艺术，儿童都像成人一样需要发泄情感。事实上，艺术对于那些处于前语言期、不擅长说话或学习一种以上语言的儿童来说，是他们识别和表达情感并开始理解他人情感的绝佳方式。教师可以运用以下策略加强艺术与表达之间的天然联系。

- 与儿童分享故事书插图和艺术复制品，然后提供艺术材料，要求儿童创作一些东西来展示这些作品带给他们的感受，或者他们认为的艺术家在创作作品时的感受。给儿童简单的乐器，或者鼓励他们以代表自己或艺术家情感的方式做动作。让他们表演一个故事，用手势、面部表情和语言来传达潜在的感受。无论是出于个人还是文化原因，有些儿童不喜欢自己表演，但他们发现利用人形玩具或木偶来表演更容易。
- 结合艺术材料，让儿童探索它们唤起的情感。例如，在集体活动时播放不同类型的音乐，并根据音乐的节奏、音高或气氛让儿童以不同的方式挥舞丝巾。在小组时间，为儿童提供不同类型的食物让他们闻，并让他们挑选一支颜色与所闻气味相近的蜡笔。
- 让艺术作品中的情感"说话"。让儿童在一天中有时间进行安静、平和的沉思。

2. 特别适合采用教师主导的学习的方面

（1）命名艺术材料、要素和技法

儿童从成人那里学习艺术的细节。

- 描述和区分表征形式的词汇（如：绘画、雕塑、拼贴；旋律和歌词；

手臂和腿的伸展、舞步；故事、诗歌和戏剧）
- 创造性艺术的形式属性或要素（如：线条、颜色和纹理；节奏和音调；运动和静止；情节、背景和人物）
- 艺术家用来创造美学效果的技法（如：造型、混搭和针脚；独奏、管弦乐队或合奏；自由流畅与机械动作的对比；幽默和冲突）

教学策略。儿童在掌握艺术语言时往往需要反复接触，才能完全理解词汇和概念，并有信心在自己的对话中使用。教师可以采用多种方式介绍这方面的丰富词汇，给儿童提供多种机会来理解词汇并将其用于创作和分析艺术。以下策略可供参考。

- 发展一种与儿童谈论艺术的语言。看一看，说一说作品是什么做的，儿童看到了什么（如线条、形状、颜色），作品表征的是什么，是如何组织的，是关于什么的，以及想法来自哪里。有些出版物提供了供幼儿使用的艺术词汇表（例如，Althouse，Johnson，& Mitchell，2003，pp. 130–137；Epstein & Trimis，2002，pp. 259–261）。除了词汇表里的词汇，还有你和儿童在讨论他们的艺术兴趣时使用的词汇、短语和定义，包括有关他们的文化和社区中流行艺术的词汇。教师可以同时用儿童的母语和英语提供词汇。例如，"这种（材料）摸起来（或闻起来、听起来或其他合适的感觉）怎么样？""（声音、图像）让你想起了什么？""我们怎样跟随这些（声音或音乐）做动作？""我很好奇你是怎么做到的。你用了什么？""你是怎么使用（材料或工具）的？""告诉我们，你从（材料或工具）中发现了什么？""是什么让你想到做那件事的？""有什么其他方法（使用这个材料或工具）或（随那个声音做动作）？""如果（建议一种操作材料的方法或一种独特的动作方式），你认为会发生什么？"等。
- 让儿童接触来自多个传统和文化的不同艺术家的作品，包括他们自己和同学的文化中的作品。儿童经常会遇到视觉图像和音乐，但可能没有意识到其中蕴含的艺术性。此外，有些艺术经验（如现场表演）如果没有教师的刻意帮助，儿童就没有机会接触。为了让学前儿童更多地接触各种艺术材料，教师可以尝试以下方法。

- ◆ 艺术——提供带有不同风格艺术作品插图的故事书，以及描绘一系列材料和主题的艺术复制品，如明信片和海报。
- ◆ 音乐——播放以古典、爵士、歌剧、民歌、世界音乐和其他流派为特色的音乐精选，展示描绘个人、小团体、合唱团和管弦乐队演奏音乐的图片（如专辑封面、海报），提供各种简单的打击乐器、弦乐器和管乐器供儿童演奏。
- ◆ 动作——使用能激发儿童根据音质、节奏或音高而做动作的音乐，展示带有世界各地舞蹈风格和表演场景的照片。
- ◆ 戏剧游戏——为儿童提供道具、人形玩具和木偶，根据熟悉的故事和民间传说创编戏剧主题和再现演出，鼓励儿童将戏剧的复杂性扩展到剧本之外。

- 向儿童提供类似于他们感兴趣的艺术家使用的材料和工具。在儿童绘画、雕刻、创作歌曲和舞蹈，或者创建戏剧场景时，评论他们的技艺和风格与他们感兴趣的艺术家之间的相似之处。
- 当一位艺术家的背景和儿童及其家庭的背景相同时，要指出这一点。比如谈论在城市贫民区长大的流行嘻哈艺人，或者来自美国南方同一地区的乡村歌手。对于来自其他国家的儿童，可以提及比如来自海地的怀克里夫·金（Wyclef Jean），尼日利亚艺术家艾尔·安纳祖（El Anatsui），出生在马里的盲人艺术家阿玛窦（Amadou）和玛丽安（Mariam），在世界各地设计建筑的伊拉克女建筑师扎哈·哈迪德（Zaha Hadid）。

（2）关注艺术作品的多个方面

随着儿童认知能力和艺术能力的成熟，他们能够关注到整件艺术作品，及其组成部分是如何相互联系的。例如，他们会注意到一幅画中的不同颜色是如何形成对比的，一段音乐中的节奏是如何转换的，一节简单舞蹈中手臂和腿的动作是如何协调的，或者故事中的事件是如何改变人物解决问题的方式的。

教学策略。教师可以让儿童接触越来越复杂和能唤起情感的艺术作品，培养儿童关注美学关系的能力。因为儿童审美意识的发展依靠分析能力，所以任何鼓励儿童思考和表达观察结果的教学策略，都将有助于他们将这些技能应用到艺术欣赏中。

- 在教室里展示的艺术复制品、在集体时间探索的音乐或动作，以及教师和儿童一起阅读或表演的故事要逐渐增加复杂性。确保它们呈现了各种各样的主题、情感和技能。
- 让儿童参与关于艺术的对话时，评论一个方面与另一个方面的关系。比如说，"绿树旁的红帽子让两种颜色都非常显眼"或者"音乐慢下来，心情就从高兴变成了难过"。
- 鼓励儿童从不同的角度或位置（如近距离、远距离、侧面、斜面）观看艺术品，并观察事物之间是否有所不同。那些展现点描法（Georges Seurat）、多层法（Mark Rothko，Josef Albers）、原始主义画法（Jean-Michel Basquiat）、彩色方块（Chuck Close）的作品，以及不同高度（如贝聿铭的作品）的作品对这种观察训练的效果很好。秉承这种做法的还有音乐（例如，当我们关上灯聆听爵士音乐家的音乐时，心情有变化吗？）、动作（例如，从下面或上面、前面或后面看，巴厘岛舞者的手臂姿势怎么样？）和戏剧性叙事（例如，在俄罗斯或巴西的民间故事中，一个角色与另一个角色对问题情境的感知是否不同？）。

（3）阐明审美选择的理由

随着儿童自我意识的不断增长，他们的词汇量同时得到扩大。他们越来越能够表达自己和他人的审美偏好。他们能够使用正式的艺术语言，比如通过描述作品的颜色和线条、节奏、情感或人物等，解释对艺术的决定和选择。对于开放式问题，儿童能够说出艺术家想要表征或传达的东西。事实上，儿童有了机会和各种各样的经历时,他们就会喜欢谈论艺术,找出艺术家及其作品的特征。

教学策略。教师提供特定的艺术语言后,儿童就能够谈论美学。以下策略有助于儿童观察和表达有关美学决定背后的依据。

- 将艺术融入儿童的生活,有助于他们表达个人想法,如科沃杰伊(Kolodziej,1995)对一个相关项目的总结:

    有个项目团队要去参观位于纽约罗切斯特的国际摄影博物馆,在此之前,儿童创建了自己的照片博物馆。他们带来了自己最喜欢的本人照,然后给照片设置标题,这样有助于他们思考和讨论照片的拍摄时间和地点,以及为什么对他们很重要。儿童还给照片贴上标签,并制作了一个展览目录,上面有他们对照片的评论。创建照片博物馆让儿童以多种方式参与进来。在选择照片时,他们表达了审美偏好。通过描述照片,他们进行了艺术批评。在创作标题、标签和展览目录时,儿童对博物馆的组织和运作有了一定的了解。因此,当儿童后来参观博物馆时,他们对于理解博物馆的价值和"艺术收藏"等概念,以及对于摄影这种艺术形式的欣赏,都已具备了良好的基础。

- 认可儿童对自己审美喜好的解释。展示他们的视觉艺术,演唱他们创作的歌曲,模仿他们创造的动作,扮演他们在戏剧游戏中分配给你的角色。鼓励他们谈论制作或创作了什么,怎么做的,为什么做,比如一幅画,一首曲子,一支舞蹈,或者一件道具。提出开放式问题,引导他们说出选择材料、图像和技法的原因。表达你的审美喜好(但不是在评判儿童的作品时),并说明为什么某件艺术作品或其他美学物品对你有吸引力或没有吸引力。

- 提供来自多种文化(包括班级中的代表性文化)的不同材料和风格的艺术作品。鼓励儿童谈论他们看到、听到以及想到的艺术家选择材料、主题和风格的原因。例如,说:"为什么你觉得这位艺术家画的画小,那位艺术家画的画大?""我想知道,作者为什么给这只松鼠起名为'脆脆'？"帮助儿童将艺术家的表现手法与他们自身的经历和家庭背景联系起来，例如，"弗里达·卡罗（Frida Kahlo）绘画中的明亮颜色就像她房子里的颜色。我去你家家访时，也看到了像这样鲜艳的颜色"。

（4）描述和解释艺术表达的情感

这种能力指的是解释艺术家在创作时的想法或感受。随着儿童的社会性-情感技能和词汇的扩展，以及他们对艺术的整体理解，他们可以轻松自如地找到词语来描述艺术创作中的情感以及艺术作品在观众中唤起的情感。

教学策略。当我们共同支持儿童的审美能力和社会性-情感能力发展时，他们就能够更清楚地表达出创造性艺术的特征。以下教学策略有助于提高儿童的语言技能，增强个人信心，促进他们的艺术理解。

- 谈论艺术时，运用儿童在日常生活中能够发现的比较性语言、描述性语言和隐喻性语言。例如，说"像这样上下做动作让我想起在花园里弯腰和刨地"。在日常对话中使用描述性艺术词汇，不要只关注功能性特征（"请把红色的杯子递给我"），而是评论那些也能引起审美或情感反应的特征（"穿这件鲜红的衬衫让我感觉像在跳舞！"）。与双语学习者交谈时，可以同时使用他们的母语和英语中的描述性词语。虽然教师经常介绍有关物体（名词）和动作（动词）的词汇，但谈论艺术有助于双语学习者获取更多的形容词、副词和感叹词等描述性词汇。

- 在艺术学习时运用所有感官。例如，播放不同特征或情感的音乐（如节奏、响度、音高、大调、小调），并为儿童提供艺术材料来表征每种音乐唤起的情感。让他们先听一会儿音乐，再开始创作视觉艺术作品。每首音乐都给他们足够的时间，然后才换一首表达不同情绪的音乐。让儿童闭上眼睛闻不同的水果或香料（包括他们家乡的调味品），并想出一种与这种香味匹配的颜色。从一个动作开始，让儿童唱一首熟悉的歌曲来配合这个动作。

- 教师通过电子邮件、博客、电子布告或网站把儿童创作的视觉艺术作品、歌曲、舞蹈或故事发给家长，建议他们与孩子谈谈孩子在创作时的想法或感受。为家长举办一个工作坊，让他们练习怎样谈论艺术作品所表达和唤起的情感，这样他们就更容易在家里和儿童进行这样的交谈。

（5）了解文化和时间对艺术的影响

艺术欣赏的这一领域需要认识到背景如何影响艺术作品的创作和解读。这些影响因素包括艺术家或观众的个人背景、社区、文化信仰和地理环境，以及艺术创作或欣赏的时间。因为儿童越来越意识到自己和家庭的环境，大一点的学前儿童能够认识到艺术所代表的时间、地点和文化的相似和差异之处。

教学策略。支持有关多元文化意识的活动，通常也能有效地使幼儿认识到背景是如何影响艺术创作的。只要我们利用熟悉的经验为幼儿找到一个联系点或相关点，他们就会思考影响艺术创作和理解的因素。

- 提供来自其他文化和时代的各种艺术范例，特别是能反映班级或社区多样性的例子，如亚洲的瓷器、中东地区的音乐、南美洲的舞蹈和非洲的民间故事。谈论儿童生活中的相似和不同之处，以及这些在艺术作品中是如何体现的。
- 鼓励家长分享家中能够反映其文化或背景的艺术材料（如木工、书法、鼓、长笛、芭蕾、民间舞蹈、哑剧、诗歌），以及一些主题（如建筑、农业、城市生活、日常家庭生活、节日仪式）。
- 联系社区中的艺术家，邀请他们进班级为儿童创作作品，或去他们的工作室实地参观。请他们演示他们是如何工作的，并解释他们的灵感来自哪里。如果可能，就安排儿童使用工作室、音乐厅或剧院的材料和工具，或者把它们带回教室，这样可以鼓励儿童把自己当成艺术家。
- 带儿童接触户外艺术节、景观公园、花园，以及公共音乐、舞蹈和戏剧表演。在你们的短途旅行中，描述你所看到和听到的一切，并请儿童分享他们观察到的东西。拍摄照片，将其放到教室里，让儿童和家长观看和谈论。为儿童提供材料来表征这种经历。鼓励家长带着孩子参观社区中类似的地方。

- 参观博物馆、画廊和表演场所，观看其他时代和文化的艺术。提前联系导游和讲解员。为了帮助儿童遵守"只能看，不准摸"的禁令，可以给他们一些东西拿在手里。例如，在去艺术博物馆之前，准备四五张展示该馆艺术作品的明信片，然后复印明信片，让每个儿童都拿着一张，到时与挂在墙上的艺术作品进行比较。儿童喜欢找出图片上对应的实物。回到教室后，为了进一步跟进经验，可以提供道具让儿童再现这次旅途。提供材料，让儿童探索在博物馆、剧院、音乐会或舞厅看到或听到的图像和技法。

* * *

在综合性的学前课程中，如果教师对创造性艺术的多样性有意识地给予尊重和关注，创造性艺术就可以成为课程中的重要组成部分。汤顿和科尔伯特（Taunton & Colbert，2000，p. 68）总结了这一观点：

要在早期教育中发挥重要作用，艺术经验就必须在方法和内容上都真实可信，并且要通过拓展班级对话为儿童提供反思的机会。为了在班级中组织真实的艺术活动，教师需要了解艺术和审美的发展模式，考虑儿童艺术创作的意图，认识艺术学科的重要内容和艺术与其他学科的关系。

创作和欣赏创造性艺术能够丰富儿童的审美和情感生活，促进他们的感知、智力和社会性发展。艺术的多样性也为来自不同文化和语言背景的儿童提供了机会，让他们了解和珍视其文化遗产。为了实现这些意图，教师必须将艺术视为一门正式的学科。有准备的教师会主动学习儿童早期艺术发展的知识，提供必要的资源推进儿童的艺术探索，培养他们的艺术意识，积极钻研教学技能，促进儿童对这一领域内容的掌握。

教师主导还是儿童主导？

四、思考题

1. 在财政预算分配倾向于学业而牺牲其他内容领域的情况下，早期教育倡导者可以依据什么为艺术争得应有的一席之地？
2. 媒体不是夸大就是贬低早期艺术经验对幼儿以后学业成功的贡献。那么，我们该如何突破媒体的这种炒作？
3. 为什么呼吁了这么多年"重过程而非重结果"，有些幼儿教师在设计和开展艺术活动时仍然让幼儿做同样的事情，目标都指向完成作品，以便向成人展示或表演？
4. 对于儿童有能力进行艺术欣赏这一观点，人们为什么不认可？一线教师如何克服自己对儿童进行艺术欣赏教学的焦虑和拘谨？
5. 更多地了解各种文化和传统中的艺术（包括与你班里的儿童及其家庭相关的艺术），为什么是件很重要的事？你如何获得这些知识？

第十一章
对有准备的教学的反思

3个幼儿，马库斯、阿西娅和齐克，请教师乔琳帮助他们制作生面团。阿西娅从娃娃家拿出一个大碗，马库斯从班级菜谱中找到制作生面团那一页。在教师大声朗读配料及其数量时，孩子们把它们一件件从教师带来的购物袋中拿出来，摆到桌子上：一杯面粉、半杯盐、一包不加糖的果汁粉、两茶匙塔塔粉、一杯水、一汤匙植物油。"我们还需要什么？"教师问。"量杯和勺子！"阿西娅说，然后去娃娃家拿过来。"还有别的吗？"教师问。孩子们看了看菜谱、配料和烹饪用具，认为一切都齐备了。

这些幼儿将在日常活动中进行科学探索。阅读这个案例的其余部分，注意教师乔琳如何利用烹饪来帮助儿童认识科学属性（如干和湿、闪光和不闪光）和材料的转换，同时引入数学（如数字、测量）和读写（如阅读、词汇、字母表）概念。

乔琳：（指着菜谱上的词语）菜谱上说要先把所有干的食材混合在一起。

马库斯：我想加面粉（他挖了一大杯面粉，倒进碗里）。

阿西娅：我想加盐，用哪个勺子呢？

乔琳：（递给她量勺）看看你能不能找到手柄上有数字"1"和"2"的勺子。

阿西娅看了看，摇了摇头。

乔琳：这两个数字看起来是这个样子的（她把数字写在一张纸上，递给阿西娅）。

阿西娅：找到了！（她挖了一勺盐倒进碗里）

乔琳：还有两种干食材。

齐克：（拿起油）不是这个！

乔琳：你怎么知道油不是干的？

齐克：因为它黏黏的。

乔琳：油又黏又湿。

马库斯：这是干的！（他举起那包果汁粉。乔琳点点头，马库斯把它添加到其他的干食材中）还有这个（他举起那碟塔塔粉）。

乔琳：（写下字母帮助阿西娅找到匹配的茶匙）现在，我们一起搅拌干的食材（她期待地看着孩子们）。

齐克：嗨！我们忘了大木勺！（他去娃娃家拿过来，然后每个孩子轮流搅拌）

马库斯：（盯着碗看了一会儿，指着果汁粉）这些红点亮闪闪的！

乔琳：有时候，那样的点叫作晶体。盐粒也称为晶体（孩子们看着混合物，评论说，面粉和塔塔粉一旦混合在一起就分不清了，因为都是白色的，也不发光）。

齐克：现在，我们可以加水和油了吗？

乔琳递给齐克一个杯子，让她在助理老师的帮助下盛滚烫的水，然后帮助阿西娅测量油量。孩子们小心翼翼地把配料拌进去。

齐克：（看着面团从木勺上掉下来）太黏了！

阿西娅：是啊，太湿了！

乔琳：我们怎么才能让面团干一些呢？

亚洲：多加晶体！

乔琳：我们只有一包。还能怎么做呢？

马库斯：多加面粉（他又加了满满一杯）。

齐克：现在太干了！（他重新灌满了水杯）

乔琳：你怎么知道添加这些水量就合适？

齐克：（犹豫）也许少一点？（他先倒出一半，然后又倒出了一点）

孩子们再次轮流搅拌混合物。他们决定再加半杯面粉和"一点"塔塔粉。最后，他们宣布面团"做好了"，可以和其他儿童一起使用了。

在下一个案例中,阿布德把收集到的物品进行分类,标明"粘"(磁铁能够吸起)和"不粘"(磁铁不能吸起)。他采取的是逐一试验的方法。当他发现一个物品同时属于这两类时,就用另一个可明确分类的物品代替这个物品,于是问题得到了解决。

4岁的阿布德坐在玩具区守着一块磁铁和一个篮子,篮子里装满了他收集的小物件:塑料计数熊、钉子、螺丝、木质拼图块、纸板方块、精密螺丝刀、各种炊具、麻绳。他尝试用磁铁举起每样东西,然后把它们分成两堆,分别标为"粘"和"不粘"。阿布德拿到一个带塑料把手和金属头的开罐器时,他在两堆之间来回走了几次,最后将开罐器放回了篮子。他分完其他物品,又看了看开罐器。然后,他把这个开罐器送回娃娃家,另找了一个全金属的开罐器,用磁铁检查了一下,然后放到标有"粘"的物品中。阿布德坐了回去,检查分好的两堆物品,满意地笑了。

在这两种情境下,儿童都发起了活动,沉浸于他们的兴趣中。但是在阿布德的案例中,教师提供了材料和时间,而在制作面团的案例中,教师还提供了经过深思熟虑的评论和问题,以促进儿童对科学概念的理解。

这些案例所展示的教和学的原则,适用于本书涉及的每个学习领域,无论是学习方式、社会性–情感、身体发展与健康、语言与读写、数学、科学、社会学习还是创造性艺术。在每个领域中,儿童对主题感兴趣并积极掌握特定知识和技能的时候,最有意义和持久的学习就出现了。儿童在自己主导的学习经验中,独自或通过与同伴和年龄稍大些的儿童互动,探索和理解一些知识内容。为了让儿童获得信息、概念和技能,教师主导的学习经验是必不可少的。有准备的教师知道,无论是儿童主导还是教师主导,自己在其中都要发挥作用。他们利用自己的知识和技能在这两种模式中发挥作用。

一、有准备的教学的指导原则

我希望教师以本书的框架和实例为出发点,选择教学策略。虽然在许多情境下，教师仍然必须自己决定儿童主导的学习经验和教师主导的学习体验哪个更适合具体的主题、环境、儿童个体或儿童群体，但以下指导原则可以帮助有准备的教师在一系列的学习情境中，决定采用哪种策略。

第一组原则描述了所有有准备的教师的基本特征，即应该知道什么和做什么。其余两组原则分别列出了不同的条件，在这些条件下，有准备的教师要么鼓励儿童主导的经验，要么进行教师指导的教学。所有这些原则的焦点都集中在儿童身上，因为正是通过对所教儿童的观察和对儿童需求的敏感了解，教师才能很好地确定采用哪些教学策略最有效。

虽然这些指导原则是从本书介绍的理论、研究和实践中总结出来的，但它们还是假设而不是已证事实。恳请读者批判性地看待这些原则，思考如何在进一步的学习和应用中检验这些原则。尽管"有准备的教师"这个概念是基于长期已有的观念，但这个术语本身还是比较新的。为了使"有准备"成为我们职业发展和日常幼儿教育工作的一个标准组成部分，我们需要进行更多的研究和反思。

（一）教师怎样做才是有准备的教学

- 创设一个材料、经验、互动丰富的学习环境。
- 鼓励儿童探索材料、经验、关系和概念。
- 尊重儿童，经常与儿童交谈。
- 有意识地促进儿童在所有领域的学习和发展。
- 熟悉构成每个学习领域的内容（如概念、词汇、知识、技能）。
- 熟悉并使用对大多数儿童有效的基本教学策略。
- 熟悉并使用在不同内容领域有效的特定教学策略。
- 使内容与儿童的发展水平、新兴能力和兴趣相匹配。
- 对于双语学习者、来自不同文化和传统的儿童、有天赋的儿童和有特殊需求的儿童，要时刻注意他们的需求。
- 要有计划、有目的、多思考。
- 利用自然发生的、意料之外的教和学的机会。

- 仔细观察儿童，以确定他们的兴趣和理解程度，计划下一步行动。
- 调整教学策略，以适应不同的个体和群体。
- 不要低估也不要高估儿童做事和学习的能力。
- 鼓励儿童质疑自己的想法和结论。
- 深思熟虑地引入新的材料和观点来鹰架学习。
- 根据儿童的反应来反思和调整教学策略。

（二）有准备的教师在下列情境中将采用儿童主导的学习经验

- 儿童积极探索材料、行动和想法，并自己建立联系时。
- 儿童建立人际关系，相互学习时。
- 儿童向别人求助时。
- 儿童思考和探究自己关于材料、事件和想法的问题时。
- 儿童积极主动地独立解决问题时。
- 儿童专注于自己的工作，而成人的介入是干扰时。
- 儿童挑战自我和他人以掌握新技能时。
- 儿童以新的方式应用和扩展现有的知识和技能时。

虽然这些行为和态度向教师发出的信号是，儿童主导的学习经验特别有效，但这并不排除使用其他教学策略和策划的活动。即使教师理解这样的信号，他们也可能想战略性地使用教师主导的学习经验来优化儿童的学习。

（三）有准备的教师在下列情境中将采用教师主导的学习经验

- 儿童在家里或其他环境中没有遇到过某些材料或经验时。
- 儿童无法自己建立知识体系（如字母名称）时。
- 儿童不能看到、听到或以其他方式关注他们可能感兴趣的事情时。
- 儿童没有反思事情是怎样发生的或为什么发生，也没有考虑"如果……"会发生什么时。
- 儿童不学习教师认为他们在进一步学习中需要的东西时。

- 儿童明确地寻求信息或帮助时。
- 儿童感到无聊或心烦，需要教师帮忙集中注意力时。
- 儿童看起来停滞不前、气馁或沮丧时。
- 儿童看起来已经为下一阶段的学习做好了准备，但自己不太可能达到时。
- 儿童没有意识到自己行为中潜在的伤害或危险时。
- 儿童似乎长时间地重复使用材料或动作时。
- 儿童意识到有些事情想做却做不到而感到不安时。

对聪明的教师来说，尽管这些行为和态度表明教师主导的学习经验有益于儿童，但这并不意味着儿童主导的学习经验不是整个学习蓝图的重要组成部分。

二、终篇思考

最后，我想为大家提供一些想法和观点，其中有些已经在前面内容中或明确或含蓄地提到过。正如本书试图提出一种平衡的教与学的方法一样，以下观点也以"一方面"和"另一方面"的形式呈现。你可能完全同意，或部分同意，也可能完全不同意。在我看来，作为一名早期教育的教师、管理者、研究者和倡导者，重要的是你要思考这些观点，并思考应用这些观点会如何影响你的能力。

（一）尊重教师

- 一方面，幼儿教育工作者很有智慧。如果教师在支持性的工作氛围中（诚然，这是一个很大的"如果"）接受适当的培训、指导，有适当的经验，他们在班级中就会富有创造性并经常思考。教师有效地开展幼儿教育工作并不需要规定性的教学计划。
- 另一方面，有意义的学习不能依赖机会或天性。教师应该知道，儿童如何学习以及教师如何最好地教学，是有一个知识体系的。此外，每个内容领域都有一套知识和技能，教师应该学习和熟悉这些知识和技能，以便评估儿童的水平和确定如何支持他们进一步的学习。

（二）尊重内容

- 一方面，儿童需要获得的知识和技能不仅限于语言与读写、数学、科学。入学准备还包括社交技能和性格。体育对于保持健康和培养对身体的尊重至关重要。艺术不仅是学习领域中不可或缺的一部分，还会给我们带来内心的喜悦，也是形成集体感的基础。
- 另一方面，因为幼儿教育工作者传统上强调社会性–情感领域，因此我们需要向公众解释我们教和学的方法。当我们说"学习是在游戏中进行的"和"游戏是儿童的天性"时，我们必须准备好解释游戏是怎样以及为什么这么有价值。最好的游戏是带有目的性的，需要儿童在思想、身体和情感上的投入。随意的活动最终不会令人满意，也不会以有意义的方式促进学习。

（三）尊重儿童

- 一方面，学前儿童仍然是小孩子，不是小大人，也不是缩小版的小学生。他们以个体的身份来到我们面前，有自己的个性、语言和文化、先前的知识。我们应该减轻考试和成绩的压力，它们往往会给儿童、家长、教师和学校贴上"失败"的标签。教师需要遵循基于发展和研究的被称为"最佳实践"的建议。这样，我们就可以不再将小学低年级的课程压到幼儿园，从而重塑童年，让儿童在整个童年和成年生活中都保持着对学习的渴望。
- 另一方面，教师应该尊重儿童的好奇心和对学习的渴望，不应该害怕介绍信息、示范和教授具体的技能、使用不寻常的词汇，或让他们解决复杂的问题。教师如果注意观察儿童的思维和行为，就会顺利地促进他们的学习。如果教师偶尔介绍一些超出儿童理解力的东西，儿童

教师主导还是儿童主导？

就会很快地回应教师。此时，教师可以后退一两步，但不应该留下儿童不管。

从本书对儿童发展和班级实例的探究来看，很明显，教师在所有内容领域都可以帮助儿童学习，并且让他们享受学习。他们学到的知识不仅有助于为入学做好准备，也有助于在以后的生活中取得成功。我们已经非常了解"有准备的教学"的含义，也知道了我们可以帮助儿童获得的知识和技能。但是作为专业人士，对于如何在早期促进儿童主导和教师主导的学习经验，我们还有很多东西需要探索。要推进"有准备的教师"这个概念，就需要进一步深入理论工作与研究、课程开发、教师培训和指导、项目评估、对儿童的观察以及提升行政领导水平和反思性实践。

在这个研究和发展的过程中，我们每个人都有一个或多个角色要扮演。我希望本书将继续激励大家利用所有的知识来促进自己的专业成长，并为这一领域的理论和实践做出贡献。

参 考 文 献 *

Administration for Children and Families, Head Start Bureau. 2002, October. *Program Performance Standards and Other Regulations*. Washington, DC: US Government Printing Office.

Althouse, R., M.H. Johnson, & S.T. Mitchell. 2003. *The Colors of Learning: Integrating the Visual Arts Into the Early Childhood Curriculum*. New York: Teachers College Press; Washington, DC: NAEYC.

American Academy of Pediatrics. 2011. "Policy Statement: Media Use by Children Younger Than 2 Years." *Pediatrics* 128 (5): 1–7.

Aronson, S.S., ed. 2012. *Healthy Young Children: A Manual for Programs*. 5th ed. Washington, DC: NAEYC.

Arts Education Partnership. 1998. *Young Children and the Arts: Making Creative Connections— A Report of the Task Force on Children's Learning and the Arts: Birth to Age Eight.* Washington, DC: Arts Education Partnership.

Baroody, A.J. 2000. "Does Mathematics Instruction for Three- to Five-Year-olds Really Make Sense?" *Young Children* 55 (4): 61–67.

Baroody, A.J. 2004a. "The Developmental Bases for Early Childhood Number and Operations Standards." In *Engaging Young Children in Mathematics*, eds. D.H. Clements, J. Sarama, & A-M. DiBiase, 173–219. Mahwah, NJ: Lawrence Erlbaum Associates.

---

* 为了环保，也为了节省您的购书开支，本书参考文献不在此一一列出。如果您需要完整的参考文献，请通过电子邮箱 1012305542@qq.com 联系下载，或者登录 www.wqedu.com 下载。您在下载中遇到问题，可拨打 010-65181109 咨询。